教育部哲学社会科学系列发展报告
MOE Serial Reports on Developments in Humanities and Social Sciences

北京大学中国社会科学调查中心

中国民生发展报告2014

China Family Panel Studies 2014

谢宇　张晓波　李建新　于学军　任强　著

北京大学出版社
PEKING UNIVERSITY PRESS

图书在版编目(CIP)数据

中国民生发展报告.2014/谢宇等著. —北京:北京大学出版社,2014.10
(教育部哲学社会科学系列发展报告)
ISBN 978-7-301-24770-9

Ⅰ.①中… Ⅱ.①谢… Ⅲ.①居民生活—研究报告—中国—2014 Ⅳ.①D668

中国版本图书馆 CIP 数据核字(2014)第 205747 号

书　　　名：中国民生发展报告 2014
著作责任者：谢　宇　张晓波　李建新　于学军　任　强　著
责 任 编 辑：闵艳芸
标 准 书 号：ISBN 978-7-301-24770-9/C·1043
出 版 发 行：北京大学出版社
地　　　址：北京市海淀区成府路 205 号　100871
网　　　址：http://www.pup.cn
新 浪 微 博：@北京大学出版社
电 子 信 箱：minyanyun@163.com
电　　　话：邮购部 62752015　发行部 62750672　编辑部 62750673
　　　　　　出版部 62754962
印 刷 者：北京宏伟双华印刷有限公司
经 销 者：新华书店
　　　　　　730 毫米×980 毫米　16 开本　15.5 印张　237 千字
　　　　　　2014 年 10 月第 1 版　2014 年 10 月第 1 次印刷
定　　　价：45.00 元

未经许可,不得以任何方式复制或抄袭本书之部分或全部内容。
版权所有,侵权必究
举报电话:010-62752024　电子信箱:fd@pup.pku.edu.cn

总　序

　　哲学社会科学的发展水平,体现着一个国家和民族的思维能力、精神状态和文明素质,反映了一个国家的综合国力和国际竞争力。在社会发展历史进程中,哲学社会科学往往是社会变革、制度创新的理论先导,特别是在社会发展的关键时期,哲学社会科学的地位和作用就更加突出。在我国从大国走向强国的过程中,繁荣发展哲学社会科学,不仅关系到我国经济、政治、文化、社会建设以及生态文明建设的全面协调发展,而且关系到社会主义核心价值体系的构建,关系到全民族的思想道德素质和科学文化素质的提高,关系到国家文化软实力的增强。

　　党的十六大以来,以胡锦涛同志为总书记的党中央高度重视哲学社会科学,从中国特色社会主义发展全局的战略高度,把繁荣发展哲学社会科学作为重大而紧迫的任务进行谋划部署。2004年,中共中央下发《关于进一步繁荣发展哲学社会科学的意见》,明确了新世纪繁荣发展哲学社会科学的指导方针、总体目标和主要任务。党的十七大报告明确指出:"繁荣发展哲学社会科学,推进学科体系、学术观点、科研方法创新,鼓励哲学社会科学界为党和人民事业发挥思想库作用,推动我国哲学社会科学优秀成果和优秀人才走向世界。"2011年,党的十七届六中全会审议通过的《中共中央关于深化文化体制改革、推动社会主义文化大发展大繁荣若干重大问题的决定》,把繁荣发展哲学社会科学作为推动社会主义文化大发展大繁荣、建设社会主义文化强国的一项重要内容,深刻阐述了繁荣发展哲学社会科学一系列带有方向性、根本性、战略性的问题。这些重要思想和论断,集中体现了我们党对哲学社会科学工作的高度重视,为哲学社会科学繁荣发展指明了方向,提供了根本保证和强大动力。

　　为学习贯彻党的十七届六中全会精神,教育部于2011年11月17日在北京召开全国高等学校哲学社会科学工作会议。中共中央办公厅、国务院办公厅转发《教育部关于深入推进高等学校哲学社会科学繁荣发展的意见》，明确提出到2020年基本建成高校哲学社会科学创新体系的奋斗目标。教育部、财政部联合印发《高等学校哲学社会科学繁荣计划（2011—2020年）》，教育部下发《关于进一步改进高等学校哲学社会科学研究评价的意见》《高等学校哲学社会科学"走出去"计划》《高等学校人文社会科学重点研究基地建设计划》等系列文件，启动了新一轮"高校哲学社会科学繁荣计划"。未来十年，高校哲学社会科学将着力构建九大体系，即学科和教材体系、创新平台体系、科研项目体系、社会服务体系、条件支撑体系、人才队伍体系、现代科研管理体系和学风建设工作体系等，同时，大力实施高校哲学社会科学"走出去"计划，提升国际学术影响力和话语权。

当今世界正处在大发展大变革大调整时期，我国已进入全面建设小康社会的关键时期和深化改革开放、加快转变经济发展方式的攻坚时期。站在新的历史起点上，高校哲学社会科学面临着难得的发展机遇和有利的发展条件。高等学校作为我国哲学社会科学事业的主力军，必须充分发挥人才密集、力量雄厚、学科齐全等优势，坚持马克思主义立场观点方法，以重大理论和实际问题为主攻方向，立足中国特色社会主义伟大实践进行新的理论创造，形成中国方案和中国建议，为国家发展提供战略性、前瞻性、全局性的政策咨询、理论依据和精神动力。

自2010年始，教育部启动哲学社会科学研究发展报告资助项目。发展报告项目以服务国家战略、满足社会需求为导向，以数据库建设为支撑，以推进协同创新为手段，通过组建跨学科研究团队，与各级政府部门、企事业单位、校内外科研机构等建立学术战略联盟，围绕改革开放和社会主义现代化建设的重点领域和重大问题开展长期跟踪研究，努力推出一批具有重要咨询作用的对策性、前瞻性研究成果。发展报告必须扎根社会实践、立足实际问题，对所研究对象的发展状况、发展趋势等进行持续研究，强化数据采集分析，重视定量研究，力求有总结、有分析、有预测。发展报告按照"统一标识、统一封面、统一版式、统一标准"纳入"教育部哲学社会科学发展报告文库"集中出版。计划经过五年左右，最终稳定支持百余种发展报告，有力支撑"高校哲学社会科

学社会服务体系"建设。

展望未来,夺取全面建设小康社会新胜利、谱写人民美好生活新篇章的宏伟目标和崇高使命,呼唤着每一位高校哲学社会科学工作者的热情和智慧。我们要不断增强使命感和责任感,立足新实践,适应新要求,以建设具有中国特色、中国风格、中国气派的哲学社会科学为根本任务,大力推进学科体系、学术观点、科研方法创新,加快建设高校哲学社会科学创新体系,更好地发挥哲学社会科学认识世界、传承文明、创新理论、咨政育人、服务社会的重要功能,为全面建设小康社会、推进社会主义现代化、实现中华民族伟大复兴作出新的更大的贡献。

教育部社会科学司

致　　谢

"中国家庭追踪调查"项目资助:北京大学985项目
《中国民生发展报告》出版资助:教育部社会科学司
　　　　　　　　　　　　　　（项目负责人:李建新、于学军）

北京大学中国社会科学调查中心理事会
刘伟、高松、杨开忠、李晓明、李强、刘波、谢立中
北京大学中国社会科学调查中心
主任:李强　副主任:任强、赵耀辉、王磊
北京大学中国社会科学调查中心学术委员会
谢宇(主任)、白建军、陈玉宇、丁小浩、国光、郭志刚、刘爱玉、刘德寰、乔晓春、姚洋、张拓红、章政、曾毅、朱天飚、周雪光、周晓林
调查技术咨询:William Axinn、Beth-Ellen Pennell、杨倩

"中国家庭追踪调查"国际学术咨询委员会
谢宇(主任)、陈松蹊、国光、唐文方、吴晓刚、Robert Hauser、James Heckman、James Lepkowski、Narayan Sastry、Duncan Thomas、Donald Treiman、Robert Willis、Jean Yeung
"中国家庭追踪调查"项目负责人
谢宇、张晓波、涂平、任强
"中国家庭追踪调查"2012年调查问卷设计
总负责人:谢宇
经济部分负责人:赵耀辉、沈艳
教育部分负责人:丁小浩、宋映权

人口部分负责人：任强

政治部分负责人：严洁

公共卫生部分负责人：张拓红

家庭、职业等部分负责人：谢宇

问卷修订工作：孙妍、胡婧炜、张春泥、徐宏伟

"中国家庭追踪调查"2012 年调查执行

合作机构：国家人口和计划生育委员会发展规划与信息司（现国家卫生与计划生育委员会）、国家统计局统计设计管理司

地方合作机构：中山大学社会科学调查中心、上海大学上海社会科学调查中心

调查技术合作机构：美国密西根大学社会研究中心、北京大学计算中心

实地执行配合机构：华东理工大学社会与公共管理学院社会学系、兰州大学社会学系

调查执行协调：严洁、于学军、郭震威、韩俊丽、蔡禾、李友梅、梁玉成

访员管理：丁华（负责人）、孙妍、顾佳峰、陈敏燕、景汇泉、李冉、李胜文、孙婷、王涛、杨思佳、叶雪、周芸、藏好兵、张蓝心、张曼、张雅欣、朱庭威、马腾宇、孟夏、滕学亮、王琪尧、王艳梅

调查信息管理系统：姚佳慧（负责人）、任莉颖、孙妍、孙帅、于双、张永建、曹宇龙、易静

调查数据支持：任莉颖（负责人）、吕萍、马超、贾小婧、白玲、徐宏伟、赵端、范志伟、侯韵、陈罗烨、齐冀

调查后勤支持：陈敏燕（负责人）、张越、李国华、贾丹丽、慈丽娟、陈佳波、钱萍、龚乐

调查数据整理：吴琼（负责人）、吕萍、戴利红、马超、胡婧炜、徐宏伟、许琪、张春泥、黄国英、李汪洋、宋苗苗、白玲、谭之博、王玲、王文良、吴雨晴、张文佳、崔雅红、马志谦

其他为"中国家庭追踪调查"项目做过贡献的学者：邱泽奇、刘世定、李建

新、沈明明、陈育德、黄桂田、雷晓燕、李国平、宋新明、萧群、徐湘林、杨伯溆、袁瑞军、岳昌君、张千帆、邹艳辉、李培林(中国社会科学院)、李友梅(上海大学)、李路路(中国人民大学)、蔡禾(中山大学)、郭有德(复旦大学)、雷洪(华中科技大学)、李实(北京师范大学)、罗楚亮(北京师范大学)、刘精明(清华大学)、刘玉照(上海大学)、仇立平(上海大学)、汪华(华东理工大学)、王广州(中国社会科学院)、翁定军(上海大学)、张燕(华东理工大学)、祝建华(香港城市大学)、Colette Browning(Monash University)、Michael Carter(University of Wisconsin-Madison)、David Lam(University of Michigan)、Arland Thornton(University of Michigan)、Nora Schaeffer(University of Wisconsin-Madison)。

目 录

第1章 导论/谢　宇　张晓波　徐宏伟　靳永爱　胡婧炜……………（1）
　　一、《中国民生发展报告》系列……………………………………（1）
　　二、财富………………………………………………………………（3）
　　三、追踪调查的价值与困难…………………………………………（9）
　　四、调查方法的重要性………………………………………………（16）
　　参考文献………………………………………………………………（18）

第2章 家庭财产/谢　宇　靳永爱………………………………………（25）
　　一、财产存量…………………………………………………………（26）
　　二、财产分布…………………………………………………………（29）
　　三、财产结构…………………………………………………………（32）
　　四、财产差异的主要影响因素………………………………………（34）
　　五、财产变动…………………………………………………………（38）
　　六、本章小结…………………………………………………………（42）
　　参考文献………………………………………………………………（43）

第3章 消费模式/张春泥　涂　平………………………………………（47）
　　一、2012年家庭支出概览……………………………………………（50）
　　二、家庭消费模式的类型……………………………………………（53）
　　三、各类消费模式家庭的社会经济特征及影响因素………………（59）
　　四、本章小结…………………………………………………………（65）
　　参考文献………………………………………………………………（66）

第4章 住房与家庭财产 / 任 强 冯莹莹 胡荣琴 ……………… (69)
- 一、房产与家庭财产 ……………………………………… (71)
- 二、家庭住房负担 ………………………………………… (78)
- 三、本章小结 ……………………………………………… (85)
- 参考文献 …………………………………………………… (86)

第5章 家庭经营与自雇 / 张 欣 张晓波 ……………………… (90)
- 一、家庭经营 ……………………………………………… (91)
- 二、自我雇佣 ……………………………………………… (97)
- 三、本章小结 ……………………………………………… (107)
- 参考文献 …………………………………………………… (108)

第6章 家庭医疗支出与负担 / 李建新 夏翠翠 于学军 ……… (111)
- 一、全国医疗卫生事业发展状况及问题 ………………… (111)
- 二、医疗支出与负担 ……………………………………… (115)
- 三、家庭社会经济特征与医疗支出 ……………………… (123)
- 四、医疗保障制度与住院支出 …………………………… (128)
- 五、医疗负担与贫困 ……………………………………… (133)
- 六、本章小结 ……………………………………………… (136)
- 参考文献 …………………………………………………… (137)

第7章 经济地位与主观幸福感 / 吴 琼 谢 宇 ……………… (140)
- 一、主观幸福感分布 ……………………………………… (142)
- 二、生活满意度与个人收入 ……………………………… (144)
- 三、主观社会地位与个人收入 …………………………… (151)
- 四、主观个人收入与客观个人收入的关系 ……………… (156)
- 五、本章小结 ……………………………………………… (160)
- 参考文献 …………………………………………………… (162)

第8章 中国家庭追踪调查问卷设计 / 胡婧炜 谢 宇 孙 妍 … (166)
- 一、问卷设计的矛盾与权衡 ……………………………… (167)
- 二、CFPS问卷设计综述 …………………………………… (172)

三、应用示例一:家庭成员问卷 …………………………………………（178）
　　四、应用示例二:家庭经济信息采集 ……………………………………（187）
　　五、应用示例三:职业地位的测量 ………………………………………（195）
　　六、本章小结 ………………………………………………………………（204）
　　参考文献 ……………………………………………………………………（205）

第9章　2012年权数调整 / 吕　萍 ………………………………………（209）
　　一、CFPS 2012的追访规则 ……………………………………………（211）
　　二、权数调整的必要性 …………………………………………………（212）
　　三、CFPS 2012的加权调整过程 ………………………………………（213）
　　四、权数评估 ……………………………………………………………（217）
　　五、本章小结 ……………………………………………………………（218）
　　参考文献 ……………………………………………………………………（219）

第10章　结论 / 谢　宇　穆　峥 …………………………………………（220）
　　一、以变异性为视角描述家庭经济 ………………………………………（222）
　　二、从社会分组探讨经济不平等的来源 …………………………………（225）
　　三、以社会情境把握时代变迁与宏观结构 ………………………………（226）
　　四、结语 …………………………………………………………………（227）
　　参考文献 ……………………………………………………………………（229）

第1章 导　　论

谢　宇* 　张晓波** 　徐宏伟*** 　靳永爱**** 　胡婧炜*****

一、《中国民生发展报告》系列

《中国民生发展报告》系列是依托中国家庭追踪调查(China Family Panel Studies,CFPS)编写的一组以当前中国社会民生问题为主题、兼具学术价值与政策参考价值的年度专题报告。CFPS集结了北京大学一流的研究力量与项目管理团队，采用国际最先进的调查方法与技术，并实施严格的质量控制流程与手段，是反映当前中国社会现状及其发展变化最为全面、客观与权威的一套追踪调查数据。① 《中国民生发展报告》系列则以最新的CFPS调查数据为依据，借助严谨、客观的数据分析手段与研究方法，力图及时、准确地描述中国家庭、经济、人口、住房、健康等方方面面的社会现象，并对其发展变化的内在机制进行探索与讨论。

该报告系列至2014年已经连续出版6期。其中，2009、2010年的报告分别以2008、2009年在北京、上海、广东三地的预调查数据为基础；2011年及以后的报告则分别以最新一期的全国正式调查数据为基础。前4期的报告均为

---

* 谢宇：北京大学社会研究中心千人计划讲座教授、美国密西根大学社会学系教授。
** 张晓波：北京大学国家发展研究院千人计划讲座教授。
*** 徐宏伟：美国密西根大学社会调查中心研究员。
**** 靳永爱：中国人民大学博士生，美国密西根大学访问学者。
***** 胡婧炜：北京大学社会研究中心研究助理。
① 关于中国家庭追踪调查更详细的介绍参考谢宇(2013)，谢宇、胡婧炜(2013)，谢宇等(2014)。

针对单一年份的描述性报告。自2013年起,报告做了较大的创新性调整:一方面,报告不再局限于对社会现象的描述性统计,而是增加了更多研究性探索;另一方面,报告不再局限于对单一年份的截面数据的分析,而是充分发挥了纵贯数据可以用于跨年比较和追踪分析的优势。通过这两方面的调整,2013年的报告更全面深入地展示了社会的发展趋势与变迁机制。报告发布以后,其关于收入差距、婚姻家庭、教育、住房等问题的研究受到了社会、媒体与政府机构的广泛关注。《中国民生发展报告》不仅在学术上做了大量有价值的分析与探讨,而且为民众与政府了解当代中国社会打开了一个重要窗口,对中国民主社会的发展与科学政策的制定具有重要意义。

由于CFPS项目在2012年以后改为每两年进行一次调查,在2013年我们没有采集新一期的全国数据,因此,2014年的报告将继续以2012年及以前的追踪数据为基础展开写作。在延续2013年报告的传统外,今年的报告在内容上有两点新的变化。首先,在研究主题上,今年的报告不再像往年一样对多个社会热点议题进行全面探讨,而是聚焦于当代中国家庭的财富状况与经济活动,以及由此衍生的相关社会结果,如主观幸福感、医疗支出与负担等。财富通过不同的形式对个人和社会产生重要影响。在微观层面,财富既是重要的生活福祉指标,又是深刻影响个人与家庭生活方方面面(如消费、住房、劳动与就业、健康与医疗、主观幸福感等)的结构性因素;在宏观层面,财富分布的均衡与否比其他因素(如收入)更直接地决定着整个社会的公平与平等程度,进而影响到社会的稳定。为更准确地描绘当代中国家庭的财富与经济活动,我们在去年的基础上做了进一步的数据清理,力求得到翔实可靠的统计结果。在分析方法上,我们秉承了2013年报告所采用的截面与纵贯数据分析相结合的理念,深度挖掘多方面的测量指标来全面探讨多个与财富、经济有关的子课题,并借此展示CFPS数据的多样性与丰富性,以吸引更多有志于中国研究的学者更具创新性地使用我们的数据。

其次,今年的报告增加了关于调查方法的介绍。我们认为,实证研究的立身之本是从数据中挖掘证据并凭证据说话。社会调查作为实证研究的重要数据来源之一,其方法的科学性与严谨性直接影响到观测数据的质量,从而决定了实证研究——尤其是量化社会科学研究——的效度(validity)。当数据薄弱时,实证研究者们往往只能凭借强假设来获得好的结果(Xie,1996),但那些缺乏坚实数据作为有力证据的研究很容易演变为形而上学式的意见之争,并且容易出现以偏概全的错误。而借助科学严谨的调查方法收集高质量的数据,再辅之以科学合理的统计分析手段,我们便可以准确地推断总体的社会、经济与人口现象。CFPS 项目在过去几年的实践中积累了大量的经验与方法,这些经验与方法也是 CFPS 项目的重要学术成果。鉴于前 5 期报告很少涉及相关内容,我们在今年的报告中与广大读者,尤其是从事社会调查的科研工作者们分享了 CFPS 调查的方法与经验。由于篇幅有限,我们仅挑选了其中比较有代表性的两大内容:问卷设计与追踪权数设计。这两部分内容对研究者更深入地分析 CFPS 数据以及读者更全面地了解本书内容将有很大帮助。

二、财　　富

近年来,越来越多的研究者意识到了财富研究的重要性,其原因主要有以下几个方面:(1)财富是家庭和个人的经济保障,是实现社会流动的关键资源;(2)与收入相比,财富是反映家庭和个人长期积累而获得的经济地位的一个更为全面、合适的指标;(3)财富不平等不是一个单一的研究主题,而是与社会、经济、人口等其他因素相互联系的、多元化的研究主题,具有重要的社会学意义;(4)随着中国经济的发展,财富不平等逐渐成为一个重要的社会问题;(5)受数据限制,人们目前对我国民众的财富水平、财富的分布与变动趋势、财富不平等的发生过程、原因以及后果等方面的了解都非常有限。接下来我们具体介绍财富研究的意义。

1. 财富与财富的功能

说到财富,人们首先想到的也许是收入。一些学者在研究财富的影响时甚至直接用收入来代替财富,或者将收入与财富混在一起使用(Keister,2000)。但实际上,财富与收入是有很大区别的。财富是某一时点的资产存量,是静态的。它通过一个不断积累的过程而形成。房产、土地、经营资产、存款、股票、基金、债券、家庭耐用消费品等都是财富。收入则是动态的流量,可能是不稳定的。如果将收入比喻为河流的流水,那么财富更像是蓄水池的蓄水(Fireside et al. ,2009)。财富可以产生收入,比如房租、银行利息等,并且不像普通收入(如工资)那样必须通过牺牲闲暇时间才能换取(Spilerman,2000)。

财富是家庭与个人的基本经济资源,拥有财富的家庭和个人即拥有了多方面的优势。首先,在一个工业化社会中,财富是长期的、产生稳定收入的资源(Piketty,2014)。其次,财富不仅可以直接用来消费(Wolff,2004)和享受生活,如购买更好的居住环境(Scholz & Levine,2003)、奢侈品等,还可以帮助个体和家庭抵御危机,如失业、医疗突发事件、家庭破裂、自然灾害等(Keister & Moller,2000;Shapiro,2004;Wolff,2004)。再次,财富是经济实力的直接反映,拥有财富的人有可能获得更好的教育机会和职业机会(Keister,2000;Forthcoming),获得更高的社会声望和社会地位(Keister & Moller,2000),他们通过投资可以得到更多的财富(Keister,Forthcoming),甚至是获得政治权力(Scholz & Levine,2003;Wolff,2004)、影响政策决策(Domhoff,1970;1990;Henretta & Campbell,1978;Keister,Forthcoming;Oliver & Shapiro,1997)。最后,资产的积累可以促进向上的社会流动,而且,通过为子女提供更多的资源和机会,如送子女上更好的学校接受更好的教育、帮子女支付住房首付等,还可以增加下一代在经济上获得成功的可能性(Fireside et al. ,2009),保证个人与家庭阶层地位的长期稳定(Keister,2007;Spilerman,2000)。

2. 财富与社会经济不平等研究

财富具有重要的经济功能、政治功能和社会功能,是研究社会经济不平等、社会分层和社会流动的重要经济指标。但目前社会学家研究社会经济不平等时主要关注的是收入(Keister & Moller,2000)。那么,在经济状况的测量指标上,收入能够代替财富吗?答案是否定的。收入和财富的相关性并不高,美国上世纪80年代的数据表明二者相关系数仅为0.5(Keister & Moller,2000)。如果去掉财产带来的收入,收入和净财产之间的相关系数甚至下降到了0.26(Lerman & Mikesell,1988)。

研究经济福祉时,人们之所以将关注点集中在收入上,主要是因为收入的数据更易获得(Fireside et al. ,2009;Keister & Moller,2000)。但研究者也逐渐意识到在经济不平等研究中仅仅关注收入是有局限性的(Keister & Moller, 2000),对财富的忽视使得不平等研究并不完整和全面。实际上,收入是短期的,容易受到市场波动的影响(Keister,2000),不能很好地代表家庭经济状况的稳定性(Wolff,1990)。与收入相比,财富则是一个更长远、稳定的衡量家庭经济状况和人们生活富足程度的指标,无论从理论还是实证上都更契合我们所关心的经济福祉(Keister,2000)。

首先,利用财富来研究社会分层和经济不平等问题是一个全新的视角,我们可能会发现新的问题,甚至会得出完全不一样的结论。在分析年龄、性别、家庭结构、婚姻状况、种族、迁移等一些重要的人口学变量与经济地位的关系时,相比经常用到的收入、教育和职业等指标,财富作为一个更长远和稳定的经济指标,可以帮助我们更深刻地把握社会经济不平等本身及其形成机制。以种族不平等研究为例,已有研究表明,种族之间的财富不平等比其他社会经济指标的不平等更严重(Hao,2007;Oliver & Shapiro,1997)。美国收入研究表明,黑人中产阶级正在出现,然而如果使用财富这个指标,这个结论则值得质疑(Oliver & Shapiro,1997),因为黑人的净财产明显少于白人。事实上,近几十年来,美国种族之间的财富差距在扩大(Wolff,1998),黑人家庭的负债明显高于白人家庭(Oliver & Shapiro,1990;1997),在控制了收入和人口学因素后,黑人家庭的财富显著少于白人家庭(Conley,1999)。最近的研究还发现,从不平等程度看,财富的分布比收入更不平等(Keister,Forthcoming;Morgan & Scott,2007;Wolff,1995)。

财富已成为理解移民经济融合和社会流动的重要变量(Keister et al., 2013)。移民与美国本土居民之间的财富差距以及移民财富积累的决定性因素是移民经济融合和社会流动研究的重要话题。有研究者认为,财富能比收入更好地反映移民的社会经济融合状况。如果只考虑收入则会遗漏掉融合的财富维度及其所反映的经济与家庭行为上的差异。而且,财富是累积性的,能够捕捉到移民社会融合的连续的、累积的过程(Hao,2007)。

其次,财富对代际间的流动与不平等也有很大影响。财富的代际传递性使得财富不平等具有自我强化的作用(Campbell & Kaufman,2006)。一方面,财富可以传给下一代甚至下下一代,直接影响后代的财富分配。有研究者认为,美国种族之间的财富不平等很大一部分归因于财富的代际转移(Blau & Graham,1990;Wolff,1992)。另一方面,上文也提到,家庭财富是小孩健康、教育、职业等各方面发展的经济保障,财富的代际传递能够为后代提供长久的优势(Khan,2012),上一代的财富不平等会加重下一代的财富不平等程度(Morgan & Scott,2007)。

最后,财富除了本身可以作为一个重要的经济指标来衡量不平等与社会流动之外,还直接或间接地影响着其他诸多代表人类福祉的指标,包括教育、职业、健康、主观幸福感、女性地位等。财富不平等会导致收入不平等、教育不平等、职业隔离等一系列社会问题的产生,理解财富对这些结果变量的作用机制,有助于更好地把握不平等问题产生的根源,综合解决社会经济不平等问题。大量研究还表明,财富与死亡率、功能性残疾、自评健康以及一系列健康问题密切相关,家庭财富对小孩的营养状况及死亡率(Chalasani & Rutstein,2014)、身高和体重(Boyle et al.,2006)均有显著影响。特别地,作为财富重要构成部分的住房会对健康产生影响,例如住房条件差不利于儿童的健康(Cattaneo et al.,2009)。住房所有权与主观幸福感的关系也成为一个受关注的话题,在房价上涨、越来越多的人——尤其是年轻人——买不起房的背景下,住房所有权对幸福感的影响尤其值得探究。已有研究显示,在中国城市地区,住房所有权对一个人的住房满意度和总体幸福感具有显著的正向影响(Hu,2013)。此外,财富还会影响女性的地位,一项针对印度的研究表明,在其他条件相同的情况下,自己拥有住房或土地的女性更不可能成为家暴的受害者(Fireside et al.,2009)。

3. 财富不平等的社会影响

财富的高度不平等分配已成为一个不可忽视的社会问题。2011年9月的华尔街游行是美国财富和收入不平等引起的社会矛盾的一次集中爆发,大批市民涌上街头,打着"我们是99%"的旗号,要求与1%的精英阶层对话(Collins,2012)。可见,财富分布的极度不均衡是社会问题滋生的根源之一(Lampman,1962)。对美国财富分配的研究表明,美国财富不平等的程度远远高于收入不平等的程度,并且随着时间的推移在不断恶化,财富的基尼系数已经从 2001 年的 0.81 上升至 2010 年的 0.85(Keister,Forthcoming)。中国也不例外,1990 年代初的财富研究表明,中国农村财富分布非常平等,基尼系数仅为 0.31(McKinley,1993),而 2000 年以来不平等程度快速加深,财富差距持续扩大(甘犁等,2012;李培林等,2008;李实等,2005)。财富不平等具有自我强化的作用(Fireside et al.,2009),即可能出现"富人越来越富,穷人越来越穷"的恶性循环,因此,从缓和社会矛盾、解决社会问题的角度出发,我们有必要关注和深入研究财富不平等问题。

4. 本书的相关章节

财富不平等是社会经济不平等研究中的重要领域,但又是一个研究成果相对缺乏的领域。无论从自身重要性还是学术价值来看,财富都是一个值得深入挖掘的研究领域。对正在经历着经济变革和社会转型的中国而言,财富分配在这个过程中到底发挥多大的作用?如何借鉴发达国家的经验完善财富分配政策以避免激烈的社会矛盾?对这些问题的回答无一不需要基于对当前中国财富状况的全面、深入了解与研究。CFPS 关于家庭财富问题的详细设计及其数据的全国代表性和长期追踪性为我们研究中国财富的分配、流动和变化趋势及其更深层次的原因和后果提供了良好的数据基础。借助数据,我们还可以拓展财富研究的内容,深刻理解其他社会经济指标与财富的关系,比如居民消费、房价、家庭经营、医疗负担等。基于此,本书第 2 章利用 2012 年 CFPS 数据从财产存量、分布、结构等维度综合估计中国家庭的财富状况,并结合 2010 年基线调查数据探讨这两年间家庭财富水平与分布的变化情况以及与之相关的社会经济因素。

对普通人而言,积累财富其本身并不是目的,而是为了能够通过等价交换满足消费需求。所以在了解了财产存量与变化情况后,我们很自然地想知道中国家庭会如何支配其通过辛勤劳动逐渐积累起来的财富。恩格尔定律的引申意义告诉我们,财产存量的多少决定着消费能力的高低与消费偏好的差异,因而财富的不平等直接影响着消费的不平等(Timmer et al.,1983)。但即使在财产存量相同的情况下,不同家庭也有可能因为其人口结构、社会地位、成员的受教育水平等特征的差异而呈现出不同的消费特征。第 3 章的研究聚焦于消费这个主题,利用2012年CFPS家庭经济数据尝试划分出几类独具特色的当代中国家庭消费模式,并描述这些消费模式与家庭社会经济地位之间的关系。

由于房产在中国家庭财富中所占的重要比例——约为四分之三(参见本书第4章),它已成为当今中国最热点的话题之一。事实上,最新的研究表明,房价的高低以及个人与家庭收入相对于房价的购买力已经超出了单纯经济问题的范畴,成为直接影响到儿童成长发展、年轻人结婚成家、老年人居住安排等人生大事的重要社会问题(Wei et al.,2012;Yu & Xie,2013)。中国的房价压力到底有多大?地区差异有多大?不同收入水平家庭的住房情况到底如何?由于房价问题的敏感性、不同机构统计口径的不一致、调查数据的缺失等各种原因,这一系列具有重要民生意义的问题到目前都还没得到合理解答。本书第4章在去年报告的研究基础上进一步清理了2012年CFPS的房产数据,试图解答这些困扰着学者、政策制定者以及普通老百姓的难题。

随着改革开放以来经济的快速增长,中国家庭财富也迅速累积。家庭财富中相当大的一部分增长得益于私有部门的发展,尤其是以家庭为核心单元、不断萌芽、发育的经营活动。其发展经历了从改革早期农村家庭联产承包责任制的开创,到以"温州模式"为代表的家庭作坊式手工业与个体工商户的兴起,再到具有家族企业性质的部分民营企业不断优胜劣汰和实现股权上市这样一个过程。如今中国的家庭经营与自雇已经在产业、经济规模、经营方式上呈现出全方位、多元化的格局。遗憾的是,由于数据的缺乏,目前我们对中国家庭经营与自雇的基本情况仍缺少全面的了解和系统的研究。本书第5章利用CFPS特有的家庭农业、非农业经营活动以及自雇劳动的调查数据,试图填补这个领域量化研究的空白。

改革开放带来了经济的高速增长与人民生活水平的大幅提高,但也不可避免地引发了一些问题。中国农村家庭联产承包责任制的推广及人民公社的解体在刺激家庭经营活动、增加农村财富的同时,也瓦解了原有的覆盖全国90%以上农村的合作医疗体系。类似地,1990年代国有企业改革既推动了劳动者努力再就业和城镇私有经济的发展,也引发了城镇人口医疗体系的艰难转型。医疗费用的飞速增长使得全民医保体系解体的噩梦雪上加霜。一个家庭辛辛苦苦积累的财富,可能因为某个家庭成员突如其来的一场疾病而消失殆尽,由小康之家陷入贫困(Wagstaff & Van Doorslaer,2000)。卫生医疗的不平等成为巨大的社会问题(Kanbur & Zhang,2005)。21世纪初,中央与地方政府合力推进的新型全民医保体系大幅度提高了医保的人口覆盖率(Xu & Short,2011),但新体系在多大程度上可以防止"因病致贫""因病返贫"等问题依然颇具争议(Wagstaff & Lindelow,2008)。在新型城乡医疗保障体系逐步完善的制度背景下,第6章将对中国家庭的医疗开销与负担等问题展开深入探讨。

在考察了与家庭财富及经济活动有关的物质层面问题之后,本书第7章将关注点转移到了精神层面,分析财富和收入对主观幸福感的影响。财富的多寡、收入的高低不仅直接决定了人们物质生活的质量,还直接或间接地影响着人们的生活满意度。随着我国经济的发展,财富不平等的状况是否会加剧不同社会阶层之间主观福祉的差异?新兴中产阶级是否满足于其所处的社会分层体系中的地位?目前的研究对这些问题尚不能做出很好的解答。社会科学各个学科对"相对剥夺感"的研究提示我们,相比于个人绝对收入与财富,与其他群体相比的相对收入与财富对个人的主观幸福感可能有着更为强烈的影响(Walker & Smith,2001)。因此,本书第7章在分析个人与家庭的绝对收入与经济状况之外,还试图识别主观的、相对的经济条件对主观幸福感的影响。

三、追踪调查的价值与困难

作为一项全国性的追踪调查(panel survey),CFPS收集了同一群人的多层次、多主题(社会、经济、人口、教育、健康、认知等)、长时段的资料,为研究当代中国的财富不平等及其变化趋势以及相关的影响因素提供了重要的数据。已往的文献已经总结了追踪调查数据的优势与局限性(参见谢宇,2010),本节仅简要介绍追踪调查相比截面调查(cross-sectional survey)的独特价值与数据采集的困难。

1. 追踪调查的价值一:捕捉生命历程

相比于截面调查,追踪调查最重要的价值之一是可以捕捉调查对象的生命历程(life course),即调查对象的特征、行为、经历等是如何随着时间的推移而发展变化的,而这个时间通常是以调查对象的年龄或者说是生命史(age effect)而非历史时期(period effect)来衡量的。在传统的截面研究中,我们只能通过比较不同出生队列(birth cohort)之间的差异来间接地推断年龄差异的影响,进而预测个人的成长轨迹及影响因素;或者通过不同时间点的重复多次的截面研究来描述时间趋势变化。但是,追踪调查可以让我们突破出生队列、时期(period)对比的研究视角,聚焦于个人的生命史本身,探索个人从出生到成年、衰老、死亡的发展过程,例如,什么因素影响着个人人生阶段的转型(如从少儿转为成年,从青壮年步入老年),不同的人生经历顺序(如完成高等教育、就业、结婚、生育等的先后顺序)是否导致不同的发展结果,早期的生活事件(life events)与生活环境是否影响未来的人生轨迹甚至疾病与死亡的风险,个人的生活轨迹如何受宏观的历史与社会环境变迁的影响,在外部结构性因素的约束下个人如何积极发挥自己的能动性与行动力(agency)从而书写出自己独一无二的生命史(Elder,1998),等等。自Elder(1974)关于美国1920至1930年代大萧条时期儿童生命历程的开创性研究以来,越来越多的社会学家、人口学家、经济学家、心理学家、流行病学家等开始借助于日益发展的追踪调查数据,从生命历程的视角探索人的发展(Lynch & Smith,2005;Mayer,2009)。

更重要的是,在追踪调查中,我们无须把社会科学的想象力局限于个人。CFPS在追踪个人生命历程发展变化的同时也捕捉到了家庭与社区的变化,可以用于家庭与社区这样的中层单位的研究。就家庭而言,家庭的形成方式、人口结构及其对家庭成员的影响并非一成不变。从两个原本独立的个体通过婚姻或其他方式组成一个家庭起,家庭的特征与结构就处于动态发展中,例如夫妻双方的相对权力关系与议价能力的此消彼长、生育子女、家庭成员间资源与消费分配的变化、对劳动能力与健康状况持续下降的父母辈的养老照料、子女成年后的独立与外迁,等等。这一切的变化无一不需要长期的追踪调查来提供第一手的资料。从代际或者历史时期的角度而言,中国社会传统的多代同居的大家庭模式正逐渐被以父母与子女为主的核心家庭模式所取代,与之密不可分的是传统的性别角色分工、性别偏好、代际交换(养老与抚育子孙)形式等也不可避免地发生着意义深远的变化(Xie,2013)。第二次人口转型的诸多特征,如初婚与生育年龄推迟、结婚率与生育率下降、非传统的家庭形式兴起等(Lesthaeghe,2010),已经在中国逐渐出现(Yu & Xie,2013)。这些纷繁复杂的历史趋势、代际变化意味着我们必须从当代中国一个个具体的家庭着手,以现在进行时的方式细致地观察、记录每一处鲜活的、看似不经意却可能影响深远的微观变化,进而通过对大量单个家庭的长期的数据来综合把握整个时代变化的脉搏。

就社区而言,个人的生命历程与其所处的社区环境紧密相关。最近二三十年的大量实证研究通常采用一种自上而下的视角,将社区的社会经济状况、人口与环境等视为外生的结构性因素来考察其对生活于其中的个体居民的影响,并获得了一系列重大发现(Entwisle,2007;Sampson et al.,2002)。但社区本身也是变动的——尽管相比于个人和家庭,我们通常要花长得多的时间才能观察到社区所发生的变化。首先,一个社区的形成恰恰是一个个单独的个人或家庭的居住选择与其他个人或家庭的居住选择在自觉或不自觉地互动之后达成的结果。换言之,世界上没有先验存在的社区,每一个社区都是经历了从无到有、动态的形成过程。其次,在一个已经成型的社区内,每个个人或家庭的社会经济活动、发展轨迹等并非单向度地由社区环境所决定,而是同样可以直接或间接地引发社区的变迁,例如,通过增强邻里之间的情感纽带、发展守望相助的精神来降低社区内的犯罪率和青少年的越轨行为(Morenoff & Sampson,1997),通过集体游说来争取政府加大对社区资源的投入,甚至通过"用脚投票"式的迁出行为来改变社区的人口与经济结构乃至最终终结一个社区的"生命"(Crowder & South,2008)。目前关于中国的社区对居住于其中的个人与家庭的影响的研究还处于比较初级的阶段。中国的社区该如何定义?中西社会的社区概念有何异同?如何界定社区在地理意义上以及更重要的社会、经济、人口意义上的边界?这些核心问题至今仍存在着很多争议,更遑论来量化研究全国不同地区各具特色的社区的生命历程。CFPS希望借鉴西方学者发展的先进调查方法(Axinn et al.,1997),尽可能真实、完整地记录抽样样本所在社区的变迁,为研究个人、家庭、社区的多层互动及其影响留下宝贵的资料。

2. 追踪调查的价值二:因果推断

从统计分析的角度而言,基于观测性数据(observational data)的社会科学因果推断很难，常常只能依赖于很强的、难以验证的假设。因果推断的困难在单纯依靠截面调查所得到的单个时点数据分析中尤为明显，经常会遇到一系列的问题，如遗漏变量（omitted variable）、反向因果关系（reverse causality）、选择性偏差（selection bias）等。从更根本的角度而言，因果关系成立的前提条件（或者说是定义）之一是在时间维度上"原因"必须发生于"结果"之前（谢宇，2010）。截面调查的数据收集针对的是调查时点或之前某一段时间间隔内（如"最近一个月""过去一年中"等）受访者的行为、生活经历等，这种测量方式的缺陷导致我们常常无法准确地断定因果变量的时间顺序，从而只能把统计推断的结果限定在同期相关性（contemporaneous correlation）的框架内。当两个因果变量之间的影响存在着理论上的双向可能时（如收入水平可能影响健康状况，而健康状况也可能影响收入水平），基于截面数据的因果推断很容易遇到反向因果关系的问题。尽管某些截面调查试图通过收集回溯性数据（retrospective data）来部分弥补由于缺少纵贯数据（longitudinal data）而难以界定因果变量的时间顺序的缺点，但回溯性数据的真实性与准确性很难得到保障。

与截面数据相比，追踪调查所收集的纵贯数据给我们提供了更多应对因果推断挑战的手段。首先，对同一群调查对象在不同时点的重复观测有助于清晰地界定因果变量的时间顺序，从而在建立回归模型时可以有针对性地削弱甚至消除反向因果关系的影响。

其次，追踪调查的每一期数据都是对研究对象当下特征的测量与记录，通过多期的数据积累，可以自然地得到长期的生命历程数据，不需要通过回溯的方式采集久远的早期生活史信息，从而可以有效避免不准确的回忆所造成的误差。

再次，纵贯数据极大地丰富了通过统计技术来解决因果推断难题的可能性。例如，对于遗漏变量的问题，纵贯数据虽然不能提供一个完美的解决方案，但至少赋予了我们控制不随时间变化的协变量（time-constant covariates）的能力，哪怕这些变量实际上未能被直接测量。假设某些难以观测的变量（如基因、性格、风险偏好等）的值一般不随时间变化（可以合理地假设这些因素至少在研究时段内不会发生显著的变化），但却很可能导致个体之间的异质性，那么当这些变量未被有效地控制时，回归模型系数的有偏估计与虚假相关便会产生。然而纵贯数据中对同一个研究对象在不同时点的重复测量使得我们可以利用固定效应模型(fixed-effects model)等技术,将这些无法观测到的混淆变量(confounding variable)的影响以固定效应的形式加以控制,从而有效地估计随时间变化的变量(time-varying variable)的参数(任强、谢宇,2011;谢宇,2010)。再如,当某个干预变量(treatment variable)的影响作用于追踪调查的不同轮次之间,并且研究对象的结果变量(outcome variable)的变化情况被某两轮(或多轮)调查成功捕捉到时,我们可以利用双重差分(difference-in-differences)技术来实现类似于干预组(treatment group)与参照组(control group)的干预前后(pre- and post-treatment)对比,从而有效地控制干预组与参照组之间可能存在的干预前的异质性(pretreatment heterogeneity;参见 Xie et al., 2012),获得更准确的因果效应估计。纵贯数据的特性与双重差分技术结合可以很好地研究当代中国各项改革措施的影响。事实上,某项公共政策出台后并非一成不变,而是有可能随社会环境的变化而调整。类似于 CFPS 这样的追踪调查可以测量每一次政策调整对个人、家庭、社区的影响。利用某项政策本身在不同时间点的变化,以及"原因先于结果发生"的原则,我们可以通过比较(1)"以往"(如 $t-1$ 时刻)的政策与"以后"($t+1$ 时刻)的政策对"当前"(t 时刻)结果变量的解释力的差异(在理论上,只有"以往"的政策能影响"当前"的结果,而"以后"的政策则不能),(2)未受政策影响的参照组的结果变量在不同时点的差异,(3)上述两种差异之间的差异(即双重差分),来更好地推断因果关系(Angrist & Pischke,2009)。

最后,纵贯数据可以很好地解决截面数据难以解决的选择性偏差问题。选择性偏差对研究的困扰程度很大,一个典型例子出现于近二十年里兴起的社区效应(neighborhood effect)研究中,即个人心理与生理健康、行为活动等结果是如何嵌入于其居住的社区环境(Sampson et al., 2002)。显然,个人和家庭的某些特征(如经济状况)可能在影响某个结果变量(如健康状况)的同时,也影响了其居住选择(如贫困家庭因无力负担昂贵的房租或购置房产而不得不居住在贫民窟)。居住选择既包含个人与家庭根据自身条件以及对多个备选目的地的利弊权衡而做出的择优而居的选择,也包含了当个人与家庭状况或原居住地社区环境发生变化时个人与家庭出于各种考量而做出的迁出决定。

如果我们忽视了这些复杂的、在种种内在与外在条件约束下的理性选择过程，很可能只看到社区因素对某个结果变量的影响，而忽视了社区因素实际上也是个体因素的选择性结果。这样的结果常常是高估了社区因素的影响。在截面研究中，受伦理因素或实际条件限制而无法开展随机实验设计的社会科学家们不得不求助于其他办法来解决选择性偏差的难题，如自然实验、工具变量等，但这些备选方案几乎无一例外地全部依赖于"干预组与控制组的分配近乎于随机"这一难以验证的假设。追踪调查则为我们提供了另一种可能：在不同时间点对同样的个人、家庭及其居住社区的（直接或间接的）重复观测可以让我们考察这三者之间如何相互影响，这些影响又如何随着时间的推移而变化并最终塑造了各自不同的生命历程。这种多层视角的动态观察使得我们同时模拟自我选择过程与社区效应并联立方程求解成为可能。此外，我们也可以采用类似于多阶段回归的方式，先拟合自我选择模型，再将其结果纳入第二阶段估计社区效应的主模型中（Sampson & Sharkey，2008）。最近的研究还提出将追踪调查中"当前"（t 时刻）与"以后"（$t+1$ 时刻）居住社区环境特征的变化（如社区贫困率、福利救济水平、人口构成等）作为原因变量，分析其对个人的教育、收入、家庭财富、健康、婚姻状况的影响：根据"当前"社区环境特征，以及"以往"（$t-1$ 时刻）至今的社区变化，估计从今以后经历新的社区变化（即干预）的倾向分数（propensity score），进而匹配干预组与控制组的个人样本，计算反事实（counterfactual）的因果分析框架下的干预组受到的平均干预效应（average treatment effect for the treated；参见 Sharkey，2012）。

3. 追踪调查的困难

高额的成本是追踪调查面临的第一个困难。随着追踪调查轮次的增多，基线调查中相对集中的家庭与个人会变得越来越分散，追访所需的人力、物力、财力的投入会急剧增长。

样本损失是追踪调查面临的第二个困难。如上所述，追踪调查价值的实现建立在对同一群调查对象长期追访成功的基础上。成功追访的次数越多，时间跨度越长，就越能完整地捕捉到调查对象的生命历程，并获得更多的变量值差异（variation）以减少因果推断的难度；而样本损失则会极大地削弱追踪调查的价值。然而,类似于 CFPS 这样立足于当代中国社会的追踪调查面临着地区间人口迁移总量大(上亿的流动人口)、速度快、形态复杂多变(主动迁移与被动迁移并存,季节性、临时性、半永久性、永久性迁移混杂等)、各种各样为数不少且难以调查的隐蔽子群体存在(如逃避计划生育政策的超生人员、非法雇用的童工等)等问题。这些问题极大地增加了追访的难度,随着时间的推移,必然导致追踪成功率的下降。而且,由失访(lost-to-follow up)导致的样本损失会随着调查轮次的推移产生累积效应,某些追踪调查在经过短短几轮追访后,其基线调查的样本就已经损失过半了。以 1989 年开展的覆盖全国 9 省的中国健康与营养调查(China Health and Nutrition Survey,CHNS)为例,虽然在其早期,相邻两期调查的样本追踪成功率能够达到 80% 左右,但经过三轮调查后,基线调查的样本也损失了将近一半(Popkin et al. ,2010)。2000 年以后,随着中国经济的高速发展,人口迁移(尤其是农村劳动力进城)的规模达到史无前例的高度,CHNS 最近几轮调查中相邻两期调查的样本追踪成功率已经跌至 70% 以下。覆盖全国 25 个省市、基线样本规模上万、目标群体涵盖各个年龄阶段的 CFPS 项目也将面临着更严峻的追踪样本维护的挑战。从 CFPS 2010 年基线调查起,我们就开始采用电话维护为主、实地维护为辅,邮寄春节贺卡与调查项目年度简报等多种手段相结合的方式来提高样本维护的质量(吕萍,2012),以最大可能地减少样本流失。但我们也清楚地意识到,随着追踪时间的推移,样本流失是难以避免的。从调查的角度而言,我们需要及时做好补充新样本的准备。是否补充新样本、何时补充新样本、需要补充多大规模的新样本、新样本如何抽样等等问题都需要科学的研究设计。从统计调整的角度而言,我们在已有的样本权数之上,必须综合样本流失概率的信息,调整权数计算方法,避免造成有偏误的统计推断。

问卷设计本身面临的测量工具的稳定性与改进之间的冲突是追踪调查面临的另一个困难。追踪调查需要捕捉调查对象生命历程的这一特性意味着测量工具必须保持很高的稳定性。简单而言,问卷中同一个问题的测量方式(包括题干、备选项、甚至访员的提问方式以及受访者的回答方式——例如纸笔调查还是计算机辅助调查,调查时是否有其他人在场等)在每一期的调查中应该尽可能保持一致,否则在数据分析时,我们将很难把测量方式变化所引起的干扰从真实的变量值变化中剔除掉。例如,假设在一个家庭财富的调查中,第一期调查只笼统地提问"您家的金融资产有多少",从而得到一个粗略的总数估计;而第二期调查则把"金融资产"的概念细分为"股票""基金""政府债券""银行理财产品""其他金融衍生品"(包括认购权证、指数期货、商品期货等)并逐一询问。显然第二期的做法可以帮助受访者在心算金融资产时避免遗漏,从而更完整地估计其资产总额。在这种背景下,我们即使观察到同一个家庭在两期调查中的金融资产总额出现了上涨,也很难判定涨幅中有多大比例来自于真实资产的增加,又有多大比例是由于测量工具的改进使得第一期调查中被低估的资产总额在第二期调查中被调整到了真实水平。但很多时候,测量工具的变动并不是任意而为的,而是考虑到人类的发展、社会的变迁而不得不做的适应性改进。还是以财富的测量为例,在 1990 年代初期,中国的股票市场刚进入起步阶段,其他金融衍生品几乎尚未孕育,住房改革依然处于摸着石头过河的探索阶段。在当时的问卷调查中,对家庭财富的测量侧重于现金收入、家庭耐用消费品的种类与数量、劳动工具与生产资料的保有量等方面(如 CHNS 在 1990 年代的几轮调查)。进入 21 世纪后,如果仍然把视角限定在这几个方面,而忽略了中国家庭尤其是城市中产阶级家庭多样的金融资产,以及房地产市场"井喷式"增长后房产的升值及其在家庭资产中所占的重要比例,我们将大大低估中国家庭的财产存量。虽然 CFPS 2010 年的基线调查与 2012 年的追访已经与时俱进地将这些新兴资产类型纳入了问卷设计中,但我们可以预见,随着中国经济的高速发展和社会的不断变革,在不久的将来,与财富有关的测量工具也必然要改进与更新。事实上,自去年以来,互联网金融的"火箭式"腾飞已经向我们昭示,对中国家庭财富的追踪测量很可能是快速多变的。如何在测量工具稳定性受到冲击的情况下尽可能准确地捕捉到变量的真实变化,是追踪调查必须要考虑的问题。

四、调查方法的重要性

如前所述,纵贯数据的质量好坏与追踪调查的价值高低的一个重要影响因素是调查方法是否科学、严谨。以本报告所关注的财富研究为例,近年来,随着财富不平等的加深,人们对财富的关注度上升,财富研究也越来越多。但由于数据之间的不可比性以及追踪数据的缺乏,不同研究之间的结论仍存在较大差异,在我国财富的分布状况与变动趋势等问题上仍然没有定论,有关财富不平等的原因、后果、流动模式等方面的研究更是非常缺乏。相比收入,高质量的财富数据更不易获得(Deaton,2013;Keister & Moller,2000)。首先,除非过度抽样,一般的调查很难获得足够大的样本量使顶端人群具有代表性,而他们恰恰拥有普通人所缺少的资产,遗漏这部分人将造成调查结果偏差。因此,在抽样设计上,我们需要在有限的成本下,科学合理地增加顶端人群被抽中的概率;在计算权数时,需要充分考虑到顶端人群被抽中的小概率,结合人口普查数据,进行事后分层(post stratification)加权调整,提高样本的代表性。

其次,关于财产的报告经常存在误差,尤其是有丰厚家庭资产的人更不愿意或者不能准确报告财产,这都会影响结果的准确性(Keister,Forthcoming)。这就要求我们在问卷设计上探索更为有效的测量方法,如选择最熟悉经济情况的受访者作答,利用区间提问、汇总法等技术手段提高受访者对敏感问题的回答率和对复杂琐碎信息回答的准确率,等等。

第三,分析财富积累的过程和代际转移需要长期追踪数据,这是目前财富数据的又一局限。虽然目前已有一些研究分析财富的分布状况和变动趋势,并试图理解其背后的原因及其所可能造成的后果,但受数据限制,现有研究结果大多是描述性的,关于财富不平等的形成过程、代际传递模式、行为后果等方面的实证研究还非常有限(Keister,2000)。追踪数据的收集会面临上一节中所提到的高额成本、样本流失、在测量工具的稳定性与改进之间权衡等各种问题,因此更需要科学的调查方法的支持。

对中国财富的量化研究始于上世纪90年代初,中国住户收入项目(China Household Income Project,CHIP)为财富研究提供了数据基础。但该项目所采用的城乡分割的抽样与问卷设计方法受到了中国高速城市化带来的挑战:如何定义城乡?当行政区划意义上的农村出现了大量的从事非农业劳动的人口,当城镇中出现了大量持农业户口却从事非农劳动的人口时,我们该如何划定城乡分割的抽样框?如何确保城乡两套问卷的问题设计的适用性与可比性?解决这些问题的关键还是要回归到调查方法上来。

针对收集财富数据的困难，本书第 8 章全面详细地介绍了 CFPS 从 2010 年的基线调查到 2012 年的全国性追访，再到 2014 年正在进行的第二轮追访的问卷设计的基本状况、所使用的工具与方法，以及问卷设计中遇到的问题与解决方案。该章关于家庭成员信息、家庭经济信息、职业地位信息采集的实例将为读者展示我们在处理复杂问卷设计问题时的各种细节以及所积累的经验。

在数据收集完成后，要从样本数据中正确地推断总体情况，我们必须将抽样设计、调查执行中的拒访、无回答等各种数据缺失问题通过加权的方式进行统一调整。更复杂的是，如上一节所述，与截面调查相比，随时间推移追踪调查的样本流失将呈指数增长。所以本书第 9 章将关于调查方法的探讨聚焦于 CFPS 2012 年追踪调查的权数计算方式上，详细介绍如何通过加权来修正样本流失对数据产生的影响。

参 考 文 献

Angrist, Joshua D. and Jörn-Steffen Pischke. 2009. *Mostly Harmless Econometrics: An Empiricist's Companion*. Princeton, NJ: Princeton University Press.

Axinn, William G., Jennifer S. Barber, and Dirgha J. Ghimire. 1997. "The Neighborhood History Calendar: A Data Collection Method Designed for Dynamic Multilevel Modeling." *Sociological Methodology* 27(1):355—392.

Blau, Francine D. and John W. Graham. 1990. "Black-White Differences in Wealth and Asset Composition." *The Quarterly Journal of Economics* 105(2): 321—339.

Boyle, Michael H., Yvonne Racine, Katholiki Georgiades, Dana Snelling, Sungjin Hong, Walter Omariba, Patricia Hurley, and Purnima Rao-Melacini. 2006. "The Influence of Economic Development Level, Household Wealth, and Maternal Education on Child Health in the Developing World." *Social Science & Medicine* 63(8):2242—2254.

Campbell, Lori Ann and Robert L. Kaufman. 2006. "Racial Differences in

Household Wealth: Beyond Black and White." *Research in Social Stratification and Mobility* 24(2): 131—152.

Cattaneo, Matias D., Sebastian Galiani, Paul J. Gertler, Sebastian Martinez, and Rocio Titiunik. 2009. "Housing, Health, and Happiness." *American Economic Journal: Economic Policy* 1(1):75—105.

Chalasani, Satvika and Shea Rutstein. 2014. "Household Wealth and Child Health in India." *Population Studies* 68(1):15—41.

Collins, Chuck. 2012. *99 to 1: How Wealth Inequality Is Wrecking the World and What We Can Do about It*. San Francisco, CA: Berrett-Koehler Publishers.

Conley, Dalton. 1999. *Being Black, Living in the Red: Race, Wealth and Social Policy in America*. Los Angeles, CA: University of California Press.

Crowder, Klye and Scott J. South. 2008. "Spatial Dynamics of White Flight: The Effects of Local and Extralocal Racial Conditions on Neighborhood Out-Migration." *American Sociological Review* 73(5):792—812.

Deaton, Angus. 2013. *The Great Escape: Health, Wealth, and the Origins of Inequality*. Princeton, NJ: Princeton University Press.

Domhoff, G. William. 1970. *The Higher Circles*. New York, NY: Random House.

Domhoff, G. William. 1990. *The Power Elite and the State: How Policy Is Made in America*. New York, NY: Aldine Transaction.

Elder, Glen H., Jr. 1974. *Children of the Great Depression: Social Change in Life Experience*. Chicago, IL: University of Chicago Press.

Elder, Glen H., Jr. 1998. "The Life Course and Human Development." pp. 939—991 in *Handbook of Child Psychology, Vol. 1: Theoretical Models of Human Development*, edited by W. Damon and R. M. Lerner. New York, NY: John Wiley & Sons.

Entwisle, Barbara. 2007. "Putting People into Place." *Demography* 44(4): 687—703.

Fireside, Daniel, Amy Gluckman, Smriti Rao, Alejandro Reuss, and The

Dollars & Sense Collective. 2009. *The Wealth Inequality Reader*. Boston, MA: Dollars & Sense Economic Affairs Bureau.

Hao, Lingxin. 2007. *Color Lines, Country Lines: Race, Immigration, and Wealth Stratification in America*. New York, NY: Russell Sage Foundation.

Henretta, John C. and Richard T. Campbell. 1978. "Net Worth as an Aspect of Status." *American Journal of Sociology* 83(5):1204—1223.

Hu, Feng. 2013. "Homeownership and Subjective Wellbeing in Urban China: Does Owning a House Make You Happier?" *Social Indicators Research* 110(3):951—971.

Kanbur, Ravi and Xiaobo Zhang. 2005. "Spatial Inequality in Education and Health Care in China." *China Economic Review* 16(1): 189—204.

Keister, Lisa A. 2000. *Wealth in America: Trends in Wealth Inequality*. New York, NY: Cambridge University Press.

Keister, Lisa A. 2007. "Upward Wealth Mobility: Exploring the Roman Catholic Advantage." *Social Forces* 85(3):1195—1225.

Keister, Lisa A. Forthcoming. "The One Percent." *Annual Review of Sociology*.

Keister, Lisa A., Jody Agius Vallejo, and E. Paige Borelli. 2013. "Mexican American Mobility: An Exploration of Wealth Trajectories." Working Paper, Department of Sociology, Duke University, Durham, NC.

Keister, Lisa A. and Stephanie Moller. 2000. "Wealth Inequality in the United States." *Annual Review of Sociology* 26:63—81.

Khan, Shamus. 2012. "The Sociology of Elites." *Annual Review of Sociology* 38: 361—377.

Lampman, Robert J. 1962. *The Share of Top Wealth-holders in National Wealth, 1922—56*. Princeton, NJ: Princeton University Press.

Lerman, Donald L. and James J. Mikesell. 1988. "Rural and Urban Poverty: An Income/Net Worth Approach." *Review of Policy Research* 7(4):765—781.

Lesthaeghe, Ron. 2010. "The Unfolding Story of the Second Demographic

Transition." *Population and Development Review* 36(2):211—251.

Lynch, John and George Davey Smith. 2005. "A Life Course Approach to Chronic Disease Epidemiology." *Annual Review of Public Health* 26:1—35.

Mayer, Karl Ulrich. 2009. "New Directions in Life Course Research." *Annual Review of Sociology* 35:413—433.

McKinley, Terry. 1993. "The Distribution of Wealth in Rural China." pp. 116—134 in *The Distribution of Income in China*, edited by K. Griffin and R. Zhao. London, U.K.: Macmillan Press.

Morenoff, Jeffrey D. and Robert J. Sampson. 1997. "Violent Crime and the Spatial Dynamics of Neighborhood Transition: Chicago, 1970—1990." *Social Forces* 76(1):31—64.

Morgan, Stephen L. and John C. Scott. 2007. "Intergenerational Transfers and the Prospects for Increasing Wealth Inequality." *Social Science Research* 36: 1105—1134.

Oliver, Melvin L. and Thomas M. Shapiro. 1990. "Wealth of a Nation: A Reassessment of Asset Inequality in America Shows at Least One Third of Households are Asset-Poor." *American Journal of Economics and Sociology* 49(2):129—151.

Oliver, Melvin L. and Thomas M. Shapiro. 1997. *Black Wealth/White Wealth: A New Perspective on Racial Inequality*. New York, NY: Routledge.

Piketty, Thomas. 2014. *Capital in the Twenty-First Century*. Cambridge, MA: Harvard Unversity Press.

Popkin, Barry M., Shufa Du, Fengying Zhai, and Bing Zhang. 2010. "Cohort Profile: The China Health and Nutrition Survey—Monitoring and Understanding Socio-economic and Health Change in China, 1989—2011." *International Journal of Epidemiology* 39(6):1435—1440.

Sampson, Robert J., Jeffrey D. Morenoff, and Thomas Gannon-Rowley. 2002. "Assessing Neighborhood Effects: Social Processes and New Directions in Research." *Annual Review of Sociology* 28:443—478.

Sampson, Robert J. and Patrick Sharkey. 2008. "Neighborhood Selection and the Social Reproduction of Concentrated Racial Inequality." *Demography* 45(1):1—29.

Scholz, John Karl and Kara Levine. 2003. "US Black-White Wealth Inequality: A Survey." Working Paper, Department of Economics and Institute for Research on Povery, University of Wisconsin-Madison, Madison, Wisconsin.

Shapiro, Thomas M. 2004. *The Hidden Cost of Being African American: How Wealth Perpetuates Inequality.* New York, NY: Oxford University Press.

Sharkey, Patrick. 2012. "An Alternative Approach to Addressing Selection Into and Out of Social Settings: Neighborhood Change and African American Children's Economic Outcomes." *Sociological Methods & Research* 41(2):251—293.

Spilerman, Seymour. 2000. "Wealth and Stratification Processes." *Annual Review of Sociology* 26:497—524.

Timmer, C. Peter, Walter P. Falcon, and Scott R. Pearson. 1983. *Food Policy Analysis.* Baltimore, MD: Johns Hopkins University Press.

Wagstaff, Adam and Magnus Lindelow. 2008. "Can Insurance Increase Financial Risk? The Curious Case of Health Insurance in China." *Journal of Health Economics* 27(4):990—1005.

Wagstaff, Adam and Eddy Van Doorslaer. 2000. "Income Inequality and Health: What does the Literature Tell Us?" *Annual Review of Public Health* 21:543—567.

Walker, Iain and Heather J. Smith. 2001. *Relative Deprivation: Specification, Development, and Integration.* New York, NY: Cambridge University Press.

Wei, Shang-Jin, Xiaobo Zhang, and Yin Liu, 2012. "Status Competition and Housing Prices." Working Papers No. 18000, National Bureau of Economic Research, Cambridge, MA.

Wolff, Edward N. 1990. "Wealth Holdings and Poverty Status in the US." *Review of Income and Wealth* 36(2):143—165.

Wolff, Edward N. 1992. "Changing Inequality of Wealth." *The American Economic Review* 82(2):552—558.

Wolff, Edward N. 1995. "The Rich Get Increasingly Richer: Latest Data on Household Wealth During the 1980s." pp. 33—68 in *Research in Politics and Society*, Vol. 5, edited by E. R. Ratcliff, M. L. Oliver, and T. M. Shapiro. Greenwich, CT: JAI Press.

Wolff, Edward N. 1998. "Recent Trends in the Size Distribution of Household Wealth." *The Journal of Economic Perspectives* 12(3):131—150.

Wolff, Edward N. 2004. "Changes in Household Wealth in the 1980s and 1990s in the US." Working Paper No.407, The Levy Economics Institute of Bard College, New York, NY.

Xie, Yu. 1996. "Review of Identification Problems in the Social Sciences by Charles Manski." *American Journal of Sociology* 101:1131—1133.

Xie, Yu. 2013. "Gender and Family in Contemporary China." Research Reports 13-808, Population Studies Center, University of Michigan, Ann Arbor, MI.

Xie, Yu, Jennie E. Brand, and Ben Jann. 2012. "Estimating Heterogeneous Treatment Effects with Observational Data." *Sociological Methodology* 42(1): 314—347.

Xie, Yu and Xiang Zhou. 2014. "Income Inequality in Today's China." *Proceedings of the National Academy of Sciences* 111:6928—6933.

Xu, Hongwei and Susan E. Short. 2011. "Health Insurance Coverage Rates in 9 Provinces in China Doubled from 1997 to 2006, with a Dramatic Rural Upswing." *Health Affairs* 30(12):2419—2426.

Yu, Jia and Yu Xie. 2013. "Changes in the Determinants of Marriage Entry in Post-Reform Urban China." Research Report 13-802, Population Studies Center, University of Michigan, Ann Arbor, MI.

甘犁、尹志超、贾男、徐舒、马双,2012,《中国家庭金融调查报告2012》,成都:西南财经大学出版社。

李培林、陈光金、张翼、李炜主编,2008,《中国社会和谐稳定报告》,北京:

社会科学文献出版社。

李实、魏众、丁赛,2005,《中国居民财产分布不均等及其原因的经验分析》,《经济研究》第6期。

吕萍,2012,《中国家庭追踪调查2010年基线调查样本维护》,《中国家庭追踪调查技术报告系列(CFPS-18)》(谢宇主编),北京大学中国社会科学调查中心。

任强、谢宇,2011,《对纵贯数据统计分析的认识》,《人口研究》第35期。

谢宇,2010,《回归分析》,北京:社会科学文献出版社。

谢宇,2013,《中国家庭追踪调查(2010)用户手册(第二版)》,北京大学中国社会科学调查中心。

谢宇、胡婧炜,2013,"导论",《中国民生发展报告2013》第1章(谢宇、张晓波、李建新、于学军、任强著),北京:北京大学出版社。

谢宇、胡婧炜、张春泥,2014,《中国家庭追踪调查:理念与实践》,《社会》第2期。

谢宇、邱泽奇、吕萍,2012,《中国家庭追踪调查抽样设计》,《中国家庭追踪调查技术报告系列(CFPS-1)》(谢宇主编),北京大学中国社会科学调查中心。

校对:李汪洋、李兰

第2章 家庭财产

谢 宇[*] 靳永爱[**]

纵观历史长河,在人类早期,对于绝大多数普通百姓来说,吃饱和穿暖是最重要的民生需要,财产只是极少一部分人才能够拥有的奢侈品。但随着西方社会资本主义的产生和工业革命的兴起,少部分人积累起越来越多的财富,财产逐渐成为中产阶级与上层阶级所追求和钟爱的物质资源,经常是社交、婚姻匹配以及政治参与等一些社会活动的基本条件,是社会经济地位的重要标志。

同样,中国在过去很长一段历史中只有极少数人拥有财产。在改革开放以前,中国实行计划经济体制,生产力低下,全社会处于"吃大锅饭"的时代,私有财产受到限制,住房、食物以及其他的民生必需品由国家统一分配。在当时的中国,财产还没有成为一个重要的社会关注点。然而,在改革开放后,随着社会经济的快速发展,中国社会的财富急剧积累。伴随着财富的增加,分配格局也发生了重要的变化。在上世纪五六十年代的"大锅饭"平均主义时代,财产不均等程度较低,而伴随改革开放和市场经济的引入及扩张,财产分配在不断变化,不平等程度逐渐加剧。财产不平等渐渐进入人们的视野。

对中国财产的量化研究出现于上世纪 90 年代初,McKinley(1993)利用中国住户收入项目(China Household Income Project,CHIP)数据研究 1988 年中国

---

[*] 谢宇:北京大学社会研究中心千人计划讲座教授、美国密西根大学社会学系教授。
[**] 靳永爱:中国人民大学博士研究生,美国密西根大学访问学者。

农村的财产分布,发现当时中国农村的财产分布比较平等,基尼系数仅为0.31。2000年以来,财产研究增多,基本结论是财产差距在持续扩大、不平等程度在快速加深(李实等,2005;李培林等,2008)。尽管越来越多的研究开始关注中国的财产分配,但受数据限制,财产研究存在重重困难。与收入不平等研究相比,财产研究仍相当缺乏。我们对目前中国家庭财产水平、结构和分配格局的认识非常有限。

从2010年基线调查开始,中国家庭追踪调查(China Family Panel Studies,CFPS)详细采集了家庭各项财产的信息。作为一项具有全国代表性的调查,CFPS为我们准确把握中国家庭的财产状况奠定了坚实的数据基础。同时,CFPS是一项追踪调查,它的最大优势在于可以反映出家庭财产的变动趋势,以及家庭层面的财产流动。本章主要利用CFPS 2012来研究中国家庭的财产水平、分布、结构及其主要的社会决定因素,并结合2010年数据分析两年间中国家庭财产的流动情况。

一、财产存量

财富研究面临的一个共同问题是极富人群的代表性问题。除非过度抽样,抽样调查很难获得顶端极富人群的财产数据(Keister,Forthcoming)。自古以来,财富的分布都是极其偏倚的,很少的一部分人可以拥有绝大部分的财富。而对于一般的物质资源(比如食物、住房),社会中的绝大多数人都会拥有,即使存在差异,这些差异也比财产小得多。如根据CFPS 2012,全国家庭收入的90/10比率[①]在13左右,而财产的90/10比率则接近40。从逻辑上讲,一个社会的财产可能被一个人或者一个家庭全部占有,而收入和消费则不可能如此。正因为有这样的偏倚分布,财产研究很难单纯依靠随机抽样调查来实现。抽样调查是在一个很大总体中抽出一个能够代表总体的小规模样本,比如CFPS用近15,000户的家庭样本来代表全国家庭的总体。尽管随机抽样得到的样本能够体现出总体的综合统计指标或特征,如平均家庭规模、年龄、教

---

① 90/10比率指的是家庭收入按从低到高排序,排在90%分位数上的家庭收入与排在10%分位数上的家庭收入之比。

育,以及教育与收入的关系、收入与幸福感的关系等,但我们可以非常肯定地说,所有的随机抽样都很难捕捉到总体中小概率的事件和个体。如果把极富作为小概率事件来看的话,随机抽样的方法对研究极富人群是无能为力的。

但是,遗漏极富人群却会给财产存量和分布的研究结果造成较大的偏差。为了尽可能地探究中国财产的真实水平和分布,我们在计算家庭财产存量和分析财产分布时使用外部数据《2012 雅居乐海南清水湾胡润百富榜》①对顶端极富人群进行了调整。有研究在总结了很多国家的收入分布后指出,最富裕人口的收入分配接近帕累托分布(Pareto distribution)(Cowell,1995;Lydall,1968)。一些研究已经开始应用帕累托分布调整顶端收入(李实等,2013;王海港、周开国,2006),近几年由瑞信研究院(Credit Suisse Research Institute)每年发布的《全球财富数据报告》(*Global Wealth Databook*)也使用了《福布斯排行榜》数据和帕累托分布进行顶端财富值的拟合和预测。本章同样使用帕累托函数②拟合、估计顶端 0.1% 家庭的财产。具体做法如下:首先,利用《2012 雅居乐海南清水湾胡润百富榜》数据拟合帕累托函数,根据该函数估计顶端家庭的财产,对最顶端的家庭财产则使用排行榜的实际值,二者结合得到顶端 0.1% 家庭的财产;其次,对于其余 99.9% 的家庭,使用调查数据,根据抽样权数将调查样本扩充为总体 99.9% 的家庭;最后,将经过权数调整后的调查数据与帕累托函数拟合的数据以及"胡润百富榜"中最顶端家庭的实际财产数据合并,形成全国家庭的总体数据。

表 2-1 展现了全国家庭财产的存量。该表同时保留了仅使用 CFPS 调查数据直接计算的未调整结果和使用外部数据调整后的结果。在使用外部数据调整后,我们得到 2012 年全国家庭净财产均值为 43.9 万元,中位值为 16.3 万元。在各个分位数的分布上,2012 年全国有 25% 的家庭其财产小于 6.3 万元,75% 的家庭小于 34.7 万元,顶端 10% 的家庭其财产高于 73.6 万元,顶端 5% 的家庭高于 117.6 万元,而最高 1% 的家庭则在 324.5 万元以上。

---

① 数据来源:《2012 雅居乐海南清水湾胡润百富榜》(http://www.hurun.net/CN/HuList.aspx?nid=14)。

② 帕累托函数的基本形式是:$N(x) = k \cdot x^{-\alpha}$,$N(x)$ 表示收入大于或等于 x 的人数,k 和 α 是大于零的参数。

表 2-1 2012 年全国家庭净财产　　　　　　　　（单位：万元）

	平均值	25%	50%（中位值）	75%	90%	95%	99%
未调整	33.9	6.3	16.3	34.6	73.4	115.8	307.1
调整后	43.9	6.3	16.3	34.7	73.6	117.6	324.5

目前，也有一些研究估计了中国的家庭财产。由西南财经大学组织开展的中国家庭金融调查（China Household Finance Survey,CHFS）数据显示，2011 年中国家庭净财产平均为 113.0 万元，城镇家庭平均为 236.6 万元，农村家庭平均为 31.0 万元（Gan et al.,2014）。这与我们的计算结果差距较大。而瑞信研究院在《全球财富数据报告 2012》中公布的结果显示，2012 年中国 20 岁以上人口的人均财产为 20,452 美元，总财产存量为 20.2 兆（美元）（Davies et al.,2012）。根据我们计算的全国家庭财产平均值以及国家统计局公布的 2012 年全国家庭户数量和全国 20 岁及以上人口的数量，①估计 2012 年全国 20 岁及以上人口的平均财产是 18.1 万（元），全国总财产存量为 188.4 兆（元）。若按照 CHFS 估计的家庭净财产，全国家庭财产存量则为 485 兆（元）。相对而言，我们的估计结果跟瑞信研究院更为接近。

另外，Piketty（2014）研究欧洲和美国 1870 年以来的历史发现，从长远趋势来看，国家财富和国民收入二者的比例（即财富收入比）一般维持在 6 左右，即国家财富大约是之前六年的国民收入累积。在 19 世纪和 20 世纪早期，欧洲的财富收入比略高，在 6—7 之间，美国则在 4—5 之间；目前，欧洲在 6 左右，而美国略高于 4（见图 2-1）。

根据 CFPS 数据，2012 年全国家庭纯收入的平均值为 45,665 元（谢宇等，2013），平均净财产为 438,571 元，财富收入比为 9.6。需要注意的是，我们计算的是私有财产，并不包含诸如学校、医院、国企等一些公共资产，而公共资产在中国的比例相当高。比如，单看企业资产，有研究估算，2008 年全国国有企业及国有控股企业的资产比重高达 50.1%，而相应的私营企业和外资企业的资产比重只占 20% 和 30% 左右（刘越，2013）。此外，我们在计算时并没有包括香港、澳门、台湾居民以及海外华人的财产。所以，我们得到的中国财富收入比 9.6 是一个较高的值，是否合理、可信需要更多的研究。

---

① 根据 2012 年全国 1‰抽样调查数据，2012 年全国家庭户数量为 42,954 万户，2012 年全国 20 岁及以上的成年人规模是 10.42 亿。

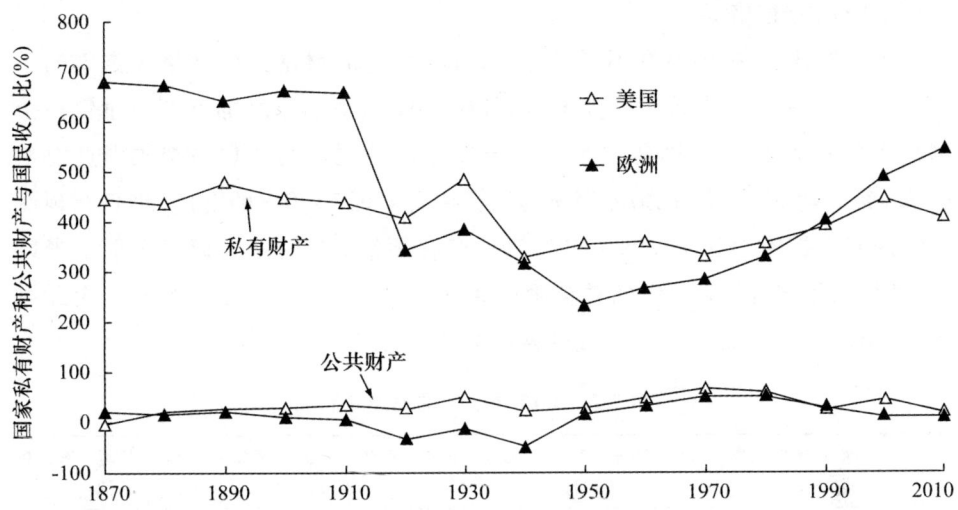

图 2-1 美国和欧洲国家财富(公有和私有财产)与国民收入之比:1870—2010 年
资料来源:Figure 5.1 in *Capital in the Twenty-First Century* (Piketty,2014)(http://piketty.pse.ens.fr/files/capital21c/en/Piketty2014FiguresTablesLinks.pdf)。

二、财产分布

  大量研究表明,财产分布比收入分布更不平等(Fireside et al.,2009;Keister,2000;Scholz & Levine,2003)。在美国,财产所反映出的种族差距也比收入大得多(Menchik & Jianakoplos,1997;Oliver & Shapiro,1997)。同时,财产与收入之间的相关性较弱,美国上世纪 80 年代的数据表明收入和财产之间的相关系数仅为 0.5 左右(Keister,2000),如果剔除收入中通过财产获得的部分,相关系数则降为 0.26(Lerman & Mikesell,1988)。因此,财产作为一个不同于收入的衡量家庭经济水平的指标越来越被研究者所重视。
  2011 年,美国民众聚集在纽约华尔街游行,他们打着"我们是 99%"的口号,要求跟 1%的精英阶层对话,这是美国财富不平等矛盾大规模爆发的一次突出体现。在中国,虽然如此激烈的矛盾还尚未出现,但一些研究表明,中国的财富不平等问题已经凸显,财富两级分化格局相当严重,财富不平等程度在迅速加深(李培林等,2008;李实等,2005)。那么,中国的财富不平等到底达到了什么程度?本节将通过财产分位数、基尼系数、90/10 比率多个指标来反映中国的财产分布格局。

表2-2显示,中国财富不平等程度很高,大量的财富集中在极少数人的手中。将家庭财产按从低到高排序,排名在25%以下的家庭的财产总量仅占全国财产总量的1.2%,排名在50%以下的家庭的财产总量仅占全国财产总量的7.3%。然而,排名在顶端25%的家庭拥有全国79.0的财产,排名在顶端10%的家庭拥有全国61.9的财产,排名在顶端5%的家庭拥有全国一半以上的财产,排名在顶端1%的精英阶层拥有全国三分之一以上的财产。由此可见,中国的财产分布呈现出明显的两极分化。

表2-2 2012年全国的财产分布

	0%—25%（%）	0%—50%（%）	75%—100%（%）	90%—100%（%）	95%—100%（%）	99%—100%（%）	基尼系数	90/10比率
未调整	1.5	9.5	72.9	50.9	37.1	16.1	0.65	36.73
调整后	1.2	7.3	79.0	61.9	51.2	34.6	0.73	36.79

90/10比率体现的是财产两极的差距。2012年全国财产的90/10比率高达36.79,说明排名在90%分位数上的家庭财产是排名在10%分位数上的家庭财产的近37倍,而同期收入的90/10比率是13.10(谢宇等,2013),可见,财产分配呈现出更加严峻的贫富两极分化,比收入分配更不平等。

尽管中国与美国顶端的财产分布比较接近——1%的家庭都占据了本国三分之一以上的财产,但中美财产的不平等程度却相差较大,美国的基尼系数长期稳定在0.8以上,中国目前在0.73左右。这主要是因为在99%以下家庭的财产分布中,中国比美国平等得多。比如,美国60%—100%的家庭拥有高达95%以上的财产,而在中国这一比例是88.4%;美国底端40%的家庭所拥有的财产不到总量的1%,甚至还出现过负数,而中国则为4.2%。从总体上看,去掉顶端极富人群后,中国的财产分布比美国更为平等。

中国财产的分布模式实际上反映了中国过去几十年的历史。一方面,在改革开放的推动下,市场经济迅速发展,私营企业、股份制企业大量出现,极少数人在很短的时间里积累了巨额财富。这也是人们通常将财富与"暴发户"联系在一起的原因。财富不平等程度随之快速加剧。但另一方面,对于普通家庭而言,住房改革后,房产成为普通家庭最大、最主要的财产,而绝大多数城市

居民的住房来源于公有住房制度下的福利分房。福利分房的最大特点就是按照需要和体制分配,这样的分房原则促进了福利分房的相对平等。1988年中国住房制度开始改革,公共福利房逐渐私有化,家庭能够以非常低的价格从单位购入公有住房。到2000年,城市的住房拥有率达到80%以上,远远高于市场经济国家的50%—60%的住房拥有率,因此,住房的私有化成为中国家庭财富快速增长的主要因素(Walder & He,2014)。同时,近些年来,伴随着城市房价的快速上涨,房产在总财产中所占的比例也越来越大,中国家庭财产中平均有70%以上是房产,在一线城市(如北京、上海)的比例更高,在80%以上。很多普通工薪家庭从福利分房中获益,家庭财富及其增长主要来源于福利分房,福利分房在一定程度上降低了中产阶级的财富不平等。所以,在中国,除了顶端极富人群外,普通的工薪阶层财产分配相对平等。而美国的情况却不一样,在正常的市场化过程中,财富主要来源于收入的积累和投资,收入低的家庭和没有投资的家庭积累的财富也少,整体财富分配极为不均衡。根据这样的发展规律,随着中国未来市场化的深入,我们可以判断,由过去公有住房制度带来的财产分布的相对平等会大大减弱。收入不平等很可能会停止,但财富不平等还会进一步加深。

表2-3 中国与美国的财产分布

国家	年份	基尼系数	0%—40%(%)	0%—60%(%)	60%—100%(%)	80%—100%(%)	90%—100%(%)	95%—100%(%)	99%—100%(%)
美国	1983	0.799	0.9	6.1	93.9	81.3	68.2	56.1	33.8
	1989	0.832	-0.7	4.1	95.9	83.6	70.6	59.0	37.4
	1992	0.823	0.4	4.8	95.3	83.8	71.8	60.0	37.2
	1995	0.828	0.2	4.7	95.3	83.9	71.8	60.3	38.5
	1998	0.822	0.2	4.7	95.3	83.4	70.9	59.4	38.1
	2001	0.826	0.3	4.2	95.7	84.4	71.5	59.2	33.4
中国	2012	0.727	4.2	11.6	88.4	74.7	62.0	51.2	34.6

数据来源:美国数据来自"Changes in Household Wealth in the 1980s and 1990s in the US"(Wolff,2004);中国数据基于CFPS 2012数据,并结合外部数据调整后得到。

三、财产结构

财产是一个极其复杂的变量,要更深入地了解财产,还需要关注财产的来源与组成、财产分布的影响因素、财产的历时性变动以及家庭层面的财产流动。前文提到,CFPS是抽样调查,不可避免地会漏掉极富人群,在分析全国的财产存量与总体分布时,我们采用外部数据对CFPS数据进行了调整。但遗憾的是,我们并不能在微观层面上补充极富人群的信息,所以在接下来的分析中不得不放弃这一人群。从本节开始,我们仅使用CFPS微观数据分析,数据没有进行任何调整。本节的关注点是财产结构,第四节分析主要社会经济因素对财产的影响,第五节聚焦于不同年份之间的财产变动。

在中国家庭财产的构成中,房产占绝对主导地位。房产在全国家庭平均财产中占了74.7%。与其他国家相比,中国房产在家庭财产中所占的比例严重偏高。虽然其他国家房产也是家庭财产的主要组成部分(Gottschalck,2008;Jäntti & Sierminska,2008),但比例远低于中国,如澳大利亚2002年房产所占比例为54.2%,意大利2000年房产所占比例为37.7%(Jäntti & Sierminska,2008),美国2002年房产所占比例为52%(Gottschalck,2008)。其次,全国房产占家庭财产的比例在不断上升,1995年全国房产占家庭财产的比例仅为35.4%,2002年为57.9%(Li & Zhao,2008),目前已达到70%以上。这样的变化与住房改革推动的住房私有化以及近年来房价快速上涨的市场环境密不可分。

金融资产占家庭财产的10%左右,与其他国家的差距也比较大。很多发达国家的金融资产占家庭财产的比例都在30%以上(Jäntti & Sierminska,2008)。另外,生产性固定资产占家庭财产的8%左右,耐用消费品占6%左右。非住房负债比例略高于住房负债。但总的来说,除房产外,其他各项财产占家庭财产的比例都较小。

城镇和农村家庭的财产结构有所不同。城镇家庭的房产占家庭总财产的比例远高于农村家庭,约为80%,比农村家庭高了16个百分点。土地是农村家庭一项非常重要的资产类型,占家庭财产比例的 18.8%。① 城镇家庭金融资产所占的比例略高于农村家庭,而生产性固定资产和耐用消费品所占的比例小于农村家庭。在负债上,城镇家庭的住房负债和非住房负债比例相当,而农村家庭的债务主要体现在非住房负债上。城镇的住房负债大于农村,但农村整体负债比例要高于城镇(见表 2-4)。

表 2-4 2012 年全国及分城乡的家庭财产构成   (单位:%)

财产结构	全国	城镇②	农村
土地	7.6	2.5	18.8
房产	74.7	79.8	63.6
金融资产	10.2	10.5	9.4
生产性固定资产	7.9	7.0	9.9
耐用消费品	5.7	5.6	6.0
住房负债	-2.2	-2.4	-1.8
非住房负债	-3.9	-3.1	-5.9

家庭财产构成的差异不仅表现在城乡差异上,也表现在区域差异上。③ 首先,在这五个独立抽样省中,土地资产在甘肃所占比例最高,达到 14.9%,辽宁和河南类似,占 11% 左右,广东略低,上海最低,土地资产几乎为 0。其次,虽然房产在各省家庭中所占比例都非常高,但也体现了较大的省际差异。上海房产的比例高达 86.5%,这从侧面反映了一线城市房价高的现状;广东的房产比例位居第二位,为 74.1%;甘肃最低,为 69.2%。第三,在债务结构上,越不发达的地区负债比例越高,如甘肃的负债资产占家庭财产的 13.3%,而上海不到 2%。上海的负债主要来自住房,而甘肃主要是非住房负债。省际财产结构差异不仅体现出城市化程度和现代化程度的不同,也反映了房价因素在家庭财产中的作用——大城市房价的持续快速增长使得房产的重要性变得越来越强。

---

① 土地资产的估算方法是用 McKinley 和 Griffin(1993)提出的办法,假定家庭农业总收入的 25% 来源于土地,而土地的收益率为 8%,从而估算出土地价值。

② 城镇之所以有土地资产,是因为城镇中也有一部分从农村进入城镇的流动人口,或者部分地区虽然在行政区划上被划归为城镇,但居民实际从事的仍是农业劳动。

③ CFPS 在上海、辽宁、广东、河南和甘肃有独立的抽样框,这五个省份的数据具有独立代表性,可以单独分析。

除了分析财产结构,本节还使用 Lerman 和 Yitzhaki(1985)提出的按收入构成分解基尼系数的方法对财产基尼系数进行分解,以进一步分析各项财产对不平等的贡献率。① 结果显示,房产对财产不平等的贡献占主导地位。在全国层面上,房产对不平等的贡献率为 74.6%,城镇高达 78.3%,农村为 61.4%。分省来看,房产对不平等的贡献率最高的是上海,达到了 86.8%。

可见,无论从财产结构还是分项财产对不平等的贡献率来看,房产都是财产不平等的主要贡献者,其他研究也得到了相同的结论(Li & Zhao, 2008; Meng, 2007; Sato et al., 2013; Zhao & Ding, 2010)。房产比例严重偏高是结构畸形的表现,潜伏着许多结构性的问题,不利于财产的健康增长。

四、财产差异的主要影响因素

在分析了财产存量、分布和结构三个重要方面后,我们接下来想知道财产与一些重要的家庭社会经济特征的关系。比如,财产差异与哪些因素有关?哪些家庭拥有的财产存量更高?本节关注的是地域、体制、教育、收入几个关键的社会经济指标与财产的关系。

1. 城乡差异与区域差异

需要说明的是,在比较城乡差异时,财产水平和分布未进行极端值的调整,这会导致分析结果尤其是城镇的平均财产水平和分布出现偏差。但我们关注的是城乡差异和特征,使用没有调整的数据并不影响结论。实际上,调整后的结果更有利于加强结论,因为绝大多数财产极大值都分布在城镇。表 2-5 显示,城镇的财产存量远远高于农村。同时,城镇的财产不平等程度也高于农村。从分位数上看,农村底端家庭财产总量占所有农村家庭财产总量的比例要高于相应的城镇家庭,比如农村财产总量排名 50% 以下的家庭占全国农村

---

① 其计算公式为:$G = \sum_{k=1}^{K} S_k G_k R_k$,$G$ 是总体基尼系数,S_k 表示来源 k 的收入(财产)占总收入(财产)的比例,G_k 表示来源 k 的收入(财产)的基尼系数,R_k 表示来源 k 的收入(财产)分布与总收入(财产)分布之间的相关度(Gini correlation)。

家庭财产总量的比例为 12.6%,高出城镇 2.5 个百分点。而农村顶端家庭财产总量占全国农村家庭财产总量的比例要低于相应的城镇家庭,比如财产总量排名在顶端 10% 的农村家庭拥有全国农村家庭 44.0% 的财产,比城镇低了 5.1 个百分点。另外,农村的 90/10 比率也远远低于城镇,农村为 23.64,而城镇高达 46.34。

表 2-5　2012 年分城乡的家庭净财产及分布

	平均净财产（万元）	0%—25%（%）	0%—50%（%）	75%—100%（%）	90%—100%（%）	95%—100%（%）	90/10 比率
城镇	43.9	1.5	10.1	71.8	49.1	35.5	46.34
农村	18.5	2.3	12.6	66.5	44.0	31.6	23.64

　　为了进一步探索城乡差异对总的不平等程度的作用,我们用泰尔指数(Theil coefficient)对不平等进行分解。① 由此计算得出,全国家庭财产的泰尔指数为 0.85。其中,城乡内部为 0.76,解释了总体差异的 89.4%;城乡之间为 0.09,解释了总体差异的 10.6%。Xie 和 Zhou(2014)发现收入不平等有 10% 归因于城乡差异,而在美国,城乡差异对整体不平等的贡献几乎为 0。与收入一样,财产的城乡差异对财产不平等的贡献率也在 10% 以上。

　　财产水平和分布不仅存在巨大的城乡差异,还存在着较大的区域差异,以省为单位的区域差异尤为明显。在 CFPS 5 个独立抽样省中,上海的财产水平遥遥领先,其他几个省份的财产水平远远落后于上海。甘肃和广东的不平等程度是五个省份中最高的。我们同样使用泰尔指数分解得到省际差异和省内差异对财产不平等的贡献。结果显示,各省内部差异解释了总体差异的 77.6%,各省之间的差异解释了总体差异的 22.4%。在收入不平等方面,中国的省际差异解释了总体不平等的 12%,而在美国区域差异发挥的作用不到

---

① 与基尼系数一样,泰尔指数也是测量收入不平等的指标,因 Theil(1967)利用信息理论中的熵概念计算收入不平等而得名,它的最大优势在于容易分解组间差异和组内差异对不平等的贡献。其对不平等的计算公式为:$GE(1) = \sum f_i * \left(\frac{y_i}{m}\right) * \log\left(\frac{y_i}{m}\right)$,其中 y_i 表示第 i 个个体的收入,f_i 表示第 i 个个体在总体中占的比重,m 表示总体的平均收入;分解公式为:$GE(a) = GE_{W(a)} + GE_{B(a)}$,$GE_{W(a)} = \sum v_k^{(1-a)} * s_k^a * GE_{k(a)}$,其中 v_k 表示第 k 组人数占总体的比例,s_k 表示第 k 组总收入占全体总收入的比例,$GE_{k(a)}$ 是分别将各个组当成单独的群体计算的泰尔指数,$GE_{B(a)}$ 则是假设各组中每个人的收入为该组平均数时计算出的泰尔指数。

2%,区域差异已成为中国收入不平等的重要决定性因素(Xie & Zhou,2014)。可见,区域差异在财产不平等中的作用甚至高于在收入不平等中的作用,省际差异是导致财产分配不平等的一个重要因素。

2. 家庭社会经济特征与财产的关系

家庭财产水平及其变动会受到众多因素的影响。我们选取三个主要的家庭社会经济特征变量——工作、受教育程度和收入——来分析其与家庭财产的关系。工作变量主要是识别家中是否有人在体制内工作。[1] 考虑到农村在体制内工作的人较少,我们分析体制内外差异时仅选用城镇样本。

表2-6显示,有没有家庭成员在体制内工作,其财产水平存在较大差异,有成员在体制内工作的家庭在财产上有较大的优势。在各个分位数上,在体制内工作的家庭财产水平均远远高于在体制外工作的家庭。在越高分位数上,二者的绝对值相差越大。在体制内、体制外工作的家庭其平均净财产分别为67.4万元、37.2万元,前者比后者高81%。

表2-6 城镇工作单位性质与家庭净财产 (单位:万元)

	平均值	25%	50%(中位值)	75%	90%
体制外工作	37.2	7.6	19.8	40.6	87.5
体制内工作	67.4	16.0	32.9	66.2	131.6

以家庭中受教育程度最高的人的教育水平作为家庭的受教育程度,我们发现受教育程度与财产水平的正向关系非常明显(见图2-2),家庭平均净财产随着受教育程度的提高而明显增加。家庭成员都未上过学的家庭净财产平均为11.8万元,小学增加到15.7万元,大学最高,达到了61.9万元,是小学的5倍多。

收入与财富的关系是目前许多财富研究关注的重要话题,但收入与财富的关系比较复杂,并没有一致的结论。目前达成的共识是,财富比收入更不平

---

[1] 对"体制内"的定义沿用谢宇等(2013)在分析收入时的用法,将下列性质的单位定义为"体制内":(1)政府部门/党政机关/人民团体/军队;(2)国有/集体事业单位/院/科研院所;(3)国有企业/国有控股企业。家中只要有一人在体制内工作,该户家庭即视为在体制内工作;否则视为在体制外工作。

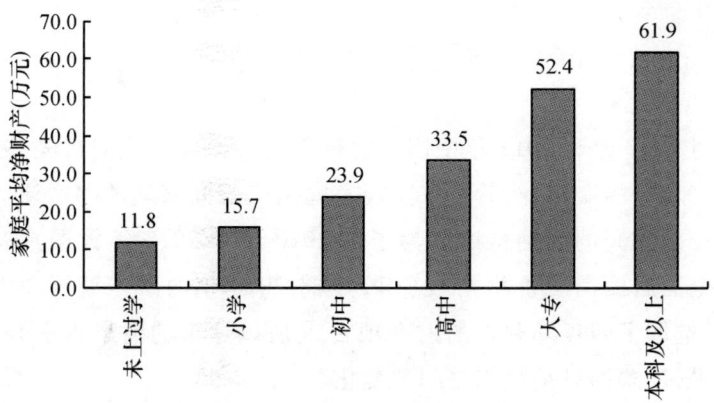

图 2-2 分教育水平的家庭净财产

等(Keister, Forthcoming; Keister, 2000; Morgan & Scott, 2007)。在中国也是如此,全国家庭净财产基尼系数为 0.73,而家庭纯收入基尼系数为 0.49(谢宇等,2013)。① 前文也提到,2012 年全国家庭净财产的 90/10 比率高达 36.79,而同期收入的 90/10 比率是 13.10(谢宇等,2013)。

关于财富与收入关系的另一个共识是二者之间的相关性较低(Keister & Moller, 2000),我们的数据也证实了这一点。根据 CFPS 2012,全国家庭收入与财产之间的相关系数仅为 0.37。在各个财产水平上收入的分布相对分散(见表 2-7)。除了财产最底端和最顶端家庭相对应的比例较高外,其他分位数上的分布都较为分散。这说明极低收入与极高收入家庭的收入与财产高低的一致性较高,但中等阶层收入与财产的相关关系较弱。

表 2-7 收入分布与财产分布的关系 (单位:%)

		财产分布				
		0%—25%	25%—50%	50%—75%	75%—100%	合计
收入分布	0%—25%	46.5	29.2	15.7	8.6	100.0
	25%—50%	25.7	29.3	27.6	17.5	100.0
	50%—75%	17.6	26.2	30.7	25.5	100.0
	75%—100%	10.2	15.3	26.0	48.5	100.0

---

① 家庭收入包含了折算后的农村由自家生产并消费的农产品的收入。

五、财产变动

本节对 2010 年和 2012 年中国家庭财产进行比较。我们首先将从宏观角度探讨财产水平的变化,然后将从微观家庭角度研究家庭的财产流动,以此把握中国财产两年间的变动情况。为了使 2010 年和 2012 年数据具有可比性,我们采用全国居民消费价格指数(CPI)[①]将 2010 年的财产调至 2012 年的水平,并且只选取了两年都调查的财产项目,[②]所以这里的财产水平并不代表实际财产水平,反映的只是两年之间的变化。

1. 财产变动

表 2-8 对比了不同分位数下家庭平均净财产从 2010 到 2012 年的变化情况。全国家庭平均净财产呈明显上升趋势。家庭财产水平越低的家庭增长幅度越高,如家庭财产在全国排序 25% 以下的家庭,其平均财产增长幅度高达 48%,而排序在 50%—75% 的家庭平均财产增长幅度为 24%。各个分位数上城镇和农村家庭的财产都出现了增长,但增长模式有所不同。城镇的增长模式与全国一致,即财产水平越低的家庭增长幅度越高;而农村中前三个分位数上的家庭增长幅度基本一致。对于底端 0%—25% 的家庭,农村家庭财产的增长速度明显慢于城镇。这样的增长模式会使农村底端家庭处于更加不利的地位——不仅扩大了农村底端家庭与农村其他家庭的差距,也拉大了农村家庭与城镇家庭的整体差距。

---

① 数据来源:国家统计局《中国统计年鉴 2013》。在 CFPS 2010 中,除了房价、股票和基金以外,其他资产都是询问的去年年底情况,故在使用居民消费价格指数调整时,需从 2009 年调到 2012 年,也就是使用 2010—2012 年三年的价格指数。房价、股票和基金在调查时询问的是当时市价,所以只用 2011—2012 年两年价格指数调到 2012 年。

② 2010 年的财产项目未包含政府债券、金融衍生品和其他金融产品,在比较中也去除了 2012 年数据中的这几项财产。

表 2-8　各个分位数上的家庭平均净财产　　　　　（单位：万元）

	全国			城镇			农村		
	2010	2012	增长(%)	2010	2012	增长(%)	2010	2012	增长(%)
0%—25%	1.2	1.8	48.1	1.6	2.6	60.5	1.2	1.7	38.6
25%—50%	7.8	10.0	28.6	12.0	15.1	26.2	5.8	7.6	30.6
50%—75%	17.5	21.8	24.1	27.2	31.7	16.4	11.9	15.4	29.7
75%—100%	77.6	88.2	13.6	108.9	125.3	15.0	41.7	49.0	17.5
合计	26.0	30.4	16.9	37.4	43.7	16.6	15.2	18.4	21.6

从 2010 年到 2012 年，城镇房产比例居高不下，随着城镇房价的迅速上升，房产在家庭财产中的比例严重偏高，在 80% 左右。同时，房产在我国家庭财产增长过程中起着主导作用，全国增加的财产中有 54.5% 来自房产（见图 2-3）。而金融资产、生产性固定资产和耐用消费品以及土地增加比例都较小。

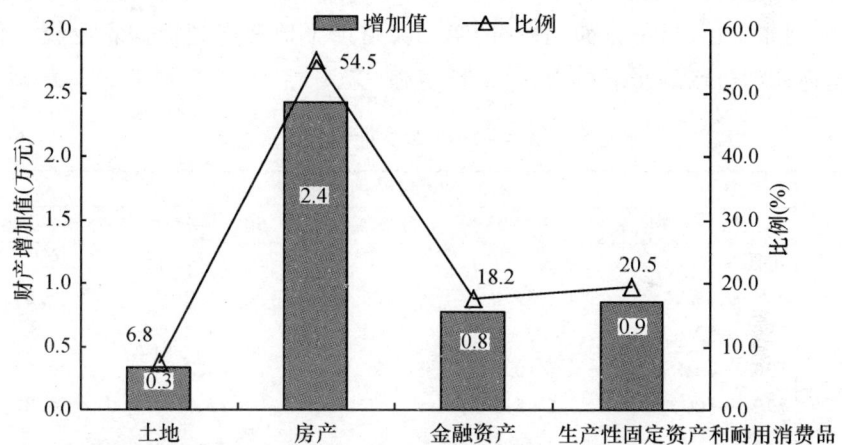

图 2-3　2010—2012 年各项财产增加值及其占总财产增加值的比例

2. 家庭的财产流动

我们不仅关心财产的宏观水平和变化趋势，也关注家庭层面的财产流动。表 2-9 将 2010 年和 2012 年的家庭按财产从低到高排序，分为 0%—25%、25%—50%、50%—75% 和 75%—100% 四组，分析从 2010 年到 2012 年家庭相对财产的变化。对角线上加粗的数字表示两年间家庭财产的相对位置未发生变化，对角线以上表示向上流动，对角线以下表示向下流动。

可以看到，2010年全国家庭财产排序处于25%以下、25%—50%、50%—75%、75%—100%四个水平上的家庭在2012年分别有59.0%、42.7%、43.3%和64.8%保留相对位置不变。底端25%的家庭和顶端25%的家庭在2012年保持相对位置不变的比例更高，反映出穷人阶层和富人阶层的流动性更小。

分城乡看，城镇和农村表现出同样的规律，但城镇家庭能够保持相对位置不变的比例高于农村，而且财产水平越高，城乡之间保持相对位置不变的家庭所占的比例差距越大。2010年城镇家庭财产排在25%以下的家庭有60.6%在2012年仍保持在这个水平，农村则为55.7%，二者相差4.9个百分点；而在75%—100%财产水平上，城镇为66.3%，农村为56.8%，二者相差达9.5个百分点。城镇的家庭财产更为稳定，而且富人阶层固化更严重。这可能与财产结构有关：一方面，城镇的主要财产构成——房产受到外部房价的影响较大，近几年房价的上升使富人阶层的房产不断增值，农村地区房产受到市场房价的影响则非常小；另一方面，农村的第二大财产土地资产是根据农业收入估计的，受到外部市场的影响较大，波动性更强。

表2-9　2010—2012年家庭相对财产流动　　　　　（单位：%）

		2012年家庭平均净财产分组			
	家庭财产分位数	0%—25%	25%—50%	50%—75%	75%—100%
2010年家庭平均净财产分组	**全国**				
	0%—25%	**59.0**	24.1	11.2	5.8
	25%—50%	25.2	**42.7**	23.3	8.8
	50%—75%	10.6	25.6	**43.3**	20.6
	75%—100%	5.3	7.7	22.2	**64.8**
	城镇				
	0%—25%	**60.6**	23.5	10.2	5.7
	25%—50%	24.7	**45.0**	22.0	8.3
	50%—75%	9.0	24.4	**46.9**	19.8
	75%—100%	5.7	7.2	20.9	**66.3**
	农村				
	0%—25%	**55.7**	25.7	12.4	6.3
	25%—50%	27.0	**37.6**	24.0	11.4
	50%—75%	10.9	25.7	**37.8**	25.5
	75%—100%	6.4	11.0	25.8	**56.8**

家庭的一些社会经济特征会影响财产的流动。我们仍然使用是否有家庭成员在体制内工作、家庭成员的最高受教育程度和家庭收入水平三个重要的特征变量来分析财产水平的变动。

是否在体制内工作对财产水平和财产增长速度都会产生影响。从2010年到2012年,全国有64.8%的家庭财产发生了增长,35.2%的家庭财产未变动或减少,而在体制内工作的家庭财产发生了增长的比例为71%,高出在体制外工作的家庭5个百分点。同时,在体制内工作的家庭财产增长比例达到35%,高于在体制外工作的家庭的增长幅度(29%)(见图2-4)。不同的增长速度进一步拉大了两类家庭的财产差距。

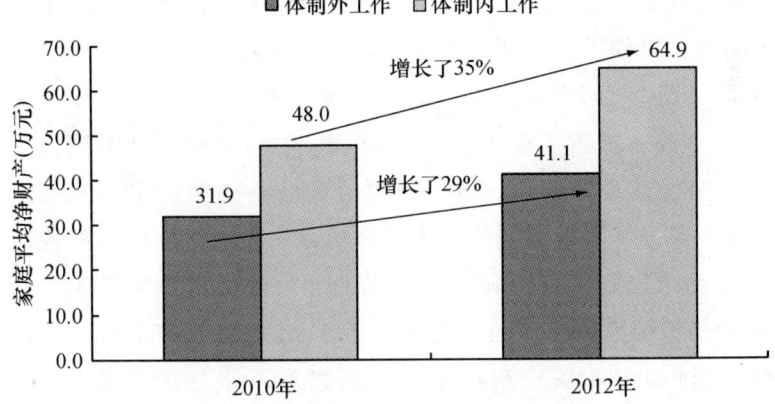

图2-4 城镇工作单位性质与财产增长

受教育程度与发生财产增长的可能性呈正相关关系,即受教育程度越高的家庭,其财产增长的可能性越高。在文盲/半文盲家庭中,有55.6%在2012年发生了财产增长;而在本科及以上的家庭中,该比例达到70.5%。财产水平的增长幅度在不同受教育程度的家庭中没有表现出明显的规律,文盲/半文盲或大学本科及以上家庭的财产增长幅度较低,中间教育水平的家庭的财产增长幅度较高。不同收入水平的家庭财产增长也呈现出类似的现象,即中等收入家庭财产存量增长幅度最高,而两端家庭增长幅度相对较低。受教育程度、收入与财产增长的关系较为复杂,可能需要与职业、年龄等其他因素结合考虑分析。

六、本章小结

本章的要点总结如下：

1. 2012年全国家庭净财产均值为43.9万元，全国私人财产总存量为188.4兆元。全国家庭平均财富收入比达到9.6。

2. 中国的财产不平等程度在迅速提高。1995年全国财产的基尼系数为0.45,2002年为0.55,而根据本文估计,2012年全国家庭净财产的基尼系数达到0.73,顶端1%的家庭占有全国三分之一以上的财产,底端25%的家庭拥有的财产总量仅在1%左右。中国财产不平等程度迅速提高的原因主要是市场经济的兴起和扩张使极少一部分人迅速积累了巨额财富。

3. 中国顶端1%家庭所拥有的财产比例与美国相近,但整体不平等程度要低于美国,即除了极富人群外,与美国相比,中国的财富分配更为平等。究其原因,城市在住房改革前按需要和体制分配公共福利住房的原则使得住房改革后很大一部分工薪家庭都能从福利房私有化和近些年房价的快速上涨中获益,缩小了城市家庭之间的财富差距,降低了财富的不平等程度。

4. 房产是中国家庭财产的主要组成部分,其在总财产中所占的比例城镇约为80%,农村约为64%。房产不平等是财产不平等的主要贡献因素,从2010—2012年房产增长量占总财产增长的一半以上。

5. 结构性因素（城乡差异、区域差异）是造成中国财产不平等的重要原因。城乡差异对财产不平等的贡献率在10%以上,省际差异对不平等的贡献达到22%。

6. 中国家庭财产存量增长速度快,从2010年至2012年全国家庭平均净财产增长了17%。

7. 一些重要的家庭社会经济特征会对财产分布产生影响。首先,是否在体制内工作对家庭财产水平有巨大影响,在体制内工作的家庭财产水平明显高于在体制外工作的家庭。在体制内工作的家庭财产的增长幅度也明显高于体制外家庭,这导致体制内外的财产差距进一步扩大。其次,受教育程度与财产水平高低有关,但从2010年到2012年两年间的增长幅度未呈现明显的规律。第三，家庭收入与财产的相关性较低。中等收入家庭财产增长幅度大，而低收入和高收入家庭的财产增长幅度相对较小。财产的不平等程度要比收入不平等程度更严重。

参 考 文 献

Cowell, Frank A. 1995. *Measuring Inequality* (2nd edition). Bel Air, CA: Harvester Wheatsheaf, Hemel Hempstead.

Davies, James, RodrigoLluberas, and Anthony. Shorrocks. 2012. *Credit Suisse Global Wealth Databook 2012*. Credit Suisse Reseach Institute. (http://piketty.pse.ens.fr/files/capital21c/xls/RawDataFiles/WealthReportsEtc/CreditSuisse/CreditSuisseGlobalWealthDataBookOctober2012.pdf).

Fireside, Daniel, Amy Gluckman, Smriti Rao, Alejandro Reuss, and TheDollars & Sense Collective. 2009. *The Wealth Inequality Reader* (3rd edition). Boston, MA: Dollars & Sense Economic Affairs Bureau.

Gan, Li, Zhichao Yin, Nan Jia, Shu Xu, Shuang Ma, and Lu Zheng. 2014. *Data You Need to Know about China: Research Report of China Household Finance Survey 2012*. New York, NY: Springer.

Gottschalck, Alfred O. 2008. "Net Worth and the Assets of Households: 2002." in *US Department of Commerce and US Census Bureau* (http://www.census.gov/prod/2008pubs/p70-115.pdf).

Jäntti, Markus and Eva Sierminska. 2008. "Survey Estimates of Wealth Holdings in OECD Countries: Evidence on the Level and Distribution across Selected Countries." pp. 27—41 in *Personal Wealth from a Global Perspective*, edited by James B Davies. New York, NY: Oxford University Press.

Keister, Lisa A. 2000. *Wealth in America: Trends in Wealth Inequality*. New York, NY: Cambridge University Press.

Keister, Lisa A. Forthcoming. "The One Percent." *Annual Review of Sociology*.

Keister, Lisa A. and Stephanie Moller. 2000. "Wealth Inequality in the United States." *Annual Review of Sociology* 26:63—81.

Lerman, Donald L. and James J. Mikesell. 1988. "Rural and Urban Poverty: An Income/Net WorthApproach." *Review of Policy Research* 7(4): 765—781.

Lerman, Robert I. and ShlomoYitzhaki. 1985. "Income Inequality Effects by Income Source: a New Approach and Applications to the United States." *The Review of Economics and Statistics* 67(1): 151—156.

Li, Shi and Renwei Zhao. 2008. "Changes in the Distribution of Wealth in China, 1995—2002." pp. 93—111 in*Personal Wealth from a Global Perspective*, edited byJames B. Davies, New York, NY: Oxford University Press.

Lydall, Harold. 1968. *The Structure of Earnings*. Oxford, UK: Clarendon Press.

McKinley, Terry. 1993. "The Distribution of Wealth in Rural China." pp. 116—134 in *The Distribution of Income in China*, edited by Keith Griffin and Renwei Zhao. London, UK: Macmillan Press.

McKinley, Terry and Keith Griffin. 1993. "The Distribution of Land in Rural China."*The Journal of Peasant Studies* 21(1): 71—84.

Menchik, Paul L. and Nancy Ammon Jianakoplos. 1997. "Black-White Wealth Inequality: Is Inheritance the Reason?" *Economic Inquiry* 35 (2): 428—442.

Meng, Xin. 2007. "Wealth Accumulation and Distribution in Urban China." *Economic Development and Cultural Change* 55(4): 761—791.

Morgan, Stephen L. and John C. Scott. 2007. "Intergenerational Transfers and the Prospects for Increasing Wealth Inequality." *Social Science Research* 36 (3): 1105—1134.

Oliver, Melvin L. and Thomas M. Shapiro. 1997. *Black Wealth/White Wealth: A New Perspective on Racial Inequality*. New York: Routledge.

Piketty, Thomas. 2014. *Capital in the Twenty-First Century*. Cambridge, MA: Harvard University Press.

Sato, Hiroshi, Terry Sicular, and Ximing Yue. 2013. "Housing Ownership, Incomes, and Inequality in China, 2002—2007." pp. 85—141 in *Rising Inequality in China: Challenges to a Harmonious Society*, edited by Shi Li, Hiroshi Sato, and Terry Sicular. New York, NY: Cambridge University Press.

Scholz, John Karl and Kara Levine. 2003. "US Black-White Wealth Inequality: A Survey." Department of Economics and Institute for Research on Poverty. University of Wisconsin-Madison, Madison, WI (http://www.econ.wisc.edu/~scholz/Research/Wealth_survey_v5.pdf).

Theil, Henri. 1967. *Economics and Information Theory*. Chicago, Amsterdam: Rand McNally and Co. and North-Holland Publishing Company.

Walder, Andrew G. and Xiaobin He. 2014. "Public Housing into Private Assets: Wealth Creation in Urban China." *Social Science Research* 46: 85—99.

Wolff, Edward. N. 2004. "Changes in Household Wealth in the 1980s and 1990s in the US." Working Paper No. 407, Levy Economics Institute of Bard College (http://www.levyinstitute.org/pubs/wp407.pdf).

Xie, Yu, and Xiang Zhou. 2014. "Income Inequality in Today's China." *Proceedings of the National Academy of Sciences* 111(19): 6928—6933.

Zhao, Renwei, and Sai Ding. 2010. "The Distribution of Wealth in China." pp. 118—144 in *Inequality and Public Policy in China*, edited by Björn A. Gustafsson, Shi Li, and Terry Sicular. New York, NY: Cambridge University Press.

国家统计局,2013,《中国统计年鉴2013》,北京:中国统计出版社。

李培林、陈光金、张翼、李炜,2008,《中国社会和谐稳定报告》,北京:社会科学文献出版社。

李实、佐藤宏、史泰丽,2013,《中国收入差距变动分析:中国居民收入分配研究Ⅳ》,北京:人民出版社。

李实、魏众、丁赛,2005,《中国居民财产分布不均等及其原因的经验分析》,《经济研究》第6期。

刘越,2013,《改革开放以来我国公有制经济占主体的"量"的演化分析》,《贵州社会科学》第2期。

谢宇、张晓波、许琪、张春泥，2013，"收入分配"，《中国民生发展报告2013》第2章（谢宇、张晓波、李建新、于学军、任强著），北京：北京大学出版社。

王海港、周开国，2006，《中国城乡居民收入分配的不平等程度被低估了吗？——基于帕雷托分布的一个检验》，《统计研究》第4期。

文字编辑：周翔

校对：胡婧炜、李汪洋、程思薇

第3章 消费模式

张春泥* 涂 平**

始于1978年的经济改革拉开了中国消费革命的帷幕,中国家庭消费的水平、结构和质量的发展日新月异。从1978年到2012年,中国城镇居民的绝对消费水平从405元升至21,120元,名义上每年平均增长了12.3%;农村居民的绝对消费水平从138元升至6,515元,名义上每年平均增长了12%(国家统计局,2013)。不仅如此,中国家庭拥有的耐用品也不断丰富:1990年农村每百户拥有彩电的数量仅为4.7台,而2012年每百户家庭拥有彩电116.9台。在城镇,对家用汽车的统计最早从2000年开始,当年每百户家庭仅拥有汽车0.5辆,而十二年过去后,每百户家庭拥有汽车的数量是21.5辆(国家统计局,2013)。从计划经济体系下对消费品的严格控制与配给到消费市场的形成,百姓手持粮票、布票在商店门前排队的景象已一去不复返,取而代之的是大型商场中琳琅满目的商品与餐厅、游人如织的旅游景点、奢侈品店门前的长队,以及网络购物创下的交易大关。消费在中国不仅仅是方式的改变、数量的增长,更是结构与质量的转变。中国家庭的消费重心已逐渐从粮食向住房、耐用品、服务等多方面转移(Chai,1992);消费内容从单一化、同质化向多样化、个性化发展;消费的目的从满足基本的温饱向追求高品质的生活迈进(Fan,2002;Fleischer,2007;Yin,2005)。中国家庭消费的提升是全方位的、革命性的。

---

* 张春泥:北京大学社会学系助理教授。
** 涂平:北京大学光华管理学院市场营销系教授。

但是,随着区域经济发展差异和居民收入差距的扩大,中国消费的差异性和不平等也愈加凸显。在改革前,由于消费品的匮乏和配给制的严格控制,绝大多数的城市人"都居住在并不宽敞的房屋,乘坐同样的交通工具上班,同样经历食品短缺,对服装、日用品和休闲活动的选择都局限于少数几种"(Davis,2000:5)。处在不同阶层、生活在不同城市的人在消费上的同质化程度很高,不平等程度相对较低(Lu,2000)。改革后,一方面,消费品的供给逐渐市场化和商业化,其种类和可及性不断增加,给中国家庭带来更多的消费选择;另一方面,经济发展增加了家庭可支配的收入,而贫富差距的扩大造成了各阶层消费能力的差别。在这两种力量的共同作用下,中国家庭的消费特征从同质化变为分割的、分层的(Cui & Liu,2000;2001;Schmitt,1997)。

中国的消费分层在20世纪90年代的城市已初见端倪。根据1997年盖勒普咨询公司在中国城市有代表性的抽样调查数据,Cui和Liu(2001)将城市消费者按照家庭收入分为四层,并描述不同层次的消费者在消费态度、生活方式上的差异。在他们的分层中,处于消费分层底端的是贫穷的工人,占城市人口的一半以上,处在这一层次的人在消费上很不活跃,他们绝大多数的收入都用于购买食品等生活必需品,拥有的耐用品很少,他们绝大多数只消费国产商品,也不注重品牌。比贫穷的工人经济状况稍好的是薪水阶层,他们约占城市人口的四分之一。他们消费时看重商品的性价比,偶尔会选择质量好的进口产品,但他们的绝大多数支出仍用于购买生活必需品,极少消费奢侈品。在庞大的工薪阶层(贫穷的工人和薪水阶层)之上是小康阶层和雅皮阶层(yuppies)。小康阶层约占城市人口的15%,是正在兴起的"中产阶级"。小康阶层在消费上比较活跃,有一定的品牌意识,但是他们对自身经济地位和未来缺乏安全感,对一些名牌和进口产品仍望而却步,在购买一般消费品时的选择与薪水阶层相近。雅皮阶层是中国城市最富裕的5%,他们享有优越的物质生活,经常购买名牌、进口产品,经常进行娱乐休闲消费。除家庭收入以外,地区经济发展程度也可以作为消费分层的依据。Cui和Liu在另一个研究(2000)中,利用同样的数据,描述了生活在不同经济发展程度地区的城市居民在消费特征上的差异。例如,南部(如广东、福建)的消费者更倾向于炫耀性消费,而东部(如上海)的消费者更注重都市化的生活方式和时尚消费。相比之下,北方

(如北京、天津)的消费者相对保守,更看重内在的满足。中原地区的消费者通常是对大城市和沿海城市的消费潮流亦步亦趋。Zhou等人(2010)的研究也发现,沿海地区的消费者与内陆地区消费者相比,更倾向于享受型消费,其时尚意识、品牌意识、品牌忠诚感也更强。

　　大多数对中国消费分层的研究主要探讨的是城市的消费分层,如不同区域、收入阶层、性别和年龄段的城市人的消费差异或群体分化(如 Cui & Liu,2000;2001;Schmitt,1997;吴垠,2005),或城市中特殊的地位群体(如"新贵""新中产阶级")的消费特征(如 Fan,2002;Fleischer,2007),而 Sun 和 Wu(2004)的研究则关注的是城乡分层,比较了农村人和城市人在消费行为、态度和知识上的差异。他们发现,与城市人相比,农村人的消费需求层次较低,更在意商品的价格,对新潮产品的态度更保守,他们的品牌意识和知识都较少,不相信广告而更愿意相信周围人的口耳相传。农村人在消费上的保守既是由于农村家庭收入低,也是由于农村的商品市场欠发达所造成的。由此推断,大规模的城乡人口流动将拓宽农村人的消费眼界,激发他们的消费欲望(Sun & Wu,2004)。尽管如此,即便在城市中,来自农村的打工者与城市人之间的消费分层仍难以消弭。Pun(2003)描述了来自农村的打工妹试图通过模仿城市人逛商场、购物、旅游等消费活动来融入城市社会,但社会歧视却限制了她们平等地享受消费的权利。此外,不同的打工群体之间也存在消费差异(Wallis,2013)。

　　上述研究共同描述了一个正在分割、分层的中国消费社会。消费的差异以区域、城乡、社会阶层为主线不断扩大并形成不同的模式或特征。但这些描述仍不全面,在这个城乡、地区间差距随城市化和经济发展日益缩小,但城镇和农村内部、同一地区内部贫富分化持续扩大的今天(谢宇等,2013),消费分层将跨越城乡、地区的界限形成新的类型,而我们需要发现和认识这些新的变化。过往研究主要从收入的角度来划分消费阶层,但消费不仅取决于收入,作为阶级认同和社会排斥的工具,它还取决于消费者及其家庭的社会地位和文化资本(Bourdieu,1984)。因此,我们也需要了解当前中国家庭的收入分层、社会分层与消费之间的关系。

　　在本章中,我们利用中国家庭追踪调查(China Family Panel Studies,CFPS)

2012年的家庭经济数据尝试划分出几类对城乡均适用的家庭消费模式,并描述这些消费模式与家庭社会经济地位之间的关系。在本章的第一小节,我们先对 CFPS 2012 家庭支出数据作简要的介绍及评估。在第二小节,我们利用潜在类别模型区分出五类家庭消费模式,并介绍每个类型的特征与分布。在第三小节,我们将探讨与家庭消费模式相关的家庭社会经济特征。

一、2012年家庭支出概览

按照对支出的常用分类,CFPS 2012 调查的总支出可分为三大类:一是居民消费支出,指的是家庭衣食住行等日常开销,具体包括食品、衣着、居住、家庭设备及用品、交通通讯、文教娱乐、医疗保健、其他消费性支出八项子类;二是转移性支出,包括家庭对非同住亲戚、朋友的经济支持和社会捐助等;三是保障性支出,包括家庭购买商业性财产保险、医疗保险及缴纳各类养老保险的支出(见附录 A3-1)。

在这三类支出中,居民消费支出最为重要,该类支出不仅构成了绝大部分的总支出(占 87%),而且与人们的生活直接相关,最能反映出家庭的生活水平。接下来,我们对 2012 年居民消费支出的水平和构成作简要描述。为了检验数据的可靠性,我们将 CFPS 数据与国家统计局(NBS)公布的 2012 年居民消费数据作比较。由于 CFPS 测量的各项支出与国家统计局城镇和农村住户调查的支出项目不完全一致,为了提高数据可比性,在这一节中,我们将参照国家统计局的居民消费分类来重新整理和展示 CFPS 的支出数据。

图 3-1a 和图 3-1b 分别展示了 2012 年城镇和农村家庭居民消费的支出水平。为了确保数据的可比性,我们在 CFPS 中采用国家统计局的标准来划分城镇与农村。总的来说,两个来源的数据反映的支出水平大致为:城镇家庭年人均消费支出约在 11,000—17,000 元之间,农村家庭年人均消费支出在 5,000—7,000 元之间。CFPS 反映的总人均支出水平在城镇低于国家统计局统计的水平,在农村略高于国家统计局统计的水平。分项来看,CFPS 和国家统计局数据在城镇家庭的家庭设备及用品、居住、医疗保健,以及农村家庭的食品、衣着、交通通讯、文教娱乐上反映的支出水平接近。CFPS 的农村家庭的

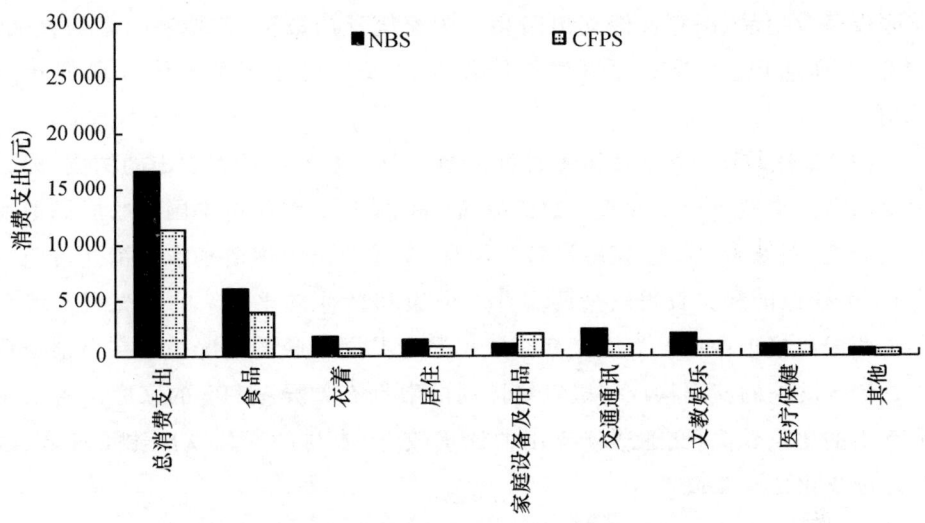

图 3-1a 2012 年城镇各项居民消费支出水平比较

数据来源:CFPS 2012;国家统计局(NBS)《中国统计年鉴 2013》表"中国 2012 年分地区城镇居民家庭平均每人全年现金消费支出统计"。

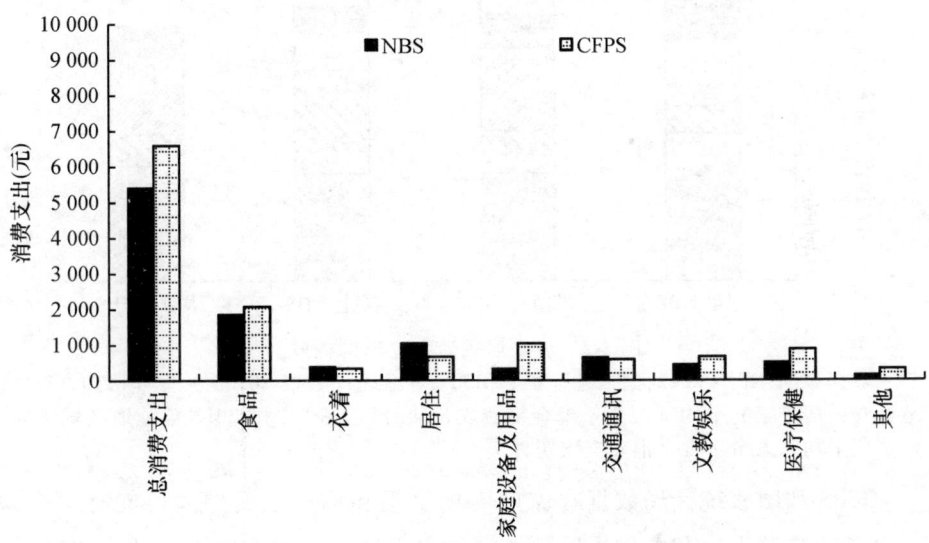

图 3-1b 2012 年农村各项居民消费支出水平比较

数据来源:CFPS 2012;国家统计局(NBS)《中国统计年鉴 2013》表"中国 2012 年分地区农村居民家庭平均每人全年现金消费支出统计"。

家庭设备及用品、医疗保健支出略高于国家统计局数据；其城镇家庭的食品、衣着、交通通讯，以及农村家庭的居住支出水平略低于国家统计局的相应数据。

图3-2比较了CFPS和国家统计局数据分城乡家庭消费支出的构成，即分项支出占总消费支出的比重。总的来说，无论城乡，食品占中国家庭居民消费的三分之一，衣着、居住、家庭设备及用品、交通通讯等生活基本开销共占四成左右，医疗保健和文教娱乐这两类针对健康和精神文化需求的更高层次消费共占两成或接近两成。以上是两个数据来源共同反映的情况。但在个别项目上，CFPS反映的支出构成与国家统计局的数据有差异：CFPS的家庭设备及用品支出的比重较高，交通通讯支出的比重较低，农村的居住支出比重较低、医疗保健支出比重略高。

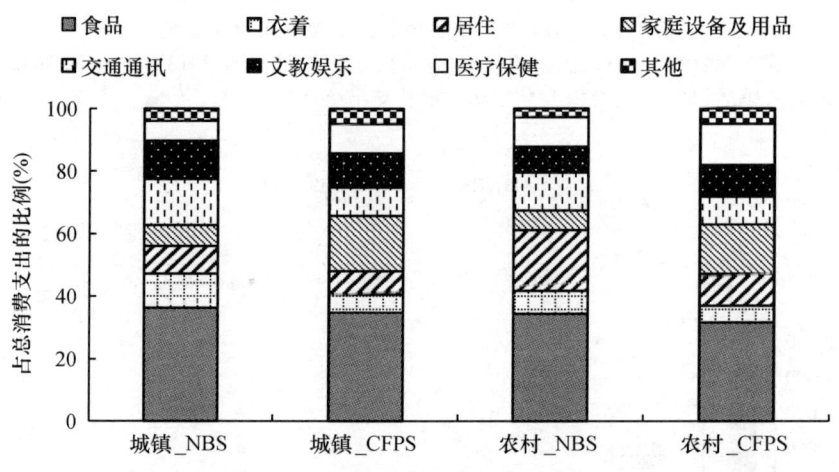

图3-2 城乡居民消费支出的构成

数据来源：CFPS 2012；国家统计局（NBS）《中国统计年鉴2013》表"中国2012年分地区农村居民家庭平均每人全年现金消费支出统计"及表"中国2012年分地区城镇居民家庭平均每人全年现金消费支出统计"。

CFPS和国家统计局数据在家庭支出水平和构成上的差异可能有两个来源：在调查方法上，CFPS采用回顾性问卷调查过去一年家庭的各项支出，按照不同项目消费的频繁程度，分为按周提问、按月提问和按年提问。国家统计局则采用记账的方法，由家庭成员记录其日常开销，按月上报数据。通常，问卷调查可能会产生更多的回忆偏差，其在测量的精确程度上不及记账法，而记账法的缺点是要求参与调查的家庭成员具备一定的读写能力并要坚持记账,因而文化程度低的底层家庭和频繁流动的家庭可能被排除在调查之外,并由此产生系统性偏差(Zhang et, al., Forthcoming)。其二,在对支出项目的分类上,虽然我们尽可能参照国家统计局的分类来整理 CFPS 数据,但两个数据在八个子类具体项目的内容上可能仍有差异(见附录 A3-1)。尽管存在上述回忆性偏差和不可比的情况,但从家庭居民消费的水平和构成来看,CFPS 与国家统计局数据分布差异仍可以接受。

接下来,我们将基于 CFPS 数据来探讨中国家庭的消费模式。

二、家庭消费模式的类型

消费分层或消费不平等通常体现为消费模式的分化。消费模式是一个综合性的概念,包括消费的行为、态度及结果。不同的研究对消费模式这一概念有不同的操作化。例如,有的研究用耐用品的拥有率或数量来划分消费模式(如 Fan,2002;李春玲,2005),也有的研究按不同消费项目的支出水平(如 Aydin,2006;Fan,2002)或者支出比重(如 Chai,1992)来划分,还有的研究在划分消费模式时使用消费态度、偏好或特定类型消费活动(如听演唱会、阅读)的频率(如 Bukodi,2007;Chan & Goldthorpe,2007a;2007b;Cui & Liu, 2001;Sun & Wu,2004;吴垠,2005)。

由于 CFPS 家庭经济问卷的调查变量有限,我们对消费模式的分析主要关注家庭消费的结果,即消费水平、构成和对消费品的拥有。由于支出分为不同的项目,消费品也有不同的类型,为了归纳家庭在五花八门的消费项目上的异同,我们使用潜在类别模型(latent class model),利用数据在不同维度上的实际分布识别出有代表性的潜在消费类型,这些类型能够综合地反映出样本在不同维度取值上的关联性(Vermunt & Magidson,2002)。我们对每个样本家庭估计出其隶属于每种潜在消费类型的概率,将其划入概率最高的那一种类型。在比较不同的潜在分类方案的统计模型拟合优度后,①我们最终选定了一组有

---

① 潜在类别模型的 BIC 和 AIC 比较详见附录 A3-2。

理论意义的且最能体现家庭之间消费结果差异的分类方案。

在构造潜在分类模型中,我们使用了25个变量,这些变量可以分为三个维度。一是家庭是否拥有房产和各类家庭耐用品及奢侈品,其中耐用品及奢侈品包括汽车、六种生活类家用电器或交通工具(冰箱、洗衣机、空调、手机、摩托车、电动车)、五种文娱类家用电器(电视、电脑、组合音响、照相机、摄像机),及五类奢侈品(值钱家具、高档乐器、昂贵的装饰/花瓶、古董字画、珠宝首饰及贵重金属)。二是消费水平,包括总支出、日常基本支出(合并了食品、日用品支出、除房租房贷外的居住支出)、家庭耐用品支出、教育支出、文娱支出。其中,总支出、日常基本支出和家庭耐用品支出主要反映的是家庭成员的生活质量,而教育支出和文娱支出则反映家庭对文化、精神层面的追求。第三个维度是消费结构,我们重点考察了医疗保健和房租房贷这两项支出在总支出中所占的比重,这是因为医疗和住房是最影响中国家庭生活质量、消费和积累行为的因素。因病致贫、因房为奴是构成中国家庭最严重的两类经济负担。[①]

当今中国家庭的消费可以划分为哪几种类型或者模式?我们的潜在类别模型分析选出了五类中国家庭消费模式。我们根据五类家庭在上述三个消费结果维度上的特征,将其命名为:贫病型、蚂蚁型、蜗牛型、稳妥型、享乐型(见表3-1)。其中,贫病型家庭的消费水平和消费品的拥有比例均非常低(贫),但其医疗支出的比重却很高(病),这类家庭带有贫病交加的特征。蚂蚁型家庭的消费水平和消费品的拥有比例也比较低,其在医疗支出、居住支出的比重也较低,这类家庭主要以低水平消费为特征,就像辛苦积累的蚂蚁。蜗牛型是负担沉重的一类家庭,他们的总消费并不低,但并不体现在日常生活的基本消费上,也不太进行汽车、文娱和奢侈品的消费,而是把很大的一部分开支用于房租房贷、教育、医疗方面,而住房、教育和医疗就像蜗牛的躯壳限制了这些家庭提高他们在其他方面(尤其是享受性)的消费,不过教育的高支出也可以被视为一种对人力资本投资性的消费。稳妥型是中等消费的家庭,这些家庭的支出水平总的来说不算太高,但在耐用品的拥有上高于平均水平,医疗和住房

---

① 根据2008年第四次"国家卫生服务调查",调查地区有28%的城市贫困户和38%的农村贫困户主要是由于疾病或损伤致贫(卫生部统计信息中心,2008)。根据《中国青年报》对新浪网一项调查的报道,在15,014名受访者中,有91.1%的人按揭购房,其中31.8%的人月供占其收入的50%以上(唐勇林,2006)。

的支出比例略低于平均水平,有一定的教育、文娱的消费。最后是享乐型家庭,这类家庭有车有房的比例都很高,其各项消费品的拥有比例以及各项消费水平均很高,尤其是在教育和文娱支出水平上明显高于其他类型家庭,但其医疗支出的比重却较低。可见,在这类家庭中的人享受着相对高品质的、健康的物质生活。

潜在类别模型报告了这五类家庭在全国样本中的比例(表3-1),其中,蚂蚁型家庭最多,将近占全国样本的三分之一,其次是蜗牛型家庭,约占两成,稳妥型和贫病型各占约16%,享乐型占15%。这样的结构反映出中国家庭消费模式的两极分化,一方面不消费、抑制消费的家庭或者医疗、教育、住房负担沉重的家庭占大多数;另一方面,一小部分家庭已经进入了物质生活丰富、追求精神享受的消费模式。但需要注意的是,上述各类家庭的分布情况是针对全国而言,不能简单推及到某一个具体的城镇或农村。

表 3-1 家庭消费模式的五种类型

类型	贫病型	蚂蚁型	蜗牛型	稳妥型	享乐型
拥有率					
房产	平均水平	平均水平	平均水平	平均水平	平均水平
汽车	远低于平均	低于平均	低于平均	平均水平	高于平均
生活类家用电器	远低于平均	低于平均	平均水平	高于平均	高于平均
文娱类家用电器	远低于平均	低于平均	平均水平	高于平均	高于平均
奢侈品	远低于平均	低于平均	低于平均	高于平均	远高于平均
支出水平					
日常基本生活	远低于平均	低于平均	平均水平	平均水平	远低于平均
教育	远低于平均	低于平均	高于平均	略低于平均	高于平均
文娱	远低于平均	远低于平均	远低于平均	平均水平	远高于平均
支出比例					
居住	低于平均	低于平均	高于平均	低于平均	远高于平均
医疗	远高于平均	低于平均	高于平均	低于平均	低于平均
户数	1,117	2,266	1,527	1,154	1,082
比例(%)	15.63	31.71	21.37	16.15	15.14

注:表中所指的"平均"是指全国再抽样样本①的均值。

---

① 全国再抽样样本是对上海、辽宁、广东、河南、甘肃这5个独立抽样省再次抽样,并与其余20个省合并而成的具有全国代表性样本。

为了进一步说明这五类家庭的消费特征,我们分别对各类家庭描述其各项消费品的拥有比例、各项支出的均值及其占总支出的比重。

表3-2显示,中国家庭拥有房产的比例普遍很高,各类家庭拥有房产的比例均在85%以上。但在汽车的拥有上,仅享乐型家庭有半数以上拥有汽车,其他四类家庭拥有汽车的比例都较低。稳妥型、蜗牛型和蚂蚁型家庭拥有较多的交通工具是摩托车或电动自行车。稳妥型和享乐型家庭基本上都有电冰箱和洗衣机,其三分之二有空调。蜗牛型和蚂蚁型家庭拥有电冰箱和洗衣机的比例在六到七成之间,但拥有空调的比例较低。贫病型家庭对这些生活类家电的拥有比例都较低。无论是哪一类家庭,都普遍拥有电视机和手机,尽管如此,贫病型家庭对这两项的拥有比例仍低于其他各类家庭。除电视机外的文娱类家电的拥有情况较能反映出稳妥型、享乐型家庭与其他三类家庭的差异,

表3-2 五种类型家庭拥有房产、耐用品、奢侈品的比例 （单位:%）

	贫病型	蚂蚁型	蜗牛型	稳妥型	享乐型	全国
房产	85.9	90.0	87.0	87.2	88.1	88.0
耐用品						
汽车	1.0	3.1	4.4	12.7	51.1	11.9
电动自行车	18.3	31.1	21.8	51.1	43.3	32.2
摩托车	25.0	49.5	53.8	44.0	42.1	44.6
电冰箱/冰柜	34.2	63.9	63.1	99.1	96.8	69.7
洗衣机	41.3	68.7	69.0	96.4	95.8	73.1
电视机	92.1	95.2	96.3	97.8	98.9	95.9
家用电脑	2.9	16.9	14.8	76.5	83.0	33.9
组合音响	1.8	6.2	7.5	19.2	30.4	11.5
摄像机	0.1	0.0	0.1	3.5	11.9	2.4
照相机	0.6	2.4	0.5	25.0	46.1	12.0
空调	4.7	15.3	6.4	65.2	67.7	27.7
手机	72.2	91.0	92.5	97.8	98.4	90.6
奢侈品						
值钱家具	0.4	1.8	2.7	5.3	10.4	3.6
高档乐器	0.2	0.0	0.0	0.9	2.0	0.5
昂贵的装饰、物品、花瓶	0.0	0.0	0.1	0.3	1.1	0.3
珠宝和贵重金属	0.3	3.3	3.9	14.9	25.7	8.2
古董字画及其他艺术品	0.0	0.0	0.1	0.3	1.9	0.4

前两类家庭大多数都拥有电脑,并有相当多的家庭拥有组合音响、摄像机或照相机等,但后三类家庭拥有这些文娱类家电的比例都很低。稳妥型和享乐型家庭在消费品拥有上的差异主要体现在奢侈品上,尽管所有类型的家庭在拥有高档乐器、值钱家具、昂贵的饰物、珠宝和贵重金属、古董字画等艺术品、奢侈品上的比例均很低,但享乐型家庭在拥有这些观赏性物品的比例上仍明显高于稳妥型家庭及其他三类家庭。

表3-3展示了五类家庭的各项消费支出均值。在总支出上,享乐型家庭最高,其次是蜗牛型家庭,稳妥型家庭居中,蚂蚁型家庭较低,贫病型家庭最低。其中,享乐型家庭的平均总支出是贫病型家庭的12倍。分项来看,享乐型家庭在所有项目上的支出均最高,稳妥型家庭的各项支出则基本上处在中间水平。蜗牛型家庭虽然其总支出位列第二,但在衣着、水电燃料等其他居住支出、家庭设备及用品、保障性支出上均不及稳妥型家庭,而在房租房贷、文教娱乐(主要是教育)、医疗保健支出上均明显高于稳妥型家庭。蚂蚁型家庭在各项支出上均较低。贫病型家庭在衣食住行、文教娱乐、转移性、保障性支出上都极低,但其医疗保健支出却明显高于他们在除食品以外的其他方面的支出,其该项支出的水平几乎赶上稳妥型家庭。

表3-3　五种类型家庭各项支出的均值　　　　　　　(单位:元)

	贫病型	蚂蚁型	稳妥型	蜗牛型	享乐型	全国
总支出	9,824.8	19,044.5	37,535.6	50,972.6	115,433.3	42,006.6
食品	3,399.4	9,109.6	14,740.3	19,360.8	28,739.5	14,289.1
衣着	385.7	1,109.5	2,309.6	1,757.8	4,932.8	1,907.6
房租/房贷	243.5	305.5	957.9	4,428.5	14,391.4	3,415.0
其他居住支出	665.8	1,248.6	2,250.9	1,829.1	3,301.2	1,754.2
家庭设备及用品	399.4	1,298.4	3,315.0	2,864.3	28,001.7	5,861.3
交通通讯	606.0	1,607.7	3,323.2	3,023.0	8,682.7	3,101.8
文教娱乐	456.1	1,468.8	3,199.6	5,542.5	9,272.7	3,642.5
医疗保健	2,875.2	1,683.6	3,219.0	6,771.9	5,422.5	3,771.2
其他消费性支出	372.5	481.2	1,582.2	2,854.0	4,246.1	1,719.1
转移性支出	200.4	364.9	1,162.1	1,603.4	4,004.1	1,283.6
保障性支出	221.1	366.7	1,475.8	937.3	4,438.7	1,261.5

图3-3对不同类型家庭消费结构的描述更进一步说明享乐型、蜗牛型和贫

病型家庭的特征。食品支出的比重反映的是家庭的富裕水平,食品支出的比重越低,说明家庭在满足温饱之后能有越多的钱用于其他方面的消费,以进一步提高生活质量。① 享乐型家庭的消费结构的特征是其食品支出比重明显较低,在家庭设备及用品和文教娱乐上的支出比重较高,但其医疗保健的支出比例较低,说明这一类家庭没有太高的医疗负担,能将较多的钱用于提高生活品质和追求文化、精神享受上。蜗牛型家庭的特点是房租房贷、文教娱乐(主要是教育)、医疗保健支出的比例相对较高,而其衣着、交通通讯、其他居住支出的比重相对较低,说明这类家庭可能要抑制一部分基本支出来满足其在房租房贷、教育、医疗上的开销。贫病型家庭的消费特征是医疗保健支出的比重特别高,结合之前我们描述这类家庭缺少家电耐用品、消费水平极低的特征,再一次说明这类家庭是贫病交加。

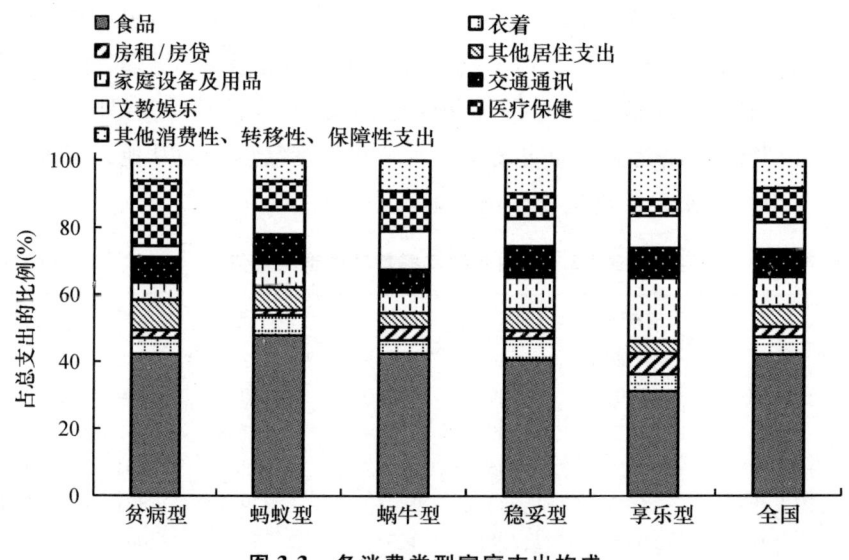

图3-3 各消费类型家庭支出构成

但需要注意的是,由于我们完全基于消费的结果来划分上述消费模式,我们的分类中没有区分消费偏好和消费能力的影响。例如,某类家庭在教育支出上较低,既可能是因为该家庭不重视教育投入,但也可能是该家庭没有经

---

① 参见恩格尔定律(Engel's law):一个家庭收入越少,家庭收入中(或总支出中)用来购买食物的支出所占的比例就越大。

济能力在教育上投入更多。又例如,享乐型家庭既可能是享受物质生活的富裕家庭,也可能包括一些虽然不富裕但是倾向于过度消费、炫耀性消费的家庭。这一问题意味着我们对消费模式的上述划分和命名不是绝对的,这些消费模式仅仅是家庭在消费上体现出来的特征,但具有同样特征的家庭其消费动机仍可能不一致。对此,我们在解读这些家庭模式的类型时仍需要参考家庭的收入、社会经济地位等指标,以佐证我们的判断。因此,我们在下一节将探讨五类消费模式分别对应了怎样的家庭。

三、各类消费模式家庭的社会经济特征及影响因素

本节中,我们将消费模式与家庭的社会经济特征联系起来,探讨家庭的社会分层与消费分层之间的关系。

城乡不平等是中国社会分层的重要特征,城乡差距不仅体现在收入分配上,也体现在消费上,城乡消费差距是消费不平等的重要来源(刘靖、李实,2013)。图3-4呈现的是五类消费模式分别在农村和城镇的分布。如图所示,无论城乡,蚂蚁型均是比例最高的一类家庭。农村的消费分层的特点是贫病型家庭较多,其比例接近两成,稳妥型和享乐型家庭较少,两者相加不足20%。而城镇消费分层的特点是贫病型较少,不足10%,享乐型、稳妥型家庭明显比农村多,属于这两类的家庭将近过半。

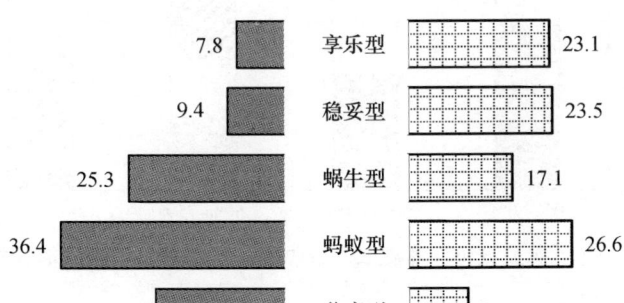

图3-4 农村和城镇各消费类型家庭的分布(单位:%)

收入直接决定了消费的能力。消费模式在收入分层中的分布能够说明我们对消费模式的划分在多大程度上反映的是消费能力的分层。图3-5a和3-5b分城乡展示了四个收入分位数段上的家庭属于各类消费模式的比例,其显示消费分层与收入分层之间有一定的对应性:从整体上看,在收入分层中位置越高的家庭,属于享乐型消费模式的比例越高,属于蜗牛型、蚂蚁型、贫病型模式的比例越低。这说明消费模式很大程度上取决于收入水平。图3-5a和3-5b还反映出城乡差异。在城镇,随着收入分层的提高,明显增加的主要是享乐型消费模式。在收入最高的25%的城镇家庭中,享乐型家庭的比例超过五成。在农村,随着收入分层位置的提高,贫病型家庭的比重明显下降,蜗牛型和蚂蚁型仅略有下降,享乐型和稳妥型家庭的比例虽有上升,但幅度不及城镇。在收入最高的25%的农村家庭中,享乐型和稳妥型两类相加其比重也不足40%,而蜗牛型、蚂蚁型和贫病型相加的总比重仍超过样本的三分之二。不同收入分层上消费模式分布的城乡差异主要还是源于城乡之间收入绝对水平和消费能力的差异。同处于收入最高25%的农村家庭与城镇家庭两者相比,前者可支配收入的水平仍相对较低,其在应对医疗、子女教育负担上也相对吃力,可能更倾向于累积,而不是消费。

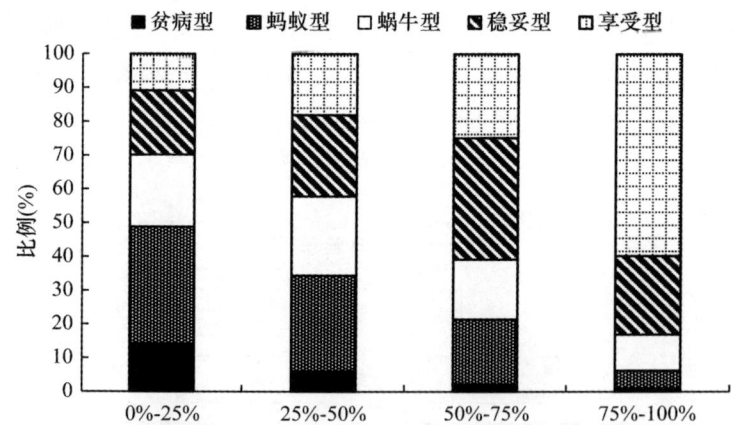

图3-5a 城镇分不同家庭收入分位数各类消费类型家庭的比例

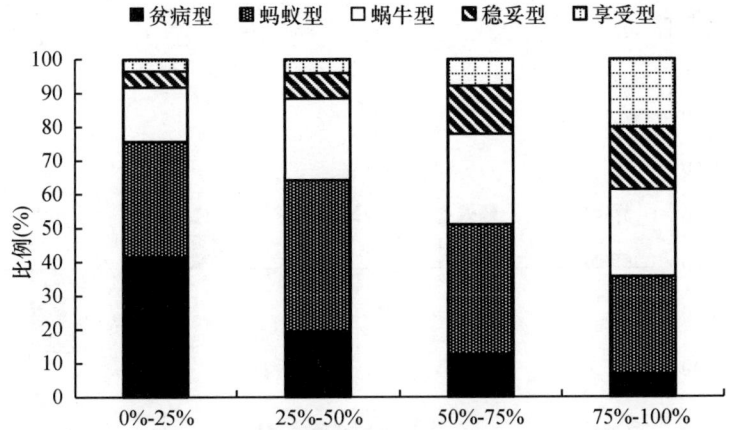

图 3-5b　农村分不同家庭收入分位数各类消费类型家庭的比例

图 3-6 从累积的角度描述不同消费类型家庭的特征。我们计算了不同类型的家庭 2012 年支出中位数占当年收入中位数的比率,比率等于 1,说明收支持平;低于 1,意味着积累(支出小于收入);高于 1,意味着消费高于收入。图 3-6 显示,蜗牛型和享乐型家庭以消费为主,其消费明显超过其收入;而蚂蚁型和稳妥型家庭以积累为主,而且积累明显较多(超过收入中位数的 10%),贫病型家庭虽也以积累为主,但积累得较少。需要注意的是,图 3-6 的计算可能受到测量误差的影响,尤其是享乐型家庭,如果按照其在收入分层中的位置,不太可能没有积累,我们猜测,之所以享乐型家庭会显示为"入不敷出"很可能是由于高收入家庭对收入的低报,尤其是低报财产性收入。除此之外,其他四类家庭的积累行为与我们的预期相符:蚂蚁型和稳妥型倾向于积累,蜗牛型有较大的支出负担(相对于其收入),而贫病型家庭积累难。

五类消费模式所对应的家庭通常具有怎样的特征呢? 在表 3-4 中,我们从家庭结构、户主①的社会经济地位两方面来描述不同消费模式下的家庭特征。享乐型家庭超过 70% 都居住在城镇,家庭平均人口数在五类家庭中最高,这一类家庭的成员相对年轻化——不仅家中有老年成员的比例最低,其户主的平均年龄也是五类家庭中最低的。这一类家庭的社会经济地位较高,体现

---

① 户主是指家庭主事人,CFPS 2010 提问了家中谁主事,对缺失的情况我们对数据做了多重插补。

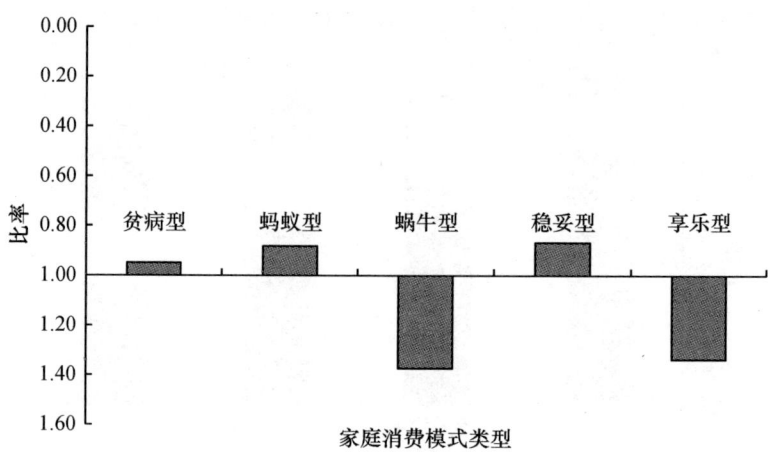

图 3-6 各消费类型家庭支出中位数与收入中位数之比

为其户主的平均受教育年限、入党比例、职业地位及声望、家中有成员在体制内单位工作的比例均是五类家庭中最高的。稳妥型家庭的成员年龄结构不如享乐型家庭年轻，其户主的社会经济地位仅次于享乐型家庭。蜗牛型家庭的平均规模与享乐型、稳妥型家庭接近，但家中有老年人的比例、有学龄少儿的比例均高于前两类家庭，这可能是蜗牛型家庭的医疗、教育支出比重相对较高的一部分原因。在户主的社会经济地位上，蜗牛型家庭与蚂蚁型家庭接近，均明显不及稳妥型和享乐型家庭，但在家庭规模和有学龄少儿的比例上，较之蚂蚁型家庭，蜗牛型家庭负担更重。贫病型家庭的成员相对老龄化，家中有65岁及以上老人的比例在这类家庭中占四成以上，其户主平均年龄也是五类家庭中最高的，而且这类家庭有少儿成员的比例很低。贫病型家庭的户主社会经济地位在五类家庭中最低，表现在其户主平均受教育年限、入党比例、有家庭成员在体制内工作的比例、职业地位均最低。

我们在表3-4中还对各类家庭中户主的职业分布做了比较。党政机关企事业单位负责人、专业技术人员、办事人员和有关人员较多地分布在享乐型和稳妥型家庭中；其次，较多商业、服务业人员也分布在这两类家庭中。贫病型、蚂蚁型和蜗牛型家庭的户主以农民（农林牧渔水利业生产人员）和产业工人（生产运输设备操作人员）为主，两者相加的比例在贫病型、蚂蚁型和蜗牛型模式中分别为86%、81%和76%，这三类家庭中户主是党政机关企事业单位负责人、专业技术人员、办事人员和有关人员的比例很低。由此可见,如果以户主的职业地位来衡量家庭社会地位,享乐型、稳妥型对应的是社会地位较高的家庭,蜗牛型、蚂蚁型和贫病型对应的是社会地位较低的家庭。

表 3-4　五种消费类型家庭的特征

	贫病型	蚂蚁型	蜗牛型	稳妥型	享乐型	全国
居住地:城镇(%)	29.8	40.2	38.2	69.7	73.0	47.9
家庭规模(人)	2.3	3.2	3.7	3.5	3.9	3.3
家中65岁及以上成员比例(%)	45.1	29.0	28.6	21.6	20.4	28.9
家中5岁及以下幼儿比例(%)	12.3	23.2	24.3	28.6	27.8	23.3
家中6—15岁少儿比例(%)	19.1	38.5	42.1	31.2	38.4	35.1
有家庭成员在体制内工作(%)	4.7	10.0	13.1	25.8	31.8	15.7
户主年龄(岁)	58.5	51.1	50.0	49.4	47.2	51.1
户主受教育年限(年)	4.5	6.3	6.3	8.8	9.6	6.9
户主是党员的比例(%)	7.5	9.1	10.2	17.1	21.6	12.3
户主职业 ISEI	25.9	27.8	28.9	35.2	40.8	30.8
户主职业声望分数 SIOPS	38.1	37.7	37.6	38.6	42.3	38.6
户主职业分类(%)						
党政机关企事业单位负责人	0.8	1.2	1.5	4.3	10.7	3.2
专业技术人员	0.6	1.7	2.2	6.8	8.4	3.5
办事人员和有关人员	1.8	1.6	1.7	6.6	8.8	3.5
商业、服务业人员	5.8	10.2	12.4	16.4	16.4	12.0
农林牧渔水利业生产人员	68.8	57.3	52.2	25.4	18.8	46.9
生产运输设备操作人员	17.4	23.6	24.0	31.9	26.6	24.5
军人	0.0	0.0	0.0	0.0	0.2	0.0
无职业者	2.9	3.0	4.0	5.6	5.1	3.9
不便分类人员	1.9	1.7	2.0	3.1	5.0	2.6

注:ISEI 指社会经济地位指数(International Socioeconomic Index);SIOPS 指标准国际职业声望指数(Standard International Occupational Scale)。

哪些因素会影响家庭进入某一类消费模式? 接下来,我们以蚂蚁型为参照组,以家庭结构、家庭收入、户主的社会经济特征为自变量做 multinomial logistic 回归。表 3-5 展示了回归模型的估计系数及其标准误,系数为正说明相比于成为蚂蚁型消费模式,该特征的家庭更有可能成为某一类消费模式,而系数为负说明该类型的家庭更有可能成为蚂蚁型而不是这一类消费模式。我们看到,相比于成为蚂蚁型,居住在城镇及东部地区、家庭规模较大、但家中孩子

表 3-5　以蚂蚁型作为因变量参照组的 Multinomial logistic 回归结果（$N=5,230$）

	享乐型	稳妥型	蜗牛型	贫病型
居住地：城镇	0.841**	0.855**	-0.161*	-0.325**
	(0.108)	(0.099)	(0.087)	(0.108)
地区：中部	-0.383**	-0.264*	-0.389**	0.029
	(0.122)	(0.110)	(0.102)	(0.115)
地区：西部	-0.573**	-0.813**	0.087	-0.154
	(0.129)	(0.124)	(0.092)	(0.114)
家庭规模	0.446**	0.376**	0.301**	-0.408**
	(0.038)	(0.036)	(0.031)	(0.047)
家庭老年人人数	-0.306**	-0.329**	-0.031	0.192*
	(0.098)	(0.092)	(0.068)	(0.078)
家庭少儿数	-0.289**	-0.350**	-0.202**	-0.125
	(0.067)	(0.064)	(0.051)	(0.071)
户主年龄	-0.028**	-0.016**	-0.012**	0.030**
	(0.005)	(0.005)	(0.004)	(0.005)
家庭收入	0.808**	0.312**	0.176**	-0.237**
	(0.057)	(0.044)	(0.033)	(0.034)
家中成员在体制内就业	0.261**	0.494**	0.202	-0.103
	(0.133)	(0.125)	(0.123)	(0.186)
户主教育：初中及高中	0.419**	0.520**	-0.100	-0.338**
	(0.115)	(0.104)	(0.084)	(0.104)
户主教育：大专及以上	1.200**	0.826**	-0.383	-2.316*
	(0.250)	(0.250)	(0.297)	(1.028)
户主为党员	0.633**	0.403**	0.303*	-0.213
	(0.159)	(0.155)	(0.144)	(0.185)
户主职业 ISEI	0.035**	0.023**	0.010*	-0.009
	(0.004)	(0.004)	(0.004)	(0.006)
常数项	-10.944**	-5.414**	-2.640**	1.510**
	(0.659)	(0.526)	(0.410)	(0.475)
Log likelihood	-6713.5474			
LR chi2	2781.90			
df	56			

注：* 表示 $p<0.05$，** 表示 $p<0.01$。括号里的数字是标准误（standard error）。作为虚拟变量参照组而省略的变量包括居住在农村、居住东部地区、家中没有成员在体制内单位就业、户主教育在小学及以下、户主不是党员。

和老人数较少、户主更年轻的家庭越有可能进入享乐型、稳妥型消费模式；而居住在农村，家庭规模较小、老年成员较多、年龄结构较老的家庭更有可能进入贫病型的消费模式。居住在农村、居住在东部地区较之中部地区，家庭规模较大的家庭更可能成为蜗牛型而不是蚂蚁型家庭。随着家庭收入的提高，家庭越有可能摆脱蚂蚁型的消费模式，而进入蜗牛型、稳妥型和享乐型的消费模式。而家庭收入的降低，会让家庭更有可能从蚂蚁型落入贫病型。户主的教育程度越高，家庭越有可能进入稳妥型或享乐型而不是蚂蚁型，尤其是高等教育提高了家庭进入享乐型消费模式的可能性。相比于只有小学或以下教育程度的户主，有初中及高中教育程度的户主更不可能成为贫病型，拥有大专以上教育程度的户主更不可能成为贫病型。户主是党员增加了成为稳妥型、享乐型和蜗牛型的可能性，户主的职业地位越高，有成员在体制内单位工作的家庭越可能进入稳妥型和享乐型模式。

四、本章小结

本章的要点总结如下：

1. 2012 年城镇家庭年人均消费支出约在 11,000—17,000 元之间，农村家庭年人均消费支出在 5,000—7,000 元之间。从消费的结构上看，无论城乡，食品占中国家庭居民消费的三分之一，衣着、居住、家庭设备及用品、交通通讯等生活基本开销共占四成左右，医疗保健和文教娱乐这两类针对健康和精神文化需求的更高层次消费共占两成或接近两成。

2. 中国家庭消费模式可以划分为五种类型：贫病型、蚂蚁型、蜗牛型、稳妥型和享乐型。在这五种类型中，总支出水平从低到高排列依次是贫病型、蚂蚁型、稳妥型、蜗牛型、享乐型；消费品拥有率从低到高排列依次是贫病型、蚂蚁型、蜗牛型、稳妥型和享乐型。分项来看，贫病型的特点是医疗支出比重最高，但其他支出极低。蚂蚁型的特点是各项支出水平均很低。蜗牛型的特点是在房租房贷、医疗、教育上的支出水平和比重较高，而在其他方面的生活支出较低。稳妥型在所有的支出项目上均适中。享乐型在所有的支出水平都较高，尤其是文教娱乐的支出，而其医疗支出的比例较低。从收入和支出两方面看，蚂蚁型和稳妥型家庭以积累为主,而蜗牛型和享乐型家庭以消费为主。

3. 从全国来看,中国家庭消费模式呈现出两极分化:蚂蚁型家庭最多,约占三分之一,其次是蜗牛型家庭,约占两成,贫病型占16%。由此可见,不消费、抑制消费的家庭或者在医疗、教育、住房负担沉重的家庭占大多数。另一方面,有15%的家庭属于享乐型,这说明有少部分家庭已经享受着丰富的物质生活。城乡消费模式差异大,农村贫病型家庭较多,其比例接近两成,稳妥型和享乐型家庭较少,两者相加不足20%。相比之下,城镇贫病型家庭较少,不足10%,其享乐型、稳妥型家庭明显较农村多,将近一半的城镇家庭属于这两类。

4. 从家庭结构上看,享乐型家庭最为年轻化,贫病型家庭最为老龄化,蜗牛型家庭中的学龄少儿和老人较多。

5. 消费分层与收入分层、社会分层紧密相关。收入分层较高的家庭多为稳妥型和享乐型家庭,收入分层较低的家庭多为蜗牛型、蚂蚁型和贫病型。稳妥型和享乐型家庭的户主多为教育程度较高、职业地位较好、党员、居住在城镇的人,这些家庭中有成员在体制内单位工作的比例也较高。贫病型和蚂蚁型家庭的户主平均教育程度和职业地位较低、多居住在农村。除收入外,城乡居住地、家庭结构、家庭社会地位均是影响消费分层的重要因素。

参 考 文 献

Aydin, Kemal. 2006. "Social Stratification and Consumption Patterns in Turkey." *Social Indicators Research* 75(3):463—501.

Bourdieu, Pierre. 1984. *Distinction:A Social Critique of the Judgment of Taste*. translated by Richard Nice. Cambridge, MA:Harvard University Press.

Bukodi, Erzsebet. 2007. "Social Stratification and Cultural Consumption in Hungary:Book Readership." *Poetics* 35:112—131.

Chai, Joseph C. H. 1992. "Consumption and Living Standards in China." *TheChina Quarterly* 131(S):721—749.

Chan, Tak Wing and John H. Goldthorpe. 2007a. "Social Stratification and

Cultural Consumption: Music in England." *European Sociological Review* 23 (1): 1—19.

Chan, Tak Wing and John H. Goldthorpe. 2007b. "Social Stratification and Cultural Consumption: The Visual Arts in England."*Poetics* 35:168—190.

Cui, Geng and Qiming Liu. 2000. "Regional Market Segments of China: Opportunities and Barriers in a Big Emerging Market." *The Journal of Consumer Marketing* 17(1): 55—72.

Cui, Geng and Qiming Liu. 2001. "Executive Insights: Emerging Market Segments in a Transitional Economy: A Study of Urban Consumer in China." *Journal of International Marketing* 9 (1): 84—106.

Davis, Deborah S. 2000. "Introduction: A Revolution in Consumption." pp. 1—24 in *The Consumer Revolution in Urban China*, edited by Deborah S. Davis. Berkeley and Los Angeles, CA: University of California Press.

Fan, Chengze Simon. 2002. "Economic Development and the Changing Patterns of Consumption in Urban China." pp. 82—97 in *Consumption in Asia: Lifestyle and identities*, edited by Chua Beng-Huat, London: Routledge.

Fleischer, Friederike. 2007. "'To Choose a House Means to Choose a Lifestyle' The Consumption of Housing and Class-structuration in Urban China." *City & Society* 19(2): 287—311.

Lu, Hanlong. 2000. "To Be Relatively Comfortable in an Egalitarian Society." pp. 124—141 in *The Consumer Revolution in Urban China*, edited by Deborah S. Davis. Berkeley and Los Angeles, CA: University of California Press.

Pun, Ngai. 2003. "Subsumption or Consumption? The Phantom of Consumer Revolution in 'Globalizing' China." *Cultural Anthropology* 18(4): 469—492.

Schmitt, Bernd. 1997. "Who is the Chinese Consumer? Segmentation in the People's Republic of China." *European Management Journal* 15(2): 191—194.

Sun, Tao and Guohua Wu. 2004. "Consumption Patterns of Chinese Urban and Rural Consumers." *The Journal of Consumer Marketing* 21(4): 245—253.

Vermunt, Jeroen K. and Jay Magidson. 2002. "Latent Class Cluster Analysis" pp. 89—106 in *Applied Latent Class Analysis*, edited by Jacques A. Hagenaars and Allan L. McCutcheon. Cambridge: Cambridge University Press.

Wallis, Cara. 2013. *Technomobility in China: Young Migrant Women and Mobile Phones*. New York: New York University Press.

Yin, Xiangdong. 2005. "New Trends of Leisure Consumption in China." *Journal of Family and Economic Issues* 26(1): 175—182.

Zhou, Joyce Xin, Mark J. Arnold, Arun Pereira, and Jun Yu. 2010. "Chinese Consumer Decision-making Styles: A Comparison between the Coastal and Inland Regions." *Journal of Business Research* 63(1): 45—51.

Zhang, Chunni, Qi Xu, Xiang Zhou, Xiaobo Zhang, and Yu Xie. Forthcoming. "Are Poverty Rates Underestimated in China? New Evidence from Four Recent Surveys." *China Economic Review*.

国家统计局,2013,《中国统计年鉴 2013》,北京:中国统计出版社。

李春玲,2005,《当代中国社会的消费分层》,《湖南社会科学》第 2 期。

刘靖、李实,2013,"中国消费不平等的变化",《中国收入差距变动分析——中国居民收入分配研究 IV》第 4 章(李实、佐藤宏、史泰丽著),北京:人民出版社。

唐勇林,2006,《31.8%的房贷一族已成"房奴"》,《中国青年报(4 月 17 日)》(http://zqb.cyol.com/content/2006-04/17/content_1359916.htm)。

卫生部统计信息中心,2008,《2008 中国卫生服务调查研究——第四次家庭健康询问调查分析报告》(http://www.moh.gov.cn/mohwsbwstjxxzx/s8211/list.shtml)。

吴垠,2005,《关于中国消费者分群范式(China-Vals)的研究》,《南开管理评论》第 2 期。

谢宇、张晓波、许琪、张春泥,2013,"收入分配",《中国民生发展报告 2013》第 2 章(谢宇、张晓波、李建新、于学军、任强著),北京:北京大学出版社。

文字编辑:徐宏伟

校对:李汪洋、於嘉

第4章 住房与家庭财产

任　强* 　冯莹莹** 　胡荣琴***

《联合国人权宣言》指出,享有适当的住房是居民的基本人权。① 住房不仅为人们创造一个相对独立与私密的个人空间,而且也提供了日常安全生活的保障,是满足人们生存与发展需要的不可或缺的基本物质条件(浩春杏,2007;李实、罗楚亮,2007;张雪莲,2008)。"居者有其屋"体现了中国人重视住房的传统(杨志博,2012)。2005年中国城镇居民教育与就业情况调查数据显示,城镇居民家庭已经购买至少一套住房的占家庭总数的82.6%,与2005年美国69%的住房自有率相比,中国城镇家庭较高的住房自有率显示出中国人购房置业的心态,拥有自己的住房仍然是大多数家庭追求的目标(樊雪志、董继华,2007)。

20世纪50年代起,中国逐渐建立起国家住房供应体制,政府承担起为城镇居民提供住房的责任。地方政府和单位从国家预算中获得住房投资后,建造公有住房并分配给职工,住房被视为职工的一项福利。城镇居民从国家和单位获得住房,只需支付很少的、名义上的租金。这种国家供应住房的公有住房制度带来了许多问题,包括住房匮乏、居住空间小、住房质量低下、房屋缺乏

---

* 任强:北京大学人口研究所副教授,北京大学中国社会科学调查中心副主任。
** 冯莹莹:北京大学社会学系硕士研究生。
*** 胡荣琴:北京大学社会学系硕士研究生。
① 《世界人权宣言》是联合国大会于1948年12月10日在法国巴黎夏乐宫通过的一份旨在维护人类基本权利的文献(联合国大会第217号决议,A/RES/217),见第二十五条。

维护等（Chen,1996;Lee,2000;Zhao & Bourassa,2003）。到了70年代末,政府无力为市民提供足够住房,开始进行住房制度改革,主要策略是实行住房商品化和公有住房的自有化,发展房地产市场（Wang & Murie,1996;Yeh & Wu,1999）。也就是说,中国住房改革的主要方向是从国家供应为主向市场供应为主转变,通过引入市场分配机制来提高对住房资源分配的效率（朱亚鹏,2006）。

20世纪90年代以来,住房市场化改革加速。1998年随着《国务院关于进一步深化城镇住房制度改革加快住房建设的通知》的实施,中国城镇居民的住房市场化改革步伐加快,房地产业开始成为中国宏观经济的支柱产业（樊雪志、董继华,2007）。由此,房地产市场不断完善,住房商品化程度逐渐提高,居民的居住状况获得了显著的改善,人均居住面积大幅增加,居民住宅的自有率显著上升。根据《中国统计年鉴2011》,我国城镇居民人均住宅面积由1998年的18.7平方米增至2010年的31.6平方米（国家统计局,2011）。

在住房改革使城镇居民的居住条件得到较大改善的同时,住房分配不公的扩大化却没有得到充分的重视,且住房财产的分化日益严重。事实上,住房的市场化改革几乎没有缓解原有住房制度中固有的不平等。这是因为改革的主要策略之一就是将公有住房以优惠价向现有住户出售。住房兼具消费品和投资品的双重属性,一方面可以改善居住条件,另一方面可以积累财富。尤其是伴随着中国城市化、现代化进程的加快,社会经济高速发展,随之而来的是房价的快速上涨。根据国家统计局公布的数据,全国商品房平均销售价格从2000年的2112.0元/平方米上升到2005年的3167.7元/平方米,再到2012年的5357.1元/平方米。① 住房成为家庭财富的主要标志,也是家庭财富的重要组成部分。与此同时,持续上涨的房价加重了居民的购房负担,尤其是低收入群体的居住条件令人堪忧,住房与教育、医疗成为新时期城镇居民三大支出项目,被戏称为新的"三座大山"（李实、罗楚亮,2007）。已有很多研究开始关注住房分配体制改革所导致的住房或住房财产分布不均以及由此造成的社会分化（Logan et al.,1999;Lee,2000;李实等,2005;胡蓉,2012）。

---

① 数据来源：国家统计局：《商品房平均销售价格（元/平方米）》（http://data.stats.gov.cn/search/Keywordlist2? keyword=房价）。

本章运用中国家庭追踪调查(China Family Panel Studies,CFPS)2012年的数据,从个人、家庭和区域三个层次来分析房产与家庭收入和家庭财产之间的关系,重点关注房产对家庭财产的影响以及家庭住房负担的状况。

一、房产与家庭财产[①]

当前中国正处于一个由无产者社会向有产者社会快速转型的过程,20世纪90年代末开始实行的城镇住房私有化和市场化,根本性地改变了我国城镇家庭同房产的关系,不动产产权关系发生了巨大的变化,演绎着深刻的"财产革命"(金碚,2010)。在城镇住房制度改革以前,许多城镇家庭所居住的住宅并非他们的财产,所有权属于单位,因此大部分城镇家庭没有住宅财产(刘洪玉、郑思齐,2003)。

随着城镇住房制度改革的推进以及居民作为住宅所有权主体地位的确立,住宅已成为我国城镇居民家庭所拥有的最大项的财产类型(赵卫亚、王薇,2013)。有数据表明,1995至2002年城镇居民人均房产价值增加了近4倍,年均增长率高达26%,这与城镇公有住房的加速私有化是分不开的(李实等,2005)。国家统计局2002年对各省城镇居民家庭的抽样调查结果也表明:住宅财产占城镇居民财产总量的比例在2002年已经达到了47.9%,住宅是居民家庭财产中比重最大的一部分(黄朗辉等,2002)。奥尔多中心的调查数据显示,在中国城镇家庭的财产分布中,自有房屋估计价值构成了居民财产的主要组成部分(梁运文等,2010)。可见,住房的确已经成为我国城镇家庭财产的重要组成部分。

此外,在住房制度改革以前,城乡家庭财富分化尚不严重。而经济体制改革给城镇带来的"先富"效应以及住房私有化以后城镇房价的持续上涨使中国城乡家庭财富分化日益严重。据中国社会科学院经济研究所的一项研究表明,从1995年到2002年中国居民的财产分布差距出现了快速而且明显扩大的趋势,这一扩大的趋势主要来自城乡之间急剧扩大的差距(李实等,

---

① 在本章中,房产是指家庭所有房产价值减去所有房产负债的净房产价值;家庭财产是指家庭所有财产减去家庭负债的净财产。

2005)。

本节主要从家庭主事者①的教育程度、职业,以及家庭结构、家庭收入水平等方面来分析房产对家庭财产的影响。

1. 家庭主事者的教育程度

教育程度是人力资本的关键指标之一,人力资本可以进一步转化为社会资本和经济资本(Lutz et al.,2008;Lutz & Samir,2011;郭琳,2013)。收入水平和教育水平决定了人们社会地位的高低,家庭主事者的教育程度可以在一定程度上反映家庭的社会经济地位(胡荣,2003;李春玲,2005)。中国的城乡二元体制使城乡在很多方面存在巨大差异。由表4-1可以看出,城镇家庭房产占家庭财产比例的中位数较高,对于不同教育程度的家庭主事者,其房产占家庭财产比例的中位数均为80%左右,差别不大。2010年中国家庭金融调查(China Household Finance Survey,CHFS)数据显示,中国城镇家庭房产占家庭财产的80%以上(赵卫亚、王薇,2013),与CFPS 2012的结果比较接近。在不同的教育程度中,农村家庭房产占家庭财产比例的中位数均低于城镇家庭。这是由于农村住房大多建在自家的宅基地上,住房的土地成本较低,住房市场化程度也不高。另外,农村家庭主事者的教育程度越高,由教育带来的财富效应更明显地体现在家庭其他财产的积累上,房产占家庭财产比例的中位数随教育程度的增加而降低。

就全国而言,家庭主事者的教育程度越高,房产占家庭财产比例的中位数越高。具体来说,教育程度为小学和初中的中位数与农村相应组别的中位数比较接近;而教育程度为高中和大专及以上的中位数与城镇相应组别的中位数比较接近。这间接反映出不同教育程度在城乡间的分布状况,家庭主事者的教育程度为小学和初中的家庭在农村的比重较大,家庭主事者的教育程度为高中、大专及以上的家庭在城镇的比重较大。

---

① 家庭主事者是在CFPS调查中最熟悉家庭财务的成员,负责回答家庭收支等家庭财务部分的问题。

表 4-1　2012 年家庭主事者的教育程度与房产占家庭财产的比例　（单位:%）

家庭主事者 的教育程度	全国 中位数①	城镇 中位数	农村 中位数	样本量
小学	67.9	81.4	61.2	3,678
初中	69.1	79.5	60.2	2,829
高中	76.1	82.7	57.9	1,231
大专及以上	78.8	80.5	44.9	593

2. 家庭主事者的职业

职业是衡量社会经济地位的关键性指标。为了分析不同社会经济地位的职业对家庭财产分布结构的影响,我们将家庭主事者的职业分为:党政机关企事业单位负责人,专业技术人员,办事人员和有关人员,商业、服务业人员,农林牧渔水利业生产人员,以及生产运输设备操作人员及有关人员。

图 4-1 表明:首先,家庭主事者为农林牧渔水利业生产人员的家庭,房产占家庭财产比例的中位数最低。可能的原因是从事该类职业的人群主要集中在农村,房产占家庭财产的比例因此较低一些。

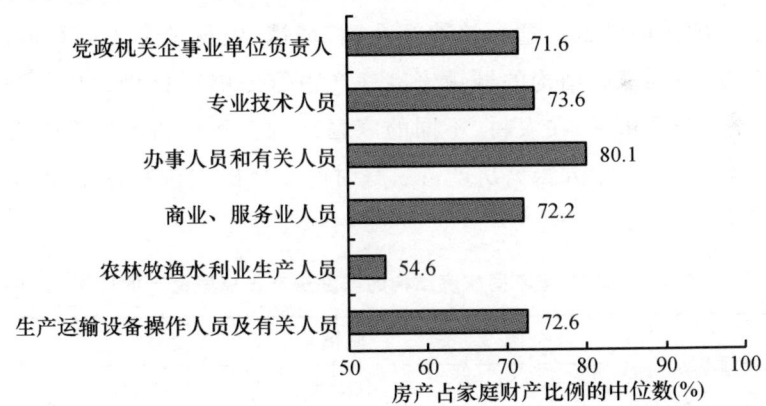

图 4-1　2012 年家庭主事者的职业与房产占家庭财产比例的中位数

---

① 房产占家庭财产比例的中位数,指的是在微观层面上计算所有家庭的房产占家庭财产比例,然后取中位数。

其次,党政机关企事业单位负责人所在的家庭中,其房产占家庭财产比例的中位数相对较低。这一方面与该群体财产构成较为多元化有关,另一方面也与他们在住房上享受的优惠政策有关,他们的住房大多是房改房,升值幅度小于商品房等。

另外,在这六种职业中,家庭主事者为办事人员和有关人员的家庭,其房产占家庭财产比例的中位数最高,反映出房产在此类家庭财产中的重要性。

3. 家庭结构

不同的家庭结构意味着不同的劳动力人口数量,以及不同的老年、少儿人口数量,即不同的家庭抚养比和家庭经济负担。家庭结构会对居民家庭财产存量与家庭投资产生一定影响。如表4-2所示,从全国来看,夫妇家庭和核心家庭的房产占家庭财产比例的中位数较低,这与其所处的家庭生命周期和财富积累等相关。夫妇家庭和核心家庭处于家庭生命周期的早期阶段,一方面赡养老人、抚养小孩的抚养比相对较低,经济负担较小,其他财产存量较大,另一方面家庭投资重点在孩子教育方面,房产拥有比例不高,因此这类家庭房产占家庭财产的比例较低。这种趋势在全国、城镇、农村都有不同程度的体现。分城乡来看,不同家庭结构的城镇家庭房产占家庭财产比例的中位数差别不大,但都处于较高水平;在农村,不同的家庭结构在房产占家庭财产比例上存在较大差异。另外,单人家庭房产占家庭财产比例的中位数在全国、城镇和农村中都较高。

表4-2 2012年不同家庭结构的家庭房产占家庭财产的比例 （单位:%）

家庭结构	全国 中位数	城镇 中位数	农村 中位数	样本量
单人家庭	77.4	81.0	73.2	677
夫妇家庭	68.4	81.7	55.5	1,709
核心家庭	69.8	78.9	59.5	2,648
主干家庭	72.6	83.5	62.8	2,938
联合和其他家庭	75.3	89.8	62.8	149

若将家庭结构按1代户、2代户、3代及以上户来区分,结果显示,全国不同家庭结构房产占家庭财产比例的中位数差别不大,基本都维持在70%左右。其中,城镇家庭房产占家庭财产比例的中位数略高,约为80%,而农村家庭房产占家庭财产比例的中位数略低,在60%左右。在城镇和农村内部,不同的家庭代数在房产占家庭财产的比例上的差别也不大。需要指出的是,与1代户和2代户相比,3代户家庭房产占家庭财产比例的中位数相对较高,可能的原因是3代户家庭"上有老、下有小",家庭的医疗和教育负担较重,从而影响了家庭其他财产的存量。

4. 家庭收入水平[①]

家庭收入也是决定一个家庭是否拥有住房的先决条件,当家庭收入达到一定水平后就会购买住房(Rosenthal,1989)。研究表明,家庭收入越高,住房面积越大,住房价值越高(郭琳,2013)。将全国家庭人均收入按四分位数划分,分为低收入、中等偏低收入、中等偏上收入、高收入家庭。近年来我国城镇土地价格及住房价格持续上涨,房产成为居民家庭的主要财产,房产占家庭财产的比例有所增高。在农村,其家庭收入水平低于城市,住房大多建在自家的宅基地上,住房的土地成本很低,住房价值整体偏低,因此,农村家庭房产占家庭财产的比例总体上较低。

从图4-2可以看出,我国家庭收入水平在城乡存在差异,全国高收入家庭和中等偏上收入家庭的房产占家庭财产比例的中位数与城镇相应组别的数据更加接近,而全国低收入家庭的房产占家庭财产比例的中位数与农村相应组别的数据较接近。因此,图4-2间接反映出,高收入家庭和中等偏上收入家庭更多地分布在城镇地区,而低收入家庭更多地分布在农村地区。

另外,一些研究表明,城市富裕阶层更乐意投资增值较快的不动产,购买多套住房出租或出售,增加住房财产(南建党,2007;沈久泛,2006)。这可以在一定程度上解释高收入家庭房产占家庭财产比例较高的现象。

---

① 本部分的家庭收入采用的是2011—2012年全部家庭纯收入。

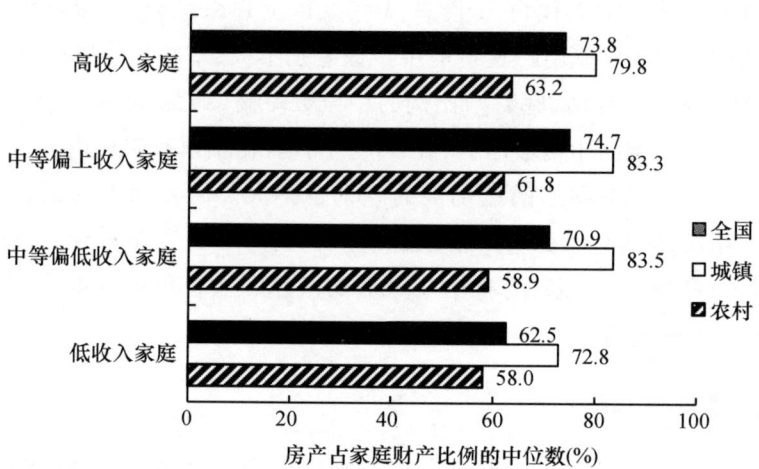

图 4-2　2012 年不同收入水平的家庭房产占家庭财产比例的中位数

5．不同住房类型

表 4-3 数据显示,在全国样本中,住房类型的样本分布并不均匀,平房比例较高,而住房类型为四合院/别墅的家庭样本量较小。不同的住房类型之间存在房价的差异,代表着不同住房类型家庭房产对家庭财产的影响。就全国而言,住房类型为单元房或小楼房的家庭房产占家庭财产比例的中位数高于其他住房类型的家庭,这一趋势同样体现在城镇家庭中。而农村住房类型为小楼房的家庭房产占财产比例的中位数远远高于其他住房类型,这主要是因为农村住房以自建为主,楼房的建设成本较高,房产价值较大。

表 4-3　2012 年不同住房类型的家庭房产占家庭财产的比例　　（单位:%）

住房类型	全国	城镇	农村	样本量
	中位数	中位数	中位数	
单元房	83.8	84.1	60.8	1,660
平房	62.0	73.4	57.0	3,395
四合院/别墅	56.7	73.2	49.5	316
小楼房	80.4	84.5	77.3	1,991
其他	45.0	64.1	40.3	1,010

6. 房产与家庭总财产的关系①

房产与家庭其他财产的比率是反映家庭财产分布的一个重要方面,本部分将分析房产与家庭其他财产的比率和家庭总财产之间的关系。图4-3是关于家庭总财产和房产与家庭其他财产之间比率的Lowess(locally weighted scatterplot smoothing)拟合曲线。可以看出,不论在全国、城镇还是农村,家庭总财产越高,房产与家庭其他财产的比率越大,即房产在家庭财产中的相对权重越大,在家庭财产中扮演的角色越重要。值得注意的是,城乡之间存在着较大的差距,而且家庭总财产越大,城乡之间的差距越大。城镇家庭房产与其他财产之比可以达到8,即房产是家庭其他财产的8倍;而农村房产最多是家庭其他财产的4倍。这也说明,房产对城镇家庭财产的影响更大。

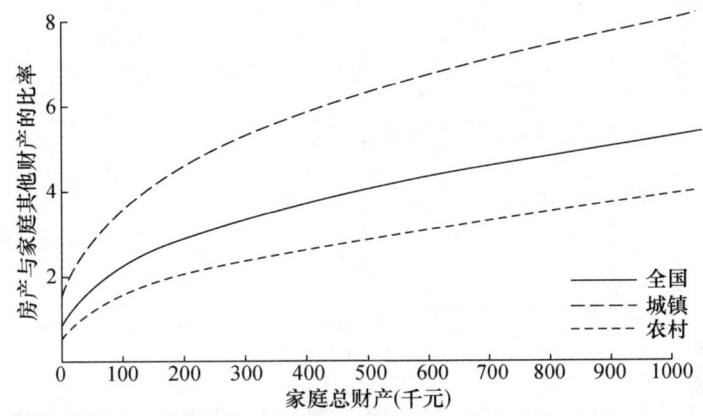

图4-3 2012年家庭总财产和房产与家庭其他财产的比率的Lowess曲线

房产作为家庭最重要的财产,存在财富效应。财富效应又被称作庇古效应(Pigou effect)或实际余额效应。一般说来,现代意义上的财富效应是指居民资产价值的变动对于居民消费需求的影响(高春亮、周晓艳,2007;宋勃,2007)。当房价波动时,人们的财产存量发生变化,从而直接影响人们的收入分配、消费水平和消费决策(黄静、屠梅曾,2009)。中国城镇房价快速上涨使

---

① 这里的家庭总财产与上文的家庭财产意义相同。为了在该图中描述方便,使用家庭总财产。由于家庭财产中顶端值波动性比较大,家庭总财产只取到财产分布顶端95%,不包括最高的5%。

拥有住房的城镇家庭总财产增加,而农村住房市场化程度不足,住房的财富效应不明显,在一定程度上导致城乡家庭财产分配差距扩大。

7. 房产对家庭财产影响的区域差异

为了分析房产对家庭财产影响的地区差异,本部分计算了 CFPS 所覆盖的 25 个省(直辖市、自治区)的房产占家庭财产比例的中位数,其中 5 个独立抽样省分别为上海、广东、辽宁、河南、甘肃,具有独立代表性,可以单独分析。这 5 个独立抽样省在一定程度上代表着我国东、中、西部,反映出地区间经济发展水平的差异。从图 4-4 可以看出,在人均 GDP 越高、经济越发达的地区,房产占家庭财产比例的中位数越高。

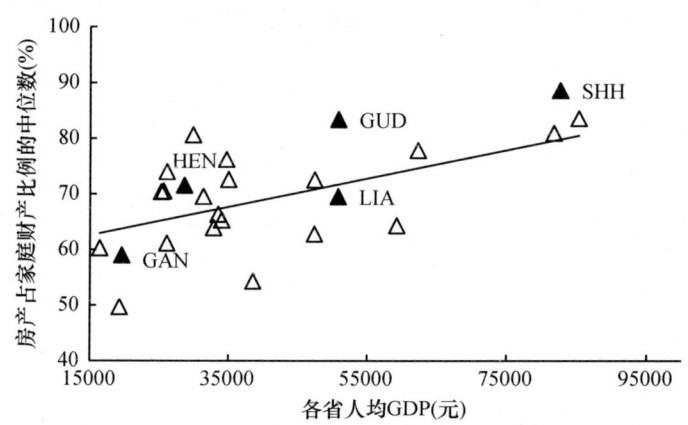

图 4-4 2012 年各省份人均 GDP 与房产占家庭财产比例的中位数

注:▲代表 CFPS 的 5 个独立抽样省,△代表 CFPS 调查所覆盖的其他 20 个省(直辖市、自治区)。各省拼音缩写参见附录 A4-1。

二、家庭住房负担

从住宅自住需求层面来分析,只有与居民收入水平和支付能力相适应的房价,才是合理的房价水平(上海易居房地产研究院,2014)。房价收入比(housing price to income ratio)是目前国际上常用来衡量城市居民住房消费能力和房价水平的综合指标(沈久沄,2006)。很多研究表明中国房价收入比明显高于国际公认标准,居民购房负担较重(徐泽民、隋云鹏,2009;上海易居房地产研究院,2014);同时地区间存在较大差异,中小城市的平均房价收入比基本符合国际公认值,而一、二线城市(如上海、北京、天津、广州和深圳)的平均房价收入比远远高于全国平均水平,超出了普通居民的实际承受能力(杨文武,2003)。

尽管房价收入比是一个国际通用的指标,但却没有一个公认的合理范围。一般而言,在发达国家,3—6 被认为是房价收入比的合理区间,超过 6 就可视为泡沫区(徐泽民、隋云鹏,2009)。由于国情不同,我国与欧美国家的房价收入比可比性并不大,按照国家统计局相关数据进行整理计算的结果,全国城镇房价收入比保持在 6—7,属于合理区间(上海易居房地产研究院,2014)。

以往的研究大多关注区域层面的房价收入比,本节关注的是微观层面的家庭住房负担,并以全国家庭住房面积的均值为标准对家庭房价收入比的计算进行了标准化处理。① 公式如下:

$$房价收入比 = \frac{全国家庭住房面积的均值 \times 家庭住房每平方米市值的均值}{家庭收入的均值}$$

考虑到中国农村的住房以自建自住为主,住房租赁和买卖较少,市场化程度较低(盛荣,2003;谢娜、张红,2009),我们在家庭住房负担部分只纳入城镇家庭样本。接下来,我们将从家庭主事者、家庭特征、区域分布等几个方面对房价收入比进行分析。

1. 城镇家庭主事者的教育程度

图 4-5 表明,在教育程度的不同分组中,房价收入比均超过 7,说明我国城镇居民购房负担较大,这与近年来持续上涨的房价有关。教育程度为高中的家庭主事者,其家庭房价收入比最高,为 9.2;而家庭主事者教育程度为大专及以上的家庭,其房价收入比低于家庭主事者教育程度为高中的家庭。

---

① 本节计算的是家庭层面的房价收入比,与以往研究的区域房价收入比略有不同。

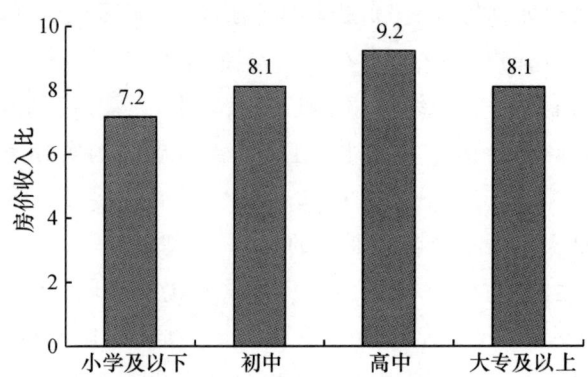

图 4-5　2012 年城镇家庭主事者的教育程度与房价收入比

2. 城镇家庭主事者的职业

城镇家庭主事者的职业会影响其工资性收入,进而影响家庭收入和家庭购房负担。2006 年国家统计局四川调查总队的专项调查结果显示,若将年人均可支配收入低于 3000 元的城镇居民家庭定义为收入阶层中的贫困阶层,贫困阶层中排在前三位的职业依次是商业服务业人员(41.8%)、生产运输操作人员(15.7%)、其他从业人员(19.7%),此外,办事人员和有关人员占 9.7%,专业技术人员占 4.7%(国家统计局四川调查总队,2007)。2006 年浙江省的调查数据也显示,城镇低收入家庭从业者多来自服务业、商业及生产和运输行业,所占比重分别为 26.9%、17.8%、24.8%;而专业技术人员所占比例较小,为 6.4%;单位负责人所占的比例最低,仅为 0.2%(国家统计局浙江调查总队,2006)。

从图 4-6 中可以看出,城镇家庭主事者为商业、服务业人员的家庭房价收入比最高,这与商业、服务业较低的收入水平相关;城镇家庭主事者为办事人员、专业技术人员、党政机关企事业单位负责人的家庭,房价收入比依次降低,主要是因为不同的职业与不同的社会经济地位相关。① 专业技术人员和党政

---

① 与前文一致,职业共有六类,即党政机关企事业单位负责人、专业技术人员、办事人员和有关人员、商业和服务业人员、农林牧渔水利业生产人员、生产运输操作人员及有关人员。城镇家庭主事者各个职业的样本量依次为:61、113、98、284、392、292。

机关企事业单位负责人在职业分层中处于较高位置,收入较高,房价收入比相对较低。此外,城镇家庭主事者为农林牧渔水利业生产人员的家庭,其房价收入比仅为3.5,远远低于其他职业。这一方面可能与该群体当前居住的住房条件较差相关;另一方面,近年来,一些地方推行"村转社区",村民由农业户口转为非农户口,但房价并未上涨且村民仍从事农业劳动,无论在房价上还是在收入上都与城镇居民存在较大差异。

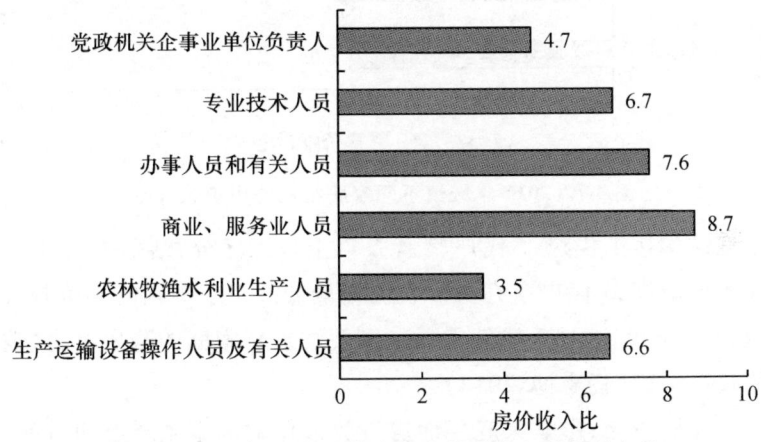

图 4-6　2012 年城镇家庭主事者的职业与房价收入比

3. 城镇家庭结构

不同的家庭结构对应着不同的家庭生命周期,家庭生命周期对城镇居民住房需求及住房消费有显著影响。不同的家庭生命周期直接影响家庭在住房面积、结构、功能等方面的差异,例如,婚姻与住房存在着紧密的联系,住房是家庭的安全庇护所,也是居民成家的基本物质条件,年轻人结婚前后会出现购房高潮(浩春杏,2007);家庭户规模越大的家庭租房住的比例越小(郭琳,2013)。

图 4-7 表明,城镇家庭不同的家庭结构在房价收入比上存在较大差异。相比于单人家庭,夫妻家庭人口增加,家庭收入相应提高,房价收入比降低。与夫妇家庭相比,核心家庭中人口的年龄增大,工作经验增多,收入相对提高,房价收入比降低。

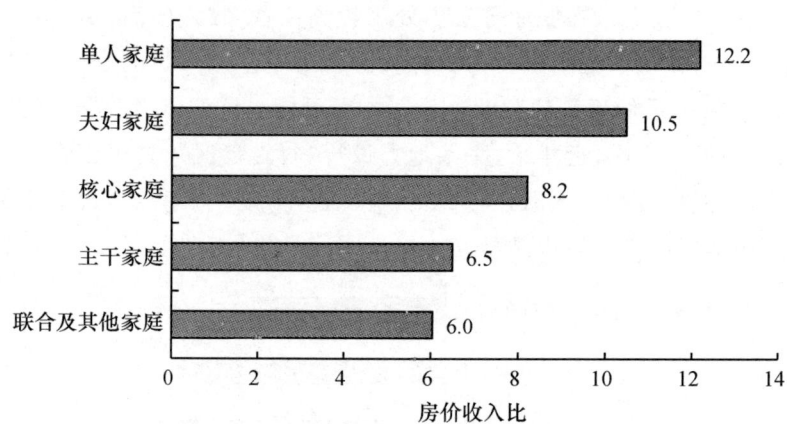

图 4-7　2012 年城镇不同家庭结构的房价收入比

将家庭结构按 1 代户、2 代户、3 代及以上户来区分,结果表明,1 代户的家庭房价收入比最高,3 代户家庭房价收入比最低。三个类别的房价收入比分别是 10.8、8.1 和 6.2。因此,我们需要特别关注青年家庭的购房压力,政府应给予一定的政策保障(杨志博,2012)。

由上述分析可知,影响家庭层面房价收入比的因素主要有两方面:家庭住房面积、价格和家庭收入水平。家庭结构越复杂,家庭代数越多,家庭的房价收入比越低。主要原因有二:一是主干家庭或者 3 代户及以上家庭人口多,家庭收入相对较高;二是 3 代户家庭住房面积较小,条件较差,住房价格较低。

4. 家庭住房困难变动状况

CFPS 2010 和 CFPS 2012 两年的调查都涉及到受访家庭的居住困难状况。CFPS 关于住房困难的描述为:"12 岁以上子女和父母同住一室""老少三代同住一室""12 岁以上的异性子女同住一室""有的床晚上架起白天拆掉""客厅里也架起了睡觉的床"和"其他困难情况"。只要有一项存在即视为存在住房困难,无上述情况则视为不存在住房困难。因此,我们通过两年的数据,可以了解家庭居住困难的动态变化。在此,将住房困难状况分为四类:无困难(两年均无困难)、新增困难(2010 年不存在住房困难,2012 年存在住房困难)、困难程度改善(2010 年存在住房困难,2012 年不存在住房困难)、持续困难(两年均存在住房困难)。结果如下:在 2010 年住房困难的家户中,2012 年时持续困难的家户占44.1%,而55.9%的家户住房得到了改善。在这两年期间,新增住房困难家庭为8.8%(见图4-8)。

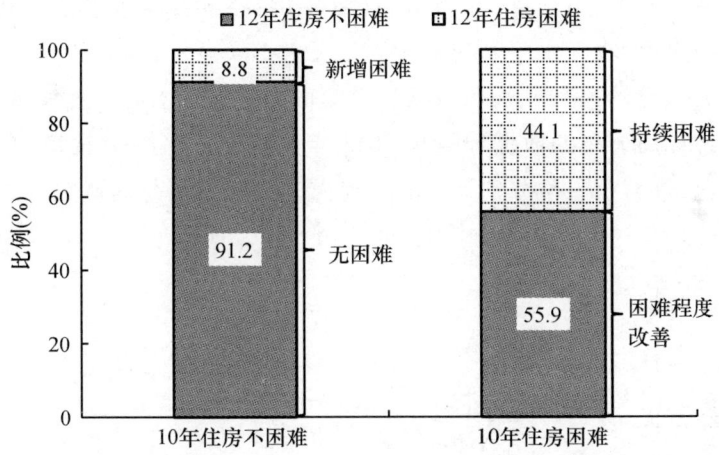

图4-8 2010—2012年城镇家庭住房困难的变化情况

图4-9描述了家庭住房困难状况与家庭的房价收入比。结果显示,家庭住房无困难的家庭房价收入比最低,家庭住房存在困难的房价收入比相对较高,而两年调查均存在住房困难的家庭房价收入比最高,已达14.8,说明其家庭购房负担相对较重。

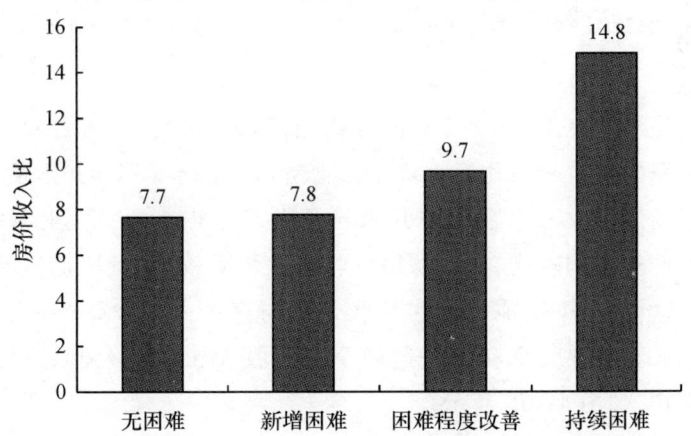

图4-9 2010—2012年城镇家庭住房困难状况与房价收入比

5. 不同地区房价收入比与房产占家庭财产的比例

在区域层次上,不同省(直辖市、自治区)在经济发展水平上存在差异,影响该地区的房价、收入水平和家庭财产。图 4-10a 显示,在 CFPS 所调查的 25 个省(直辖市、自治区)中,房价收入比最高的是北京和上海。上海易居研究院根据国家统计局公布的数据计算出 2013 年全国 30 个省(直辖市、自治区)的房价收入比,排名前三位分别为:北京、海南、上海(上海易居研究院,2014)。

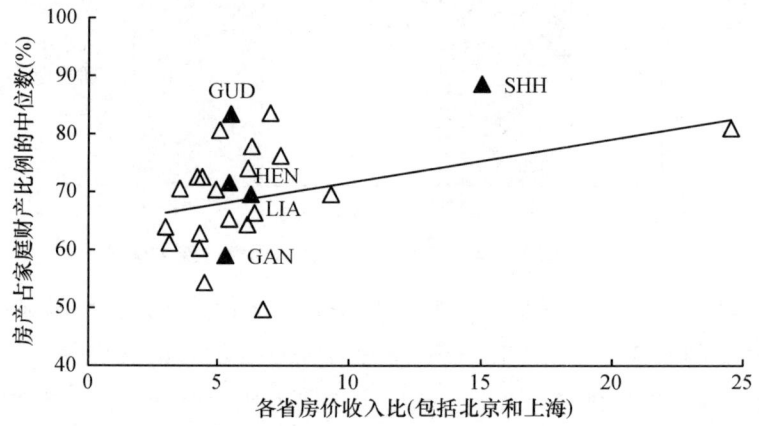

图 4-10a　2012 年房价收入比与房产占家庭财产比例的中位数(包括北京和上海)

注:▲代表 CFPS 的 5 个独立抽样省,△代表 CFPS 调查所覆盖的其他 20 个省(直辖市、自治区)。

与上海易居研究院 2013 年全国各省(直辖市、自治区)房价收入比趋势相似,北京、上海的房价收入比远远高于其他省份。由于 CFPS 并未覆盖海南省,海南省较高的房价收入比在图中并未显示出来。此外,北京、上海、广东的房产占家庭财产的比例较高,甘肃的房价收入比相对较低,且房产占家庭财产的比例较低。这说明,不同地区的房价收入比与房产占家庭财产的比例之间存在正向关系。在剔除北京和上海这两个房价收入比的极大值之后,这种正向关系依然存在,如图 4-10b 所示。

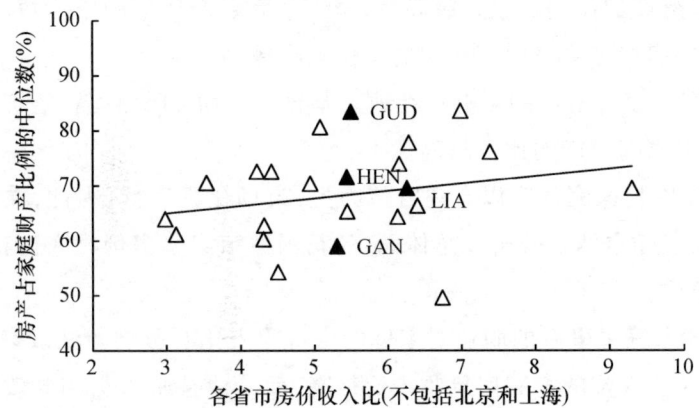

图 4-10b   2012 年房价收入比与房产占家庭财产比例的中位数（不包括北京和上海）

注：▲代表 CFPS 的 5 个独立抽样省，△代表 CFPS 调查所覆盖的其他 20 个省（直辖市、自治区）。

三、本章小结

本章要点总结如下：

1. 房产是我国城镇家庭财产最重要的组成部分，占城镇家庭财产比例的中位数在 80% 左右，且城镇家庭房产占家庭财产的比例差异较小，都处于较高水平，这与近年来房价快速上涨密切相关；在农村，房产占家庭财产比例的中位数在 60% 左右，低于城镇家庭，主要原因是农村住房以自建自住为主，土地成本很低，房产价格较低。

2. 家庭主事者的教育和职业影响家庭收入，进而影响家庭财富积累及房产占家庭财产的比例，这种影响趋势在城乡之间存在差异。

3. 家庭结构会影响房产占家庭财产的比例。不同的家庭结构和家庭代数代表着不同的家庭生命周期，家庭成员在数量和年龄分布上存在差异，进而影响家庭收入、家庭负担和家庭财富。

4. 不同的住房类型在房产价值上存在巨大差异。住房类型为单元房和小楼房的家庭，房产占家庭财产比例的中位数较高，这种趋势在城乡均存在。

5. 作为两个重要的经济学变量，收入是流量、财产是存量，两者都会影响房产占家庭财产的比例。收入越高,房产占家庭财产比例的中位数越高;家庭总资产越多,房产占家庭财产比例的中位数也越高。

6. 房产对家庭财产的影响存在地区差异。人均GDP越高、经济越发达的地区,房产占家庭财产的比例越高。

7. 由于农村家庭房产以自建自住为主,市场化程度低,因此,在住房负担部分只将城镇样本纳入分析。总体而言,我国城镇家庭房价收入比相对较高,住房负担较重。

8. 城镇家庭主事者的职业对家庭的房价收入比有影响。城镇家庭主事者为商业、服务业人员的家庭房价收入比最高,而专业技术人员和党政机关企事业单位负责人在职业分层中处于较高位置、收入较高,其家庭房价收入比相对较低,住房负担相对较小。

9. 城镇家庭结构在房价收入比上存在差异。城镇家庭结构越复杂、家庭代数越多,家庭房价收入比越低。

10. 存在住房困难的城镇家庭其房价收入比显著地高于不存在住房困难的城镇家庭。

11. 在区域层面上,房价收入比与房产占家庭财产的比例之间存在正向关系,经济越发达的地区,房价收入比越高,房产占家庭财产的比例越高。

参 考 文 献

Chen, Aimin. 1996. "China's Urban Housing Reform: Price-Rent Ratio and Market Equilibrium." *Urban Studies* 33(7): 1077—1092.

Lee, James. 2000. "From Welfare Housing to Home Ownership: the Dilemma of China's Housing Reform." *Housing Studies* 15(1): 61—76.

Logan, John R, YanjieBian, and FuqinBian. 1999. "Housing Inequality In Urban China in the 1990s." *International Journal of Urban and Regional Research* 23(1): 7—25.

Lutz, Wolfgang, Jesus Crespo Cuaresma, and Warren Sanderson. 2008. "The Demography of Educational Attainment and Economic Growth." *Science* 319

(5866): 1047—1048.

Lutz, Wolfgang and KC Samir. 2011. "Global Human Capital: Integrating Education and Population." *Science* 333(6042): 587—592.

Rosenthal, Leslie. 1989. "Income and Price Elasticities of Demand for Owner-Occupied Housing in the UK: Evidence from Pooled Cross-Sectional and Time-Series Data." *Applied Economics* 21(6): 761—775.

Wang, Yaping and Alan Murie. 1996. "The Process of Commercialisation of Urban Housing in China." *Urban Studies* 33(6): 971—989.

Yeh, Anthony Gar-on and Fulong Wu. 1999. "The Transformation of the Urban Planning System in China from a Centrally-Planned to Transitional Economy." *Progress in Planning* 51(3): 167—252.

Zhao, Yinshun and Steven C. Bourassa. 2003. "China's Urban Housing Reform: Recent Achievements and New Inequities." *Housing Studies* 18(5): 721—744.

樊雪志、董继华,2007,《中国城镇居民住房市场化改革的实证分析》,《经济理论与经济管理》第5期。

高春亮、周晓艳,2007,《34个城市的住宅财富效应:基于panel data的实证研究》,《南开经济研究》第1期。

郭琳,2013,《家庭结构对家庭实物资产的影响研究——以住房为例》,《当代经济管理》第8期。

国家统计局,2011,《中国统计年鉴2011》,北京:中国统计出版社。

国家统计局四川调查总队,2007,《四川城市不同收入阶层差异研究》(http://www.stats.gov.cn/ztjc/ztfx/dfxx/200712/t20071212_33843.html)。

国家统计局浙江调查总队,2006,《2006年浙江城镇低收入群体生活状况研究》(http://www.stats.gov.cn/ztjc/ztfx/dfxx/200611/t20061127_32942.html)。

浩春杏,2007,《城市居民住房梯度消费中的家庭因素研究》,《江苏社会科学》第3期。

胡荣,2003,《社会经济地位与网络资源》,《社会学研究》第5期。

胡蓉,2012,《市场化转型下的住房不平等:基于 CGSS2006 调查数据》,《社会》第 1 期。

黄静、屠梅曾,2009,《房地产财富与消费:来自于家庭微观调查数据的证据》,《管理世界》第 7 期。

黄朗辉、孟庆欣、程学斌、曹子玮,2002,《中国城市居民家庭财产现状》,《中国统计》第 12 期。

金碚,2010,《房地产乱象:社会巨变的阵痛》,《政治经济学评论》第 3 期。

李春玲,2005,《当代中国社会的声望分层——职业声望与社会经济地位指数测量》,《社会学研究》第 2 期。

李实、罗楚亮,2007,《中国城镇居民住房条件的不均等与住房贫困研究》(http://www.unirule.org.cn/index.php? c = article&id = 3044)。

李实、魏众、丁赛,2005,《中国居民财产分布不均等及其原因的经验分析》,《经济研究》第 6 期。

梁运文、霍震、刘凯,2010,《中国城乡居民财产分布的实证研究》,《经济研究》第 10 期。

刘洪玉、郑思齐,2003,《住宅资产:居民家庭资产组合中的重要角色》,《经济与管理研究》第 4 期。

南建党,2007,《房地产市场的财富效应》,《经济导刊》第 10 期。

上海易居房地产研究院,2014,《全国 30 个省(市、自治区)房价收入比排行榜 2014》(http://www.yiju.org/files/专题研究/易居专题报告:全国 30 个省[市、自治区]房价收入比排行榜.pdf)。

沈久沄,2006,《对房价收入比科学涵义的再探讨》,《中央财经大学学报》第 6 期。

盛荣,2003,《美国农村住房扶助政策及其启示》,《农业经济》第 12 期。

宋勃,2007,《房地产市场财富效应的理论分析和中国经验的实证检验:1998—2006》,《经济科学》第 5 期。

谢娜、张红,2009,《新时期中国农村住房消费状况》,《中国房地产》第 3 期。

徐泽民、隋云鹏,2009,《中国各地区房价收入比研究》,《黑龙江社会科学》第 6 期。

杨文武,2003,《房价收入比指标研究》,《统计研究》第 1 期。

杨志博,2012,《城市住房社会救助现状及城镇青年购房展望》,《商业文化（上半月）》第 5 期。

张雪莲,2008,《住房权宪法保护之模式分析》,《学术界》第 6 期。

赵卫亚、王薇,2013,《中国城镇住宅财富效应观察——基于 CHFS2010 微观调查数据》,《贵州财经大学学报》第 5 期。

朱亚鹏,2006,《国外中国住房政策研究述评与启示》,《学术研究》第 7 期。

文字编辑：柳皑然、武玲蔚
校对：李汪洋、靳永爱、张春泥

第5章 家庭经营与自雇

张　欣[*]　张晓波[**]

改革开放以来,伴随着私有部门的出现和快速发展,中国的企业家数量迅速增长。国家统计局的数据显示,从2003—2012年这十年间,中国企业家的数量(包括私营企业投资者和个体从业者)从2003年的5,409万人增长到2012年的10,828万人,企业家占就业人员的比重也从2003年的7.8%增长到2012年的14.1%,均增长了1倍左右。[①] 很多研究表明,企业家精神是经济创新、增长的重要动力(Aghion & Howitt,1997;Beugelsdijk & Noorderhaven,2004;Glaeser,2007;World Bank,2004;李宏彬等,2009),特别是对于中国这样的经济转型国家。中国的经济增长呈现出两个70%的规律,即总体增长的70%来源于私有部门的增长,而私有部门增长的70%来源于新进入的私营企业的增长(Wei & Zhang,2011)。可见,自主创业和企业家精神对中国的经济增长起着至关重要的作用。因此,我们在这一章专门讨论中国家庭经营与自雇的情况。

现有关于自我雇佣和企业家精神的文献主要集中于两个方面:一是关于制度因素对自主创业的影响,包括信贷约束、不完备的产权保护、监管不透明等(Banerjee & Newman,1993;Blanchflower & Oswald,1998;Frye & Zhuravskaya,2000);二是关于自我雇佣的决定机制、自雇者的特征、自雇者内部及其与受雇者的工资差异(Djankov et al.,2006;Mohapatra et al.,2007;Wei & Zhang,2011;

---

[*]　张欣:北京大学国家发展研究院中国经济研究中心博士研究生。
[**]　张晓波:北京大学国家发展研究院千人计划讲座教授。
[①]　根据《中国统计年鉴》计算得到(国家统计局,2004;2013)。

Wu & Xie,2003;Yueh,2009;Zhang et al.,2006;黄志岭,2012;2013;刘云平、王翠娥,2013;宁光杰,2012;吴彩容、吴声怡,2012)。需要强调的是,第二类文献有很多都强调了社会网络(social network)对自主创业的重要作用,主要的研究发现是社会网络可以缓解融资困难(Oi,1999),显著提高自主创业的可能性(Djankov et al.,2006;Zhang et al.,2006)。

然而,受限于数据,现有研究要么针对某一特定群体,如吴彩容和吴声怡(2012)、宁光杰(2012)、刘云平和王翠娥(2013)研究了农村进城务工者自我雇佣的决定机制,要么局限于城镇家户数据(Yueh,2009)或小规模的调查数据(Djankov et al.,2006;Zhang et al.,2006),目前还缺少对全国城乡整体上家庭经营和自我雇佣的研究。CFPS数据为我们提供了坚实的数据支持。中国家庭追踪调查(China Family Panel Studies,CFPS)覆盖25个省(直辖市、自治区),跟踪收集了个体、家庭、社区三个层次的信息,并且有一个单独的模块涉及成人受访者的非农自雇情况,有利于掌握中国自我雇佣者的全貌。这是目前其他数据所不能实现的。

本章将从两个部分来展开:首先,揭示2012年家庭农业经营和非农经营的整体状况;①其次,重点从非农自雇群体的背景、经营状况、生活幸福感三个方面分析中国自雇群体的特征。

一、家庭经营

家庭经营分为家庭农业经营和家庭非农经营两大类。家庭农业经营是指家庭从事农业②方面的生产活动,包括种地、管理果树、采集农林产品、养鱼、打鱼、养牲畜以及去市场销售农产品等,不包括受雇于其他农户从事农业工作的情况;非农经营是指家庭从事个体或私营经济活动,其中,个体经营指的是生产资料归个人所有,以个人劳动为基础,劳动所得归劳动者个人所有的一种经营形式,分为个体工商户和个人合伙两种形式,而私营企业是由自然人投资设

---

① 由于CFPS 2010与CFPS 2012数据在家庭经营方面的统计口径不一致,因此我们仅对CFPS 2012的家庭经营数据进行分析。

② 农业是广义的农业,指以土地资源为生产对象,通过培育动植物来生产食品、以及为工业提供原料的产业,包括种植业(即狭义的"农业")、林业、畜牧业、渔业、副业五种产业形式。

立或由自然人控股,以雇佣劳动为基础的营利性经济组织,包括私营有限责任公司、私营股份有限公司、私营合伙企业和私营独资企业。接下来,我们分别介绍家庭农业经营和家庭非农经营的情况。

1. 2012 年①家庭农业经营

在 CFPS 2012 的全国再抽样样本②中,有 8,561 个家户,其中从事农业家庭经营的有 4,553 户,占农村家户的 77.9%。③ 可见,大部分农村家庭都从事农业家庭经营。

表 5-1 描述了全国和上海、辽宁、广东、河南、甘肃 5 个独立抽样省 2012 年家庭从事农业经营的情况。表的上半部分统计了农林业④产品总值、投入总费用及其构成。从全国来看,2012 年家庭农林业经营产品总值的均值为 10,323 元,中位数为 5,000 元,而投入总费用的均值为 3,989 元,中位数为 1,900 元。从费用的构成来看,种子化肥农药费是主要组成部分,比重高达 79.3%,雇工费和机器租赁灌溉费所占比重较小,分别为 8.9% 和 8.1%。分地区来看,各地区家庭农林业经营产品总值和投入总费用有一定差异,辽宁的经营规模最大,平均产品总值为 15,082 元,规模最小的是甘肃,平均产品总值为 7,453 元。实际上,无论从产品总值还是投入总费用来看,辽宁家庭农林业经营的规模都是甘肃的 2 倍左右。各地区在投入总费用的构成方面差异并不大,但值得注意的是上海的雇工费所占比重明显高于其他省份,这主要是由于上海的农村家庭分布在大城市周围,以劳动密集型的蔬菜种植业为主,并且大城市发达的工业、服务业通常会吸引大量的农村劳动力,因此上海主要通过雇佣外地劳动力进行农业生产。

---

① CFPS 采用回溯性(retrospective)的方式提问过去一年的家庭经营,严格来说,这一节分析的 2012 年家庭经营对应的时间段是 2011—2012 年。

② 全国再抽样样本是对上海、辽宁、广东、河南、甘肃这 5 个独立抽样省再次抽样,并与其余 20 个省(直辖市、自治区)合并而成的具有全国代表性样本。

③ 如果采用国家统计局的城乡分类,有一些隶属于城镇的家庭仍然从事农业家庭经营,但他们的社区属性为乡村(village),因此我们在这里采用依据社区类型的城乡分类进行统计。但在后文的分析中,为了与其他章节有更好的可比性,我们依然采用国家统计局的城乡分类。另外,需要说明的一点是,CFPS 2012 全国再抽样样本中共有 8,657 个家户,但有 96 个家户的城乡分类信息缺失,因此本章使用的有效样本是 8,561 个家户。

④ 农林业包括种植业和林业。种植业是指栽培各种农作物以取得粮食、饲料、副产品等的生产活动;林业是指培育、采伐、保护林木并获取林木产品、林副产品的生产活动。

表 5-1 的下半部分描述了家庭牲畜、水产业产品总值①、投入总费用及其构成。从全国来看，2012 年家庭牲畜、水产业经营产品总值的均值为 14,043 元，中位数为 4,150 元，投入总费用的均值为 5,791 元，中位数为 1,200 元。从费用的构成来看，饲料费和种畜、鱼苗费占主要部分，分别占 59.3% 和 36.8%，雇工费所占比重很小，仅为 0.2%。分地区来看，各地区家庭牲畜、水产业经营产品总值和投入总费用差异很大，辽宁经营规模仍是最大的，平均产品总值为 26,974 元；上海规模最小，仅为 2,497 元，仅仅是辽宁的十分之一左右。各地区在投入总费用上的构成方面差异不大。

表 5-1 2012 年全国和各地家庭农业经营

	A 农林业经营							
地区	产品总值(元)		投入总费用(元)		种子化肥农药费(%)	雇工费(%)	机器租赁灌溉费(%)	其他费用(%)
	均值	中位数	均值	中位数				
全国	10,323	5,000	3,989	1,900	79.3	8.9	8.1	3.6
上海	12,549	5,000	5,060	1,750	79.6	13.5	3.9	2.9
辽宁	15,082	10,000	5,460	4,000	78.9	11.0	5.2	4.8
河南	10,609	8,000	4,009	3,000	74.9	9.6	12.1	3.4
甘肃	7,453	5,000	3,037	2,000	77.9	7.5	6.0	8.6
广东	10,596	4,800	5,594	1,600	84.3	10.5	3.1	2.1
	B 牲畜、水产业经营							
地区	产品总值(元)		投入总费用(元)		种畜、鱼苗费(%)	雇工费(%)	饲料费(%)	其他费用(%)
	均值	中位数	均值	中位数				
全国	14,043	4,150	5,791	1,200	36.8	0.2	59.3	3.7
上海	2,497	1,200	1,064	580	22.0	0.0	77.5	0.5
辽宁	26,974	5,001	14,928	1,180	23.6	0.4	73.8	2.2
河南	22,440	1,881	8,232	600	31.9	0.0	63.4	4.7
甘肃	13,786	6,175	4,166	1,400	36.8	0.3	59.7	3.2
广东	16,229	2,200	7,846	600	54.4	0.3	42.3	3.0

---

① 牲畜、水产业产品总值包括三部分：现有的家禽、家畜、水产品总值，卖出去的和自家消费的家禽、家畜、水产品总值，以及卖出去的和自家消费的家禽、家畜生产出来的副产品总值。其中，牲畜是指家禽、家畜，包括鸡、鸭、牛、猪、羊等；水产品是指水产养殖或捕捞所获取的鱼、虾、蟹、贝等动物产品，以及水生植物产品。

2. 2012年家庭非农经营

接下来我们将关注点转向家庭非农经营。家庭非农经营是指家庭从事个体(包括个体工商户和个人合伙)或私营经济活动(包括私营有限责任公司、私营股份有限公司、私营合伙企业和私营独资企业等形式)。在CFPS 2012全国再抽样样本的8,561个家户中,从事非农家庭经营的共有890户,占10.4%,其中城镇有532户,占城镇家户的13.0%,农村有358户,占农村家户的8.0%。城镇家庭从事非农经营的比重明显高于农村。

表5-2 2012年全国和各地的家庭非农经营

地区	个体经营/私营企业总资产(万元)		持股比例(%)		雇佣人数(人)		(税后)净利润(元)	
	均值	中位数	均值	中位数	均值	中位数	均值	中位数
全国	21.4	4	86.7	100	5.1	2	33,223	20,000
上海	84.7	9	83.3	100	6.2	3	49,534	33,750
辽宁	13.6	5	87.9	100	3.9	2	30,789	20,000
河南	18.4	4	88.4	100	7.1	3	31,098	20,000
甘肃	17.3	3.5	93.9	100	5.9	3	26,485	10,000
广东	21.2	2	88.6	100	4.7	2	42,639	20,000

表5-2从个体经营/私营企业的总资产、家庭持股比例、雇佣人数、(税后)净利润四个方面对全国和五个独立抽样省2012年家庭非农经营的情况进行了描述。从全国来看,个体经营/私营企业总资产的均值为21.4万元,中位数为4万元,反映出大多数家庭经营的企业规模都比较小,符合我国家庭经营的总体特征。此外,平均而言,家庭对企业的持股比例很高,平均值为86.7%,中位数则是100%,说明超过一半的企业都是由家庭完全拥有控股的。与规模相对应的是,家庭经营的雇佣人数也很少,平均是5.1人,中位数是2人,可知家庭经营的企业大多都靠家庭成员来管理运营,较少雇佣员工。企业(税后)净利润的均值是33,223元,中位数是20,000元。[1]

---

[1] 在本调查中,很多企业的(税后)净利润没有扣除企业所有者自我雇佣的工资,使得家庭经营企业的资产净利率偏高。事实上,如果扣除这一部分,资产净利率会接近于社会同等行业的平均水平。

表 5-3 描述的是 2012 年全国分城乡的家庭非农经营。城镇家庭经营的个体经营/私营企业的总资产和(税后)净利润明显高于农村。二者在持股比例和雇佣人数上差异不大,农村家庭经营的持股比例略低于城镇家庭,而雇佣人数略高于城镇家庭。

表 5-3 2012 年分城乡的家庭非农经营

地区	个体经营/私营企业总资产(万元)		持股比例(%)		雇佣人数(人)		(税后)净利润(元)	
	均值	中位数	均值	中位数	均值	中位数	均值	中位数
城镇	24.3	5	87.5	100	4.6	2	37,170	20,000
农村	17.4	3	85.3	100	6.2	2	27,325	20,000

在下一部分,我们的问题是从事非农经营的家庭相比于没有从事非农经营的家庭是否有较高的家庭收入。由表 5-4 可以看出,从全国平均水平来看,从事非农经营的家庭人均纯收入是 19,790 元,而没有从事非农经营的家庭人均纯收入是 11,784 元,二者的比率为 1.68。也就是说,非农经营显著提高了家庭收入,从事非农经营的家庭人均纯收入是没有从事非农经营家庭的 1.68 倍。分地区的统计结果也反映出同样的趋势。其中,家庭人均纯收入的比率在甘肃最高,达到了 2.28,在辽宁最低,为 1.30。

表 5-4 2012 年全国和各地从事及未从事非农经营家庭的人均纯收入及比率

地区	从事非农经营家庭的人均纯收入(元)		没有从事非农经营的人均家庭纯收入(元)		比率	
	均值	中位数	均值	中位数	均值	中位数
全国	19,790	12,593	11,784	8,051	1.68	1.56
上海	39,928	24,273	28,553	20,160	1.40	1.20
辽宁	17,989	13,018	13,877	9,840	1.30	1.32
河南	17,664	10,719	10,776	8,000	1.64	1.34
甘肃	20,571	10,347	9,028	6,540	2.28	1.58
广东	22,667	12,500	11,060	8,333	2.05	1.50

表 5-5 进一步比较了城镇和农村家庭是否从事非农经营家庭的人均纯收入,发现是否从事非农经营的家庭人均收入差距在城镇较小,均值的比率是 1.49,中位数的比率仅为 1.31;而农村的差距较大,均值的比率高达 1.75,中

位数比率为1.68。也就是说，在农村，非农经营可以更加显著地改善家庭的收入状况，但这一作用在城镇并不十分突出。

表5-5 2012年分城乡从事及未从事非农经营的家庭人均纯收入及比率

地区	从事非农经营家庭人均纯收入(元)		没有从事非农经营的人均家庭纯收入(元)		比率	
	均值	中位数	均值	中位数	均值	中位数
城镇	22,644	14,007	15,210	10,667	1.49	1.31
农村	15,372	10,576	8,779	6,280	1.75	1.68

以上比较了是否从事非农经营的家庭人均纯收入绝对值，但我们还关心收入的分布，即从事非农经营的家庭是否处于较高的收入阶层呢？我们根据家庭人均纯收入的0%—20%、20%—40%、40%—60%、60%—80%、80%—100%分别将城镇、农村的家庭由低到高划分为五组，依次是最低收入阶层、中低收入阶层、中等收入阶层、中高收入阶层以及最高收入阶层。图5-1描述了城镇和农村从事非农经营家庭的收入分布。由图5-1中可以看出，尽管城镇、农村的非农经营家庭的收入都呈现出递增趋势，但城镇的更为均衡，有13.7%处于最低收入阶层、17.2%处于中低收入阶层、18.2%处于中等收入阶层、24.0%处于中高收入阶层，以及26.9%处于最高收入阶层。在农村，从事非农经营家庭的收入递增趋势更加明显，从最低收入阶层到最高收入阶层组的比例依次为7.7%、14.8%、17.7%、21.2%和38.6%。可见，非农经营在很大程

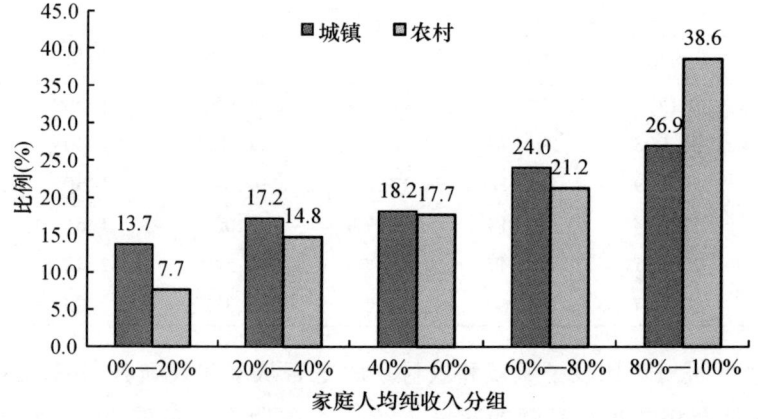

图5-1 从事非农经营的城乡家庭人均纯收入

度上可以改善农村家庭的收入状况,提高他们所处的收入阶层。造成城镇和农村收入分布差异的原因可能是农村家庭的非农经营大多是自主创业的结果,而一部分城镇家庭选择非农经营是因为无法进入正规部门工作(如下岗)而被迫选择小本经营维持生计的结果(Wu & Xie,2003)。

二、自我雇佣

对于自我雇佣的研究,与中国住户收入项目(China Household Income Project,CHIP)、中国家庭金融调查(China Household Finance Survey,CHFS)等调查项目相比,CFPS的优势在于有一个单独的模块调查成人受访者非农自雇的情况。在2012年的调查问卷中,我们将非农自雇定义为从事个体或私营经济活动,并特别强调个体或私营活动指的是受访者是活动的出资方且按出资额多少享有经营利润。因此,CFPS对自我雇佣进行了精确的定义和测量,突出了自我雇佣所具有的"出资"以及"按出资额享有经营利润"两个重要特征,而那些不参与生意的投资与利润分配,按劳领取工资或者不拿工资为家庭经营活动帮工的都不算做自我雇佣。

在CFPS 2012成人库的全国再抽样样本中,有就业人员15,663人,共有2,078人属于自我雇佣,占就业人员的13.3%。① 其中,城镇有1,140人,占城镇就业人员(6,482人)的17.6%;农村有938人,占农村就业人员(9,181人)的10.2%。根据2013年《中国统计年鉴》数据计算得到,2012年底全国私营企业投资者和个体从业者占就业人员的14.1%,其中城镇为19.6%,农村为8.9%。② 可以看到,CFPS数据与国家统计局的数据非常接近,从而也验证了CFPS数据的合理性和可靠性。

在下文的分析中,我们通过比较自雇群体与受雇群体发现和总结自雇群体的特征。在这里,受雇是指挣工资的非农工作(不含为其他农户做农活挣钱),从事的工作本身可以是农业活动,也可以是非农业活动,但必须是受雇

---

① 就业状态的判定是根据共用模块工作部分的G101、G103、G105、G106、G107、G108、G109问题,具体可参见《中国民生发展报告2013》(张晓波等,2013)。

② 根据《中国统计年鉴2013》表4-2"按城乡分就业人员数(年底数)"、表4-8"分地区私营企业就业人数(2012年底)"、表4-9"分地区个体就业人数(2012年底)"计算得到(国家统计局,2013)。

于非农户的个人、组织、企业或者单位,受访者与雇主属于雇佣与被雇佣的关系。

1. 自雇者背景

性别

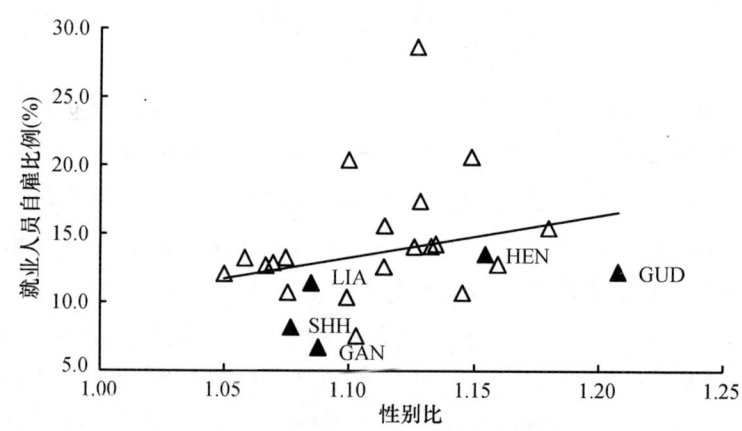

图 5-2　各省份的性别比与就业人员自雇比例

注:▲代表 CFPS 的五个独立抽样省,△代表 CFPS 调查所覆盖的其余 20 个省(直辖市、自治区)。各省拼音缩写参见附录 A4-1。

在 2012 年全国自雇者中,66.7% 是男性,33.3% 是女性,男性自主创业者显著多于女性。参照 Wei 和 Zhang(2011)中的定义,我们将性别比(sex ratio)定义为男性人口数与女性人口数之比,并以第六次全国人口普查数据计算各省 10—19 岁性别比,描述其与该地区就业人员自雇比例之间的关系。① 如图 5-2 所示,图中各点为各省实际观测值,实线是对观测值的线性拟合结果。从图中可以看出,平均而言,性别比越高的地区在业者自我雇佣的动机越强。出现这一现象的一个可能原因是婚姻市场上男女性别比例的失衡会激励男性或者有男孩的家庭积累更多的财富来增强在婚姻市场上的竞争力,通过自我雇佣成为企业家是实现这一目标的重要途径。可见,中国性别比例分布的不

---

① 10—19 岁人口会在未来 10 年内进入婚姻市场,因此 10—19 岁性别比更能代表当地婚姻市场的潜在竞争力(Wei & Zhang,2011)。数据来源是《中国 2010 年人口普查资料》表 1-7"各地区分年龄、性别的人口"(国务院人口普查办公室、国家统计局人口和就业统计司,2012)。

均衡在一定程度上促进了企业家的产生,有利于经济增长(Wei & Zhang,2011)。

年龄

图 5-3 描述的是自雇者与受雇者的年龄分布。可以看出,受雇者最多集中在 20—29 岁,比例为 31.5%,而自雇者最多集中在 40—49 岁,比例为 33.8%;在 30 岁以前,受雇者明显多于自雇者,到 30 岁以后,自雇者的比例逐渐超过受雇者。这一分布情况符合我们的主观认识:一方面,人们倾向于在年轻时通过受雇工作来积累经验、人脉和资金,到一定阶段后再选择自己创业;另一方面,进入中年后来自抚养子女(尤其是男孩在婚姻市场上的竞争)的压力会激励在业者选择自我雇佣,努力创造更多的财富。Wei 和 Zhang(2011)的研究发现父母成为企业家的概率随着当地性别比的上升而增加,并且这一现象在有男孩的家庭中表现得更加显著。

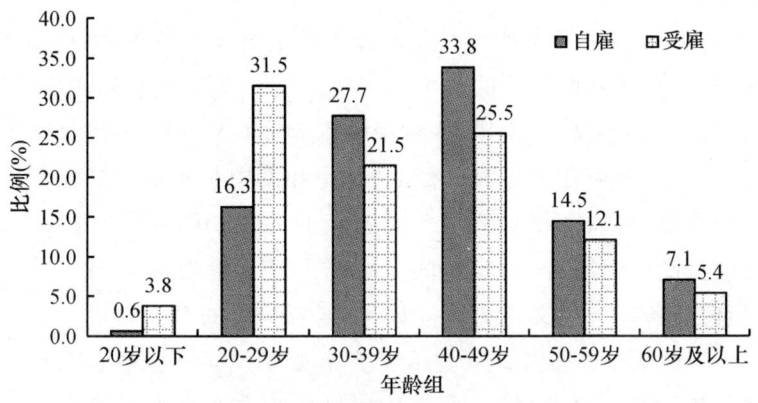

图 5-3 自雇者与受雇者的年龄分布

图 5-4 进一步分城乡和性别描述了自雇者和受雇者的平均年龄。与上文的发现相似,自雇者的平均年龄高于受雇者,并且这一差异在女性中表现得更加明显。有趣的是,无论在城镇还是农村,女性自雇者的平均年龄都略高于男性自雇者,但女性受雇者的平均年龄却显著低于男性受雇者。自雇者的平均年龄在城镇和农村之间并没有显著差异。

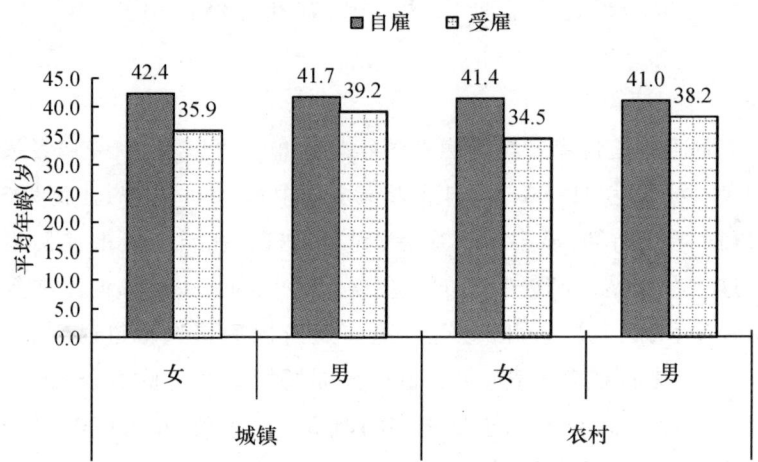

图 5-4　自雇者与受雇者分城乡和性别的平均年龄

受教育程度

图 5-5 描述了自雇者与受雇者受教育程度的分布。首先,无论是自雇者还是受雇者,初中文化程度所占的比重最大,分别为 49.8% 和 42.9%。其次,在低教育程度(文盲/半文盲和小学)和高教育程度(大专及以上)组,受雇者的比例要高于自雇者,而在中等教育程度(初中和高中),自雇者的比例要高于受雇者。一般来讲,自雇者要自己管理经营企业,必须具备一定的专业知识,受教育程度应该高于受雇者,但我们的分析结果显示自雇者主要集中于中等教育程度,他们具备基础的文化知识,却不一定有很好的教育背景。这一特征与中国每年大量的大学毕业生选择进入国企事业单位而不愿意进入私有部门或自主创业是相一致的,也解释了高等教育程度的在业者中自雇者所占比重偏低的现象。必须指出的是,这一现象不利于中国经济的快速发展。

图 5-6 进一步分城乡和性别描述了自雇者和受雇者的平均受教育年限。平均来看,城镇在业者的受教育年限高于农村,男性在业者的受教育年限高于女性。除农村男性自雇者的平均受教育年限略高于受雇者外,在其他类别下,无论男女,自雇者的平均受教育年限都低于受雇者,这同样说明企业家不一定具有更高的教育水平。

健康状况

图 5-7 分年龄和性别统计描述了自雇者与受雇者的健康状况。这里的健

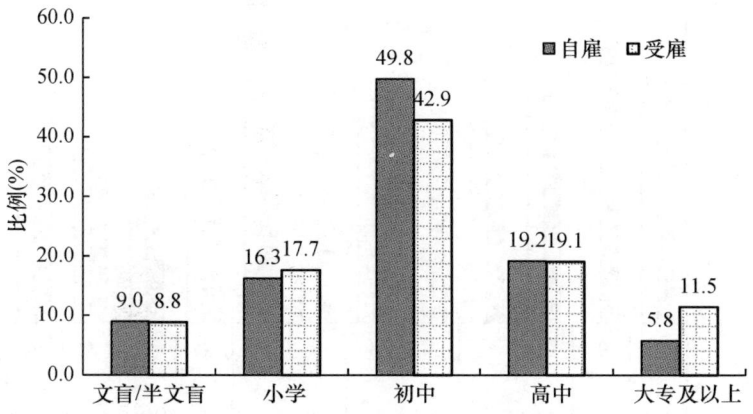

图 5-5　自雇者与受雇者的受教育程度

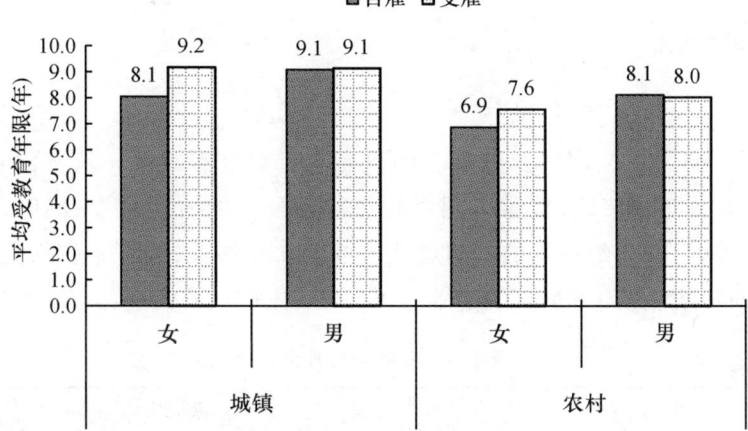

图 5-6　自雇者与受雇者分城乡和性别的平均受教育年限

康不是客观指标,而是受访者对自身健康的主观评价。它的取值范围是 1—5,1 表示不健康,5 表示非常健康。从图 5-7 中可以看出,随着年龄的增长,在业者对自身健康的评价是逐渐下降的;男性对自身的健康程度评价高于女性。在 60 岁之前,自雇者的健康评价通常高于受雇者,到 60 岁以后,无论男性女性,自雇者的健康评价都低于受雇者。后者可能与自雇者缺少社会保障和医疗保障有关。

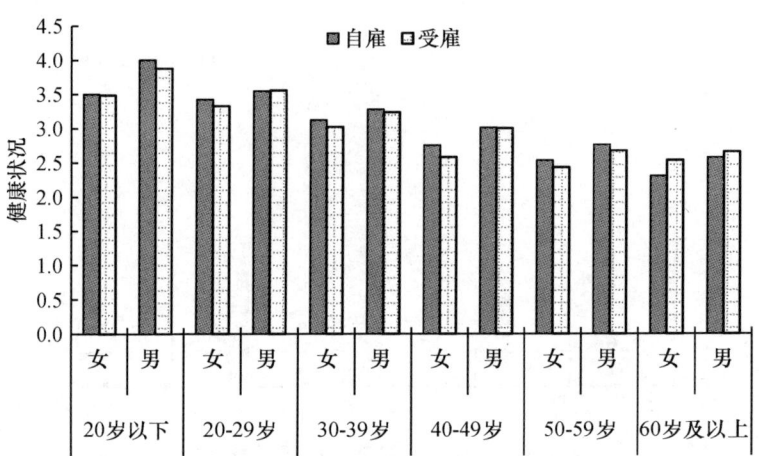

图 5-7　自雇者与受雇者分年龄和性别的健康状况

2. 经营情况

行业分布

表 5-6 描述了全国以及分城乡的自雇者行业分布状况。从全国来看,自雇者的行业分布很广泛,覆盖了国民经济行业分类的所有大类;同时,行业分布也非常集中,有大约一半的自雇者从事批发和零售业,接下来依次是交通运输、仓储和邮政业(10.9%),制造业(10.5%),住宿和餐饮业(7.7%)。

表 5-6　自雇者行业分布　　　　　　　　　　　(单位:%)

行业	全国	城镇	农村
农、林、牧、渔业	3.7	1.9	6.1
采矿业	0.5	0.4	0.6
制造业	10.5	10.4	10.6
电力、燃气及水的生产和供应业	0.2	—	0.3
建筑业	6.0	4.6	7.7
交通运输、仓储和邮政业	10.9	9.5	12.3
信息传播、计算机服务和软件业	0.7	0.5	0.8
批发和零售业	47.9	50.8	44.7
住宿和餐饮业	7.7	9.5	5.7
金融业	0.1	0.1	—
房地产业	0.3	0.5	—

（续表）

行业	全国	城镇	农村
租赁和商务服务业	1.2	1.4	1.0
科学研究、技术服务和地质勘查业	0.2	0.3	—
水利、环境和公共设施管理业	0.1	—	0.1
居民服务和其他服务业	6.6	6.2	6.5
教育	1.0	1.0	0.9
卫生、社会保障和社会福利业	1.7	1.4	2.2
文化、体育和娱乐业	0.9	1.5	0.1
其他行业	0.3	0.3	0.3

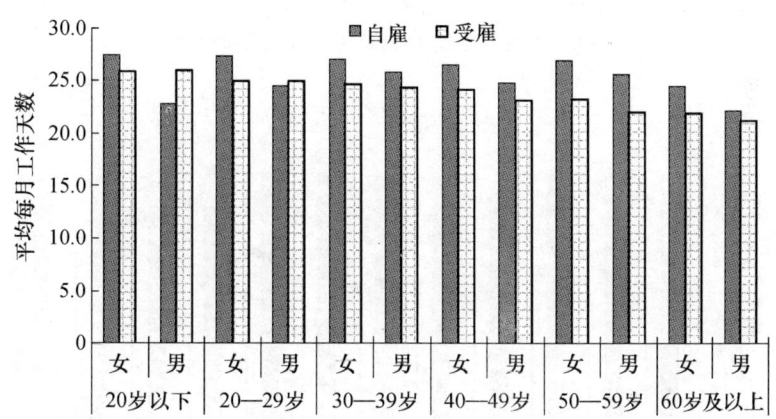

图5-8 自雇者与受雇者分年龄和性别平均每月工作的天数

图5-8分年龄和性别描述了自雇者和受雇者平均每月工作的天数。从图中可以看出，女性平均每月工作的天数大于男性；除30岁以下的男性自雇者平均每月工作的天数小于受雇者，其他类别都是自雇者平均每月工作的天数大于受雇者。自雇者作为企业的所有者，企业经营的好坏与自身的利益息息相关，因此也就有更大的动机把更多的时间投入到工作中去。

图5-9进一步描述了自雇者与受雇者每天工作小时数的分布。大部分在业者每天工作的时间都集中在5—8小时和9—12小时。与受雇者相比，自雇者的工作时间呈现"两端高、中间低"的形态，即由于自雇者"自己给自己当老板"，他们的工作时间更加灵活，有更多的人可以每天工作很短的时间（1—4小时），也有相当一部分人每天工作很长的时间（13小时以上）。相反，受雇者

通常有固定的上下班时间,每天的工作时间也就相对固定和集中。

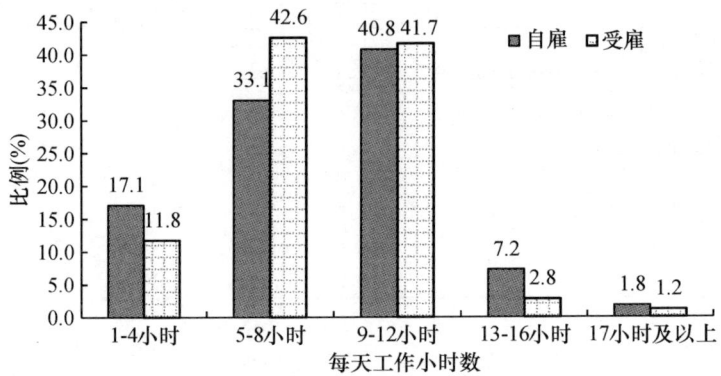

图 5-9　自雇者与受雇者每天工作的小时数分布

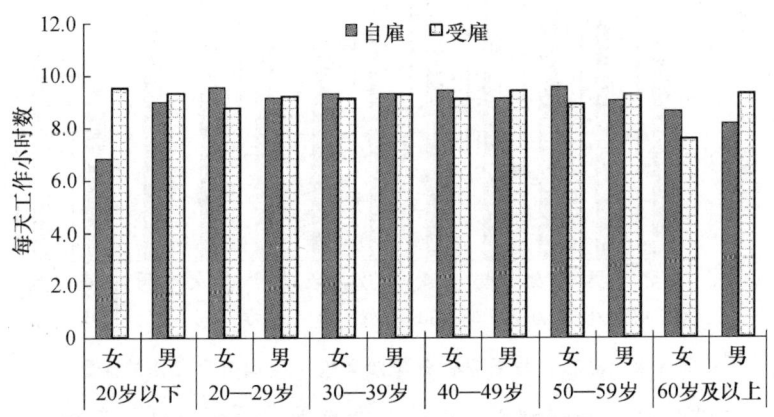

图 5-10　自雇者与受雇者分年龄和性别平均每天工作的小时数

图 5-10 进一步分年龄和性别描述了自雇者与受雇者平均每天工作的小时数。从图中我们发现一个有趣的现象,除 20 岁以下的年龄段之外,女性自雇者平均每天的工作时间会高于相同年龄段的女性受雇者,但男性自雇者平均每天的工作时间却普遍低于相应年龄段的男性受雇者。同时,在受雇人群中,男性的日工作时间高于女性,而在自雇人群中,女性的日工作时间高于男性。

3. 生活幸福感

接下来,我们分别从生活满意程度和未来信心程度两个方面比较自雇者与受雇者的生活幸福感。生活满意程度是一个取值在 1—5 的等级变量,1 表示很不满意,5 表示非常满意。由图 5-11 中可以看出,自雇者选择 3—5 的比重大于受雇者,选择 1—2 的比重小于受雇者,这说明自雇者的生活满意度高于受雇者。同样,未来信心程度也是一个 1—5 的等级变量,1 表示很没信心,5 表示很有信心。从图 5-12 可以看出,平均而言,自雇者对自己未来的信心程度也是高于受雇者的。

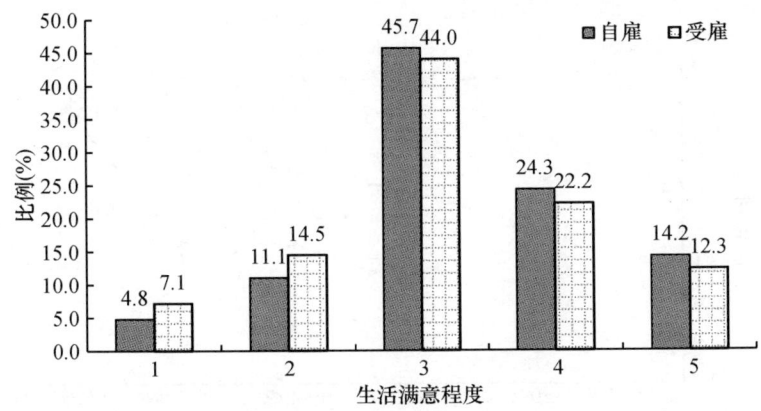

图 5-11 自雇者与受雇者的生活满意程度分布

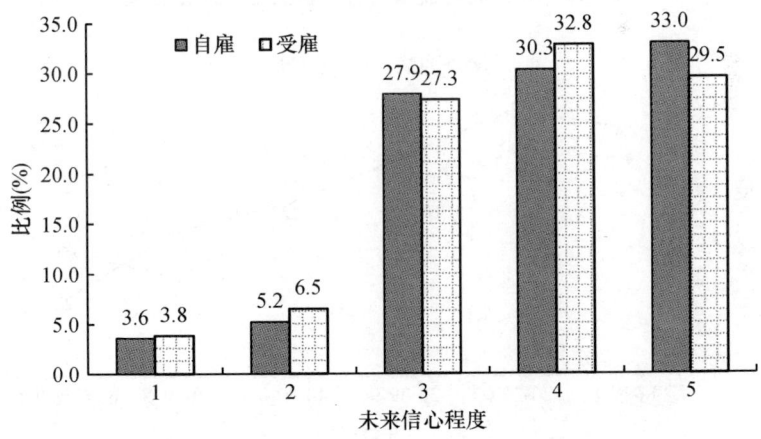

图 5-12 自雇者与受雇者的未来信心程度分布

图 5-13 和图 5-14 进一步分年龄来看自雇者与受雇者的生活满意程度和未来信心程度,发现无论是自雇者还是受雇者,他们的生活满意程度随着年龄

的增长呈现出先下降再上升的 U 型趋势,自雇者生活满意程度的最低点出现在 20—29 岁,受雇者生活满意的最低点出现在 30—39 岁,而且自雇者的生活满意度大体上都高于受雇者。在对未来的信心上,自雇者和受雇者随着年龄的增长大致呈现出先上升再下降的倒 U 型趋势,未来信心程度的最高点均出现在 20—29 岁,也就是说在 20—29 岁,尽管对自己的生活并不非常满意,他们对未来还是充满信心的,认为生活可以变得更好。同时,在 60 岁之前,自雇者的未来信心程度都高于受雇者。

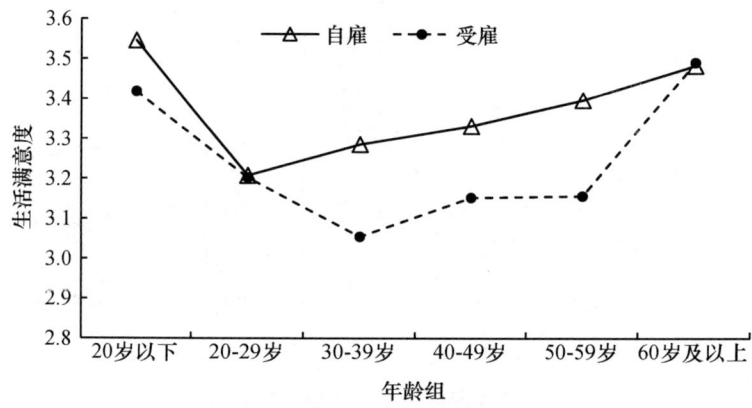

图 5-13　自雇者与受雇者分年龄的生活满意程度

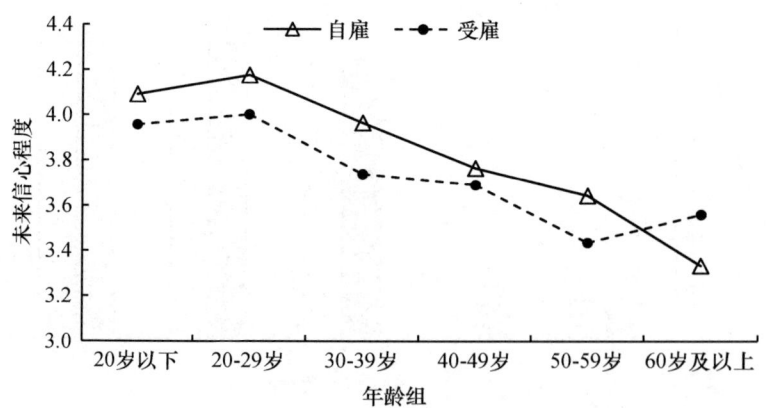

图 5-14　自雇者与受雇者分年龄的未来信心程度

三、本章小结

本章的要点总结如下:

1. 2012年全国有77.9%的农村家户都从事着农业家庭经营。全国家庭农林业经营产品总值的均值为10,323元,中位数为5,000元,投入总费用的均值为3,989元,中位数为1,900元,种子化肥农药费占主要部分;全国家庭牲畜、水产业经营产品总值的均值为14,043元,中位数为4,150元,投入总费用的均值为5,791元,中位数为1,200元,饲料费和种畜、鱼苗费占主要部分。家庭农业经营规模在各省之间存在显著差异。

2. 2012年全国有10.4%的家庭从事着非农家庭经营,其中城镇家庭有13.0%,农村家庭有8.0%,城镇家庭从事非农经营的比重明显高于农村。大多数家庭经营的企业规模都比较小,家庭的持股比例很高,雇佣人数少,这一特征在省际之间和城乡之间没有显著差异。

3. 从全国平均水平来看,从事非农经营家庭的人均纯收入是没有从事非农经营家庭的1.68倍,这一比率在甘肃最高,达到了2.28,在辽宁最低,为1.30。分城乡来看,这两类家庭人均收入差距在城镇较小,均值的比率是1.49,中位数的比率仅为1.31,而在农村的差距较大,均值的比率高达1.75,中位数的比率为1.68。也就是说,在农村非农经营可以明显改善家庭的收入状况,但这一作用在城镇并不突出。

4. 城镇从事非农经营的家庭在收入阶层的分布上较为均衡,而农村从事非农经营家庭的收入分布呈现明显的递增趋势,有38.6%的非农经营家庭都处于最高收入组。非农经营在很大程度上可以改善农村家庭的收入状况,提高他们所处的收入阶层。

5. 2012年,全国13.3%的就业人员选择自我雇佣,其中城镇就业人员有17.6%是自我雇佣,农村的比重为10.2%,城镇自我雇佣的比重高于农村。以上情况与国家统计局的数据基本一致。此外,自我雇佣者的性别比为2.00。10—19岁性别比越高的地区自我雇佣的动机越强,这主要是由于婚姻市场上男女性别比例的失衡会激励男性或者有男孩的家庭通过自我雇佣成为企业家积累更多的财富来增强在婚姻市场上的竞争力。

6. 自雇者的平均年龄高于受雇者,并且这一差异在女性中表现得更加明显。自雇者的平均受教育年限低于受雇者。自雇者主要集中于中等教育程度(初中和高中)。他们具备基础的文化知识,但却不一定有很好的教育背景。还值得注意的是,高等教育程度(大专及以上)的在业者中自雇者所占比重明显偏低,这与中国每年大量的大学毕业生选择进入国企事业单位而不愿意进入私有部门或自主创业的现状是一致的,并不利于中国经济的快速发展。

7. 随着年龄的增长,无论是受雇者还是自雇者,他们对自身健康程度的评价逐渐下降,但男性对自身的健康程度评价始终高于女性。在60岁之前,自雇者对自身的健康评价高于受雇者,但到了60岁之后,自雇者的健康评价却低于受雇者。

8. 全国自雇者的行业分布广泛而集中,大约一半的自雇者都从事批发和零售业。与受雇者相比,自雇者每月工作的天数更多,但每天的工作时间更加灵活。女性自雇者每天的工作时间显著高于男性自雇者。

9. 自雇者的生活满意程度和未来信心程度都高于受雇者。生活满意程度随年龄的增长呈现 U 型关系,而未来信心程度随年龄增长呈现倒 U 型关系,U 型的拐点出现在 20—29 岁或 30—39 岁。自雇者尽管对自己的生活并不非常满意,但对未来还是充满信心的,他们认为通过努力可以使生活变得更好,但进入老年后,他们对未来的信心程度显著下降,低于受雇者,这可能与自雇者普遍与缺乏社会保障和医疗保障有关。

参 考 文 献

Aghion, Philippe and Peter Howitt. 1997. *Endogenous Growth Theory*. Cambridge, MA: The MIT Press.

Banerjee, Abhijit V. and Andrew F. Newman. 1993. "Occupational Choice and the Process of Development." *Journal of Political Economy* 101(2): 274—298.

Beugelsdijk, Sjoerdand Niels Noorderhaven. 2004. "Entrepreneurial Attitude and Economic Growth: A Cross-Section of 54 Regions." *The Annals of Regional Science* 38(2):199—218.

Blanchflower, David G. and Andrew J. Oswald. 1998. "What Makes an Entrepreneur Evidence on Inheritance and Capital Constraints." *Journal of Labor Economics* 16(1): 26—60.

Djankov, Simeon, Yingyi Qian, Gérard Roland, and Ekaterina Zhuravskaya. 2006. "Who Are China's Entrepreneurs?" *American Economic Review* 96(2): 348—352.

Frye, Timothy and Ekaterina Zhuravskaya. 2000. "Rackets, Regulation and the Rule of Law." *Journal of Law, Economics, and Organization* 16(2): 478—502.

Glaeser, Edward L. 2007. "Entrepreneurship and the City." *NBER Working Paper No. 13551* (http://www.nber.org/papers/w13551).

Mohapatra, Sandeep, Scott Rozelle, and Rachel Goodhue. 2007. "The Rise of Self-Employment in Rural China: Development or Distress?" *World Development* 35(1): 163—181.

Oi, Jean C. 1999. *Rural China Takes Off: Institutional Foundations of Economic Reform.* Berkeley, CA: University of California Press.

Wei, Shangjin and Xiaobo Zhang. 2011. "Sex Ratios, Entrepreneurship, and Economic Growth in the People's Republic of China." *NBER Working Paper No. 16800* (http://www.nber.org/papers/w16800).

World Bank. 2004. *Doing Business in 2004: Understanding Regulation.* Washington, D. C., New York: World Bank, Oxford University Press.

Wu, Xiaogang and Yu Xie. 2003. "Does the Market Pay off? Earnings Returns to Education in Urban China." *American Sociological Review* 68(3): 425—442.

Yueh, Linda. 2009. "China's Entrepreneurs." *World Development* 37(4): 778—786.

Zhang, Jian, Linxiu Zhang, Scott Rozelle, and Steve Boucher. 2006. "Self-Employment with Chinese Characteristics: The Forgotten Engine of Rural China's

Growth." *Contemporary Economic Policy* 24(3): 446—458.

李宏彬、李杏、姚先国、张海峰、张俊森,2009,《企业家的创业与创新精神对中国经济增长的影响》,《经济研究》第10期。

国家统计局,2004,《中国统计年鉴2004》,北京:中国统计出版社。

国家统计局,2013,《中国统计年鉴2013》,北京:中国统计出版社。

国务院人口普查办公室、国家统计局人口和就业统计司,2012,《中国2010年人口普查资料》,北京:中国统计出版社。

黄志岭,2012,《城乡户籍自我雇佣差异及原因分析》,《世界经济文汇》第6期。

黄志岭,2013,《教育、自我雇佣收入及其城乡差异》,《农业经济问题》第6期。

刘云平、王翠娥,2013,《外来务工人员自我雇佣决定机制的性别差异》,《人口与经济》第4期。

宁光杰,2012,《自我雇佣还是成为工资获得者?——中国农村外出劳动力的就业选择和收入差异》,《管理世界》第7期。

吴彩容、吴声怡,2012,《欠发达地区农村劳动力自我雇佣行为影响因素分析——以福建沙县为例》,《技术经济》第1期。

张晓波、张春泥、谢宇,2013,"贫困与失业",《中国民生发展报告2013》第3章(谢宇、张晓波、李建新、于学军、任强著),北京:北京大学出版社。

文字编辑:李汪洋

校对:程思薇、张春泥

第6章 家庭医疗支出与负担

李建新[*] 夏翠翠[**] 于学军[***]

一、全国医疗卫生事业发展状况及问题

1. 医疗卫生事业发展基本状况

新中国成立以来,中国医疗卫生事业不断发展。新中国成立初期,国家不仅在城市探索建立医疗保障制度,更在广大的农村地区建立起了县、乡、村三级卫生网。基层卫生服务网、合作医疗制度和赤脚医生成为中国农村医疗事业的三大支柱,并被世界卫生组织赞誉为发展中国家普及初级卫生保健的典范。可以说,改革开放以前,中国卫生政策是以实现社会公平理念和价值为核心,并将卫生发展置于社会发展的优先地位。卫生服务虽然水平低,但覆盖率很广——1976年,中国农村合作医疗覆盖了90%以上的农村居民(林光汶等,2010)。伴随改革开放和社会经济的迅速发展,中国医疗卫生事业进入了新时期。从图6-1可以看到:首先,卫生总费用从1978年的110.2亿元增长到2012年的27,846.9亿元。人均卫生费用也从1978年的11.5元增长到2012年的2,056.6元(国家统计局,2013)。在扣除了通货膨胀因素后,卫生总费用及人

---

[*] 李建新:北京大学社会学系教授。
[**] 夏翠翠:北京大学社会学系博士研究生。
[***] 于学军:国家卫生和计划生育委员会办公厅主任。

均卫生费用仍然有较大幅度的增长;①其次,卫生总费用占GDP的比重从1978年的3.0%增长到2012年的5.4%。卫生总费用及其占GDP比重的增长反映了国家、社会和个人对医疗卫生事业和健康的重视,以及对医疗卫生的支付能力和费用负担水平的提高。此外,中国医疗卫生条件得到了极大的改善,医疗卫生机构的数量、每千人口卫生技术人员的数量、医疗卫生机构床位数也不断增长(国家统计局,2013)。

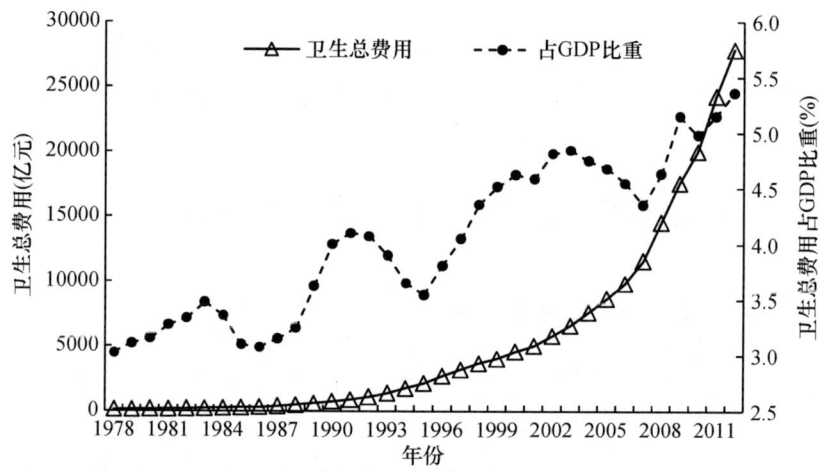

图6-1　1978—2012年中国卫生总费用及占GDP比重

2. 医疗卫生事业改革进程及问题

基于以往文献并结合改革开放以来各项医疗卫生发展指标的变化,中国改革开放以来的医疗卫生体制改革大体上经历了三个阶段。

1978年至1984年是医疗卫生体制改革的第一个阶段,为改革徘徊期。1978年三中全会以后,中国进入了改革开放的新时期,作为社会发展的重要一部分,医疗卫生事业也进入了一个改革发展的新阶段。虽然这段时期经济领域的率先改革逐步影响到了医疗卫生体系,但医疗卫生领域中的改革尚未有

---

① 对卫生总费用和人均卫生费用使用CPI(居民消费价格指数)进行调整。若1978年城乡居民购买一定的生活消费品和服务项目的价格为100元,则2012年购买相同的消费品和服务的价格为579.7元(国家统计局,2013)。同理,以1978年的价格水平为标准,则2012年的卫生总费用为4,803.7亿元(27,846.86/579.7),人均卫生费用为354.76元(2,056.6/579.7)。

较大的作为。从医疗卫生的相关数据可以看到(见图6-2),20世纪70年代末80年代初,随着医疗卫生总费用不断增加,政府医疗卫生支出的比重也在增加,由1978年的32.2%小幅增加到了1984年的37.0%;与此同时,个人医疗支出比重波动性增长,由1978年的20.4%增加到1982年的21.7%,又大幅增至1983年的31.5%。个人医疗卫生支出比重的增加某种程度上反映了家庭医疗负担的加重。不过,总体上讲,这一时期传统的医疗支出结构,即政府支出高于个人支出,并没有发生根本性的改变。

1985年至2002年是医疗卫生体制改革的第二阶段,为改革试水期,也是问题丛生期。1985年国务院批转了卫生部《关于卫生工作若干问题的报告》,由此开启了以市场化为导向的改革。该报告的核心是调动医院的积极性,解决"看病难、住院难、手术难"的三难问题,通过"放权让利",增加医疗机构的效率和活力。这一改革固然带来了医疗资源的增加、医院服务供给能力的增强以及服务效率的提高,但由于医疗机构过度商业化和市场化、医疗卫生资源集中于城市,扩大了医疗可及性的城乡差距,还产生了"供给者诱导需求"的问题,即医疗服务供给方为了自身利益,诱导病人消费超过自身需求的医疗服务,增加了看病者的医疗支出,"看病贵""看病难"等各种卫生问题出现,引发民众不满(李玲,2008;林光汶等,2010)。而在农村,20世纪80年代初期家庭联产承包责任制开始大规模推行。自1983年人民公社制度陆续解体,1985年实施了近20年的赤脚医生制度取消,广大农村合作医疗制度失去了其赖以生存的基础。1985年农村合作医疗从过去90%的覆盖率急速降至5%,导致了农村地区因病致贫、因病返贫的现象突出(林光汶等,2010)。为纠正医疗机构片面追求经济效益而忽视社会效益的问题,1997年政府出台了《中共中央、国务院关于卫生改革与发展的决定》,提出了卫生目标和指导思想,并启动了"医疗保障制度、医院管理制度、药品管理制度"三项联动改革。1998年国务院颁布了《关于建立城镇职工基本医疗保险制度的决定》,2002年卫生部等八部委出台了《关于城镇医疗卫生体制改革的指导意见》。虽然有不断出台的政府文件,但由于缺乏强有力的政策实施,政策效果并不明显。可以说这一阶段是中国医疗卫生事业发展的大滑坡时期,这一点可以从国家统计数据中得到证实。从图6-2可见,在这一阶段,虽然国家总体医疗卫生的投入随着经济发展不断增加，但政府支出占卫生总费用的比重迅速下降，该比重由1986年的38.7%下降到了2002年的历史最低点15.7%。相反，统计数据显示，中国个人医疗支出占卫生总费用的比重自改革开放以来一直在不断攀升，1985年达到26.4%。1988年更是出现了建国以来第一次个人支出比重（31.3%）超过政府支出比重（29.8%）的逆转，支出结构发生了根本性的改变。到2001年，个人医疗支出比重达到了历史最高点60.0%。医疗费用的"国降民升"充分反映出了这一时期中国医疗卫生问题的严重性。不仅过去的医疗卫生问题未能很好解决，反倒滋生出不少新问题，如看病贵、医患矛盾突出等。

第三个阶段为2003年至今的医改全面深化期。2003年的SARS可以说是中国医疗卫生体制改革的一个重要转折点。2003年SARS的大规模爆发及其处置不当充分暴露了中国医疗卫生过度市场化的弊端，由此引发了全社会关于卫生改革是市场主导还是政府主导的争论，并开始强化政府责任（林光汶等，2010；李玲等，2008）。正是在这一时期，中国农村合作医疗工作步入快速发展期，2006年卫生部等七部委局联合下发了《关于加快推进新型农村合作医疗试点工作的通知》，并提出了年度具体覆盖目标。2007年开始试行城镇居民基本医疗保险制度。至此，覆盖全民的医保体系基本成型。经过近三年的多部门、多机构的研究和设计，2009年出台了《中共中央国务院关于深化医药卫生体制改革的意见》，这是指导中国医疗卫生深化改革的纲领性文件。与以往医疗卫生改革不同，本次改革设计无论是在改革定位还是改革目标上都发生了重大变化。从医疗改革定位上看，这次纲领性文件明确了以人为本、以健康为中心、坚持卫生服务的公益性原则；坚持公平与效率统一、政府主导与市场机制相结合等基本原则。从2003年起，中国卫生总费用中政府支出比重开始逐渐上升并显现出加速提升的趋势。政府支出占卫生总费用的比重由2002年的最低点15.7%上升到2007年的22.3%，到2011年又跨上了一个台阶，达到了30.7%。与此同时，个人医疗支出的比重在不断下降。个人支出比重已经由2001年的最高点60.0%下降到了2006年的49.3%，2012年又进一步下降至34.4%。可以说，虽然2009年起新一轮医疗卫生体制深化改革恰逢金融危机全球蔓延，而且中国在医疗卫生公平方面的世界排名依然落后，但正如世界卫生组织的评估报告所述，中国医疗改革正朝着正确的方向前进（李玲、陈秋霖,2012)。

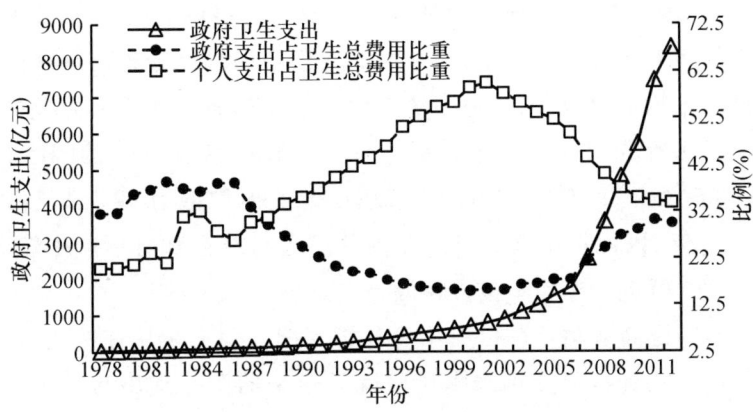

图 6-2　1978—2012 年中国政府卫生支出及比重

为深入了解中国目前医疗卫生改革的成效,家庭医疗支出和负担可能存在的差异与不平等状况,以及因"医"致贫等现象,本章基于中国家庭追踪调查(China Family Panel Studies,CFPS)2010 年和 2012 年数据,着重分析讨论以下问题:第一,当前各地区家庭医疗支出水平和医疗负担情况如何?不同经济发展水平地区之间、城乡之间是否存在家庭医疗支出差异?第二,微观的家庭特征与医疗支出和负担之间的关系,以及卫生资源在不同群体间分配的不平等程度如何?第三,家庭医疗负担是否会导致贫困?

二、医疗支出与负担

本节主要描述全国及各地区的家庭医疗支出与负担情况,并比较不同经济发展水平的省份、城乡之间的差异。我们使用家庭人均医疗支出和家庭医疗支出占消费支出的比重来反映家庭医疗支出和负担情况。家庭人均医疗支出是指受访家庭一年内直接支付的医疗支出数额,不包括已经报销或者预计报销的费用,反映的是人们在医疗和健康方面的消费水平和投入。家庭医疗支出占消费支出的比重是指医疗支出占家庭食品、衣着、家庭设备用品及服务、医疗保健、交通和通讯、娱乐教育文化服务、居住、其他消费性支出八大类支出总和的比重,而财产性支出、转移性支出、社会保障支出、购房与建房支出四类不包括在内,该比重表示的是家庭医疗负担情况,过高的医疗支出比重会影响到其他方面的支出,造成家庭的经济负担。需要说明的是,表6-1比较的是2010年与2012年的家庭人均医疗保健支出。尽管保健支出反映的是人们的健康投资,不构成医疗负担,但由于2010年CFPS数据中没有单独的医疗支出数据,仅有医疗保健支出数据,为了使两年数据具有可比性,我们合并了2012年的保健和医疗支出。2012年家庭保健支出均值为50元,仅占医疗保健支出的4.2%,因此将保健支出算在内并不会对结果和分析产生较大影响。除表6-1之外,所有指标均不包含保健支出。

此外,本节还将会讨论住院支出及负担情况。我们采用住院比例、住院费用、自付住院费用和自付比例来衡量住院所带来的医疗支出与负担。住院比例是指在调查当年内住院一次及以上的人口所占的比例。这一指标并非记录住院人次,而是反映在调查当年有多少人住过院。住院费用是指个人在过去一年的所有住院过程中花费的医药费、治疗费(包括手术费)、检查费等医疗开支,以及住宿费、请看护花费等费用。这一指标既包括个人直接支付,又包括已经报销或者预计报销的部分,反映了在住院期间消费的卫生资源总和。自付住院费用是指住院费用中由自家支付或者由亲戚朋友帮忙支付的部分。自付比例是指自付费用与住院费用之比。

1. 全国及各地区家庭医疗支出

表6-1描述了全国及5个独立抽样省份[①]2010年和2012年家庭人均医疗保健支出及其比重。2012年全国家庭人均医疗保健支出为1,187元,与2010年相比有所提高。由于家庭人均医疗保健支出的分布不均匀,有些家庭并无医疗保健支出,部分家庭在调查当年的支出较高,因此我们还统计了家庭人均医疗保健支出的分位数。从图6-3可见,2012年家庭人均医疗保健支出最低10%的家庭均无这一项开支,而支出最高10%的家庭则是全国平均水平的2—4倍,家庭人均医疗保健支出的中位数为333元。

---

① CFPS有6个独立抽样框,全国、辽宁、上海、河南、广东和甘肃。后5个省份的样本具有独立代表性,可以进行单独分析。

表 6-1 2010—2012 年全国及各地家庭人均医疗保健支出与比重

	家庭人均医疗保健支出（元）①			家庭医疗保健支出占消费支出比重（%）		
	2010	2012	2012/2010	2010	2012	2012/2010
全国	1,060	1,187	1.12	13.0	11.0	0.85
辽宁	1,307	1,280	0.98	11.8	10.4	0.88
上海	1,842	2,219	1.20	11.8	9.5	0.81
河南	911	1,054	1.16	14.4	12.4	0.86
广东	929	1,060	1.14	11.5	9.8	0.85
甘肃	855	1,084	1.27	15.2	12.3	0.81

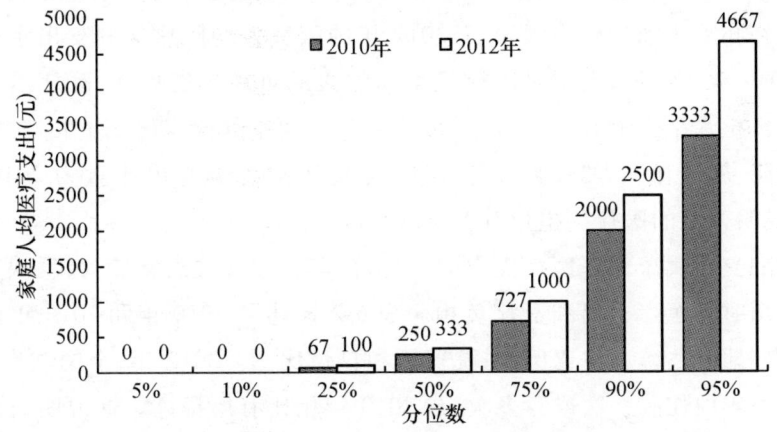

图 6-3 2010—2012 年全国家庭人均医疗保健支出分位数

家庭医疗支出占消费支出的比重反映了家庭医疗负担情况。2012 年家庭医疗保健支出比重为 11.0%，与 2010 年相比有所降低。据《国际统计年鉴 2013》中来自 OECD（经济合作与发展组织）的数据显示，11.0% 这个比例高于

---

① 在与 2010 年相比时，2012 年的医疗保健支出需要扣除通货膨胀因素。根据《中国统计年鉴 2013》，若 2010 年在全国及 5 个省份购买一定的医疗保健消费品和服务的价格均为 100 元，则 2012 年在全国及 5 个省份购买与 2010 年相同的医疗保健消费品和服务的价格分别为 104.6 元、104.2 元、100.5 元、103.1 元、106.2 元、111.1 元（国家统计局，2013）。以 2010 年的医疗保健消费品和服务的价格水平为标准，2012 年全国及 5 个省份的医疗保健支出水平分别为：1,134 元、1,228 元、2,208 元、1,023 元、998 元、976 元。

世界主要发达国家的医疗保健支出比重(国家统计局,2013)。① 这说明目前我国家庭的医疗负担相对较重,医疗支出比重偏高。

分地区来看,2012年上海的家庭人均医疗保健支出最高,平均值为2,219元,比全国平均水平高1倍,这与上海的经济发展水平较高,人们的医疗服务消费能力较强,医疗服务的价格较高,以及上海的人口年龄结构有关。上海和广东的医疗保健支出比重较小,分别为9.5%和9.8%,河南和甘肃两省的医疗负担最重,医疗保健支出比重分别为12.4%和12.3%。在经济较为发达的地区,人均医疗支出的绝对值较大,而医疗支出比重较小。

分年份来看,2010年与2012年相比,2012年家庭人均医疗保健支出有所提高。在扣除了通货膨胀因素后,2012年的家庭人均医疗保健支出水平仍然高于2010年。可见,人们对医疗卫生和健康的重视程度提高,医疗消费能力和费用负担水平也上升了。但是,2012年家庭医疗保健支出比重相对2010年有所下降,就全国平均水平而言,2012年的医疗保健支出比重为2010年的85%,说明人们的医疗负担相对有所减轻。

住院支出属于家庭医疗支出的一部分,其支出额度通常较大,反映了人们遭遇大病时的医疗支出和医疗负担。表6-2描述了2010年和2012年两年的全国及各地区住院人口比例、住院费用和自付比例。2012年,全国共有9.0%的人在一年内住院一次或者多次,与2010年相比有所提高。这说明:首先,人们的健康意识提高了,"有病及时医治"的观念深入人心;其次,随着人们收入水平不断提高、医疗保障制度逐渐完善,医疗服务利用率提高;第三,这也可能是人口老龄化的结果,需要看病的人在增多(罗楚亮,2008;易红梅等,2013)。从住院费用来看,2012年全国平均水平为9,092元,其中由个人直接支付的比重为67.1%。也就是说,平均每位住院者自付的住院费用为6,096元左右,这一数额相当于2012年全国家庭人均纯收入的50%左右。② 大额度的自付住院费用很可能会造成家庭经济的窘困。

---

① 数值来自《国际统计年鉴2013》"居民收支和贫困"10-6居民消费支出构成。该组数据显示,2010年加拿大、美国、法国、德国、英国等国家的家庭医疗保健支出占消费支出的比重分别为4.81%、20.56%、3.83%、5.14%、1.57%。然而,这一数据的统计口径与本章存在差异,虽然无直接可比性,但可以作为参考。

② 全国家庭人均纯收入为13,033元(谢宇等,2013)。

分地区来看,2012 年甘肃的住院比例最高,为 10.6%;其次是上海,有 9.8% 的人住过院;广东的住院比例最低,仅有 6.5% 的人住过院。甘肃是经济不发达省份,人们的健康状况相对较差,①可能因此出现了住院比重较高的情况;而上海的经济发展水平较高,人们的健康意识和医疗费用支付能力较高,加之人口老龄化比较严重,所以也呈现出较高的住院比重。从住院费用来看,上海和广东最高,分别为 18,251 元和 13,222 元,其中上海的住院费用是全国平均水平的 2 倍;甘肃的住院费用为 7,475 元,在五省中最低。从住院自付比例上看,上海的自付比例最低,为 56.3%;而甘肃的自付比例最高,为 70.2%。除此之外,上海、广东、辽宁的自付比例均低于全国平均水平,而甘肃高于全国平均水平。

分年份来看,2012 年全国的住院比例提高,比 2010 年增加了 15%;住院费用较之 2010 年增长了 6%;然而,住院费用的自付比例降低,是 2010 年的 93%。两个年份的变化情况表明:一是人们的住院比例提高;二是随着医疗保险制度的完善,人们自付比例逐渐下降,住院负担减轻。

表 6-2　2010—2012 年全国及各地住院比例、费用及自付比例②

	住院比例(%)			住院费用(元)			自付比例(%)		
	2010	2012	2012/2010	2010	2012	2012/2010	2010	2012	2012/2010
全国	7.8	9.0	1.15	8,594	9,092	1.06	71.8	67.1	0.93
辽宁	7.5	8.9	1.19	9,790	8,843	0.90	60.2	60.9	1.01
上海	7.6	9.8	1.29	14,395	18,251	1.27	64.3	56.3	0.88
河南	8.9	9.4	1.05	5,287	9,164	1.73	76.1	66.4	0.87
广东	5.9	6.5	1.10	11,026	13,222	1.20	62.5	62.8	1.00
甘肃	9.1	10.6	1.17	6,813	7,475	1.10	72.8	70.2	0.96

---

① 2012 年 CFPS 数据中甘肃自评为"不健康"的比重为 23%,在 5 个独立抽样省份中最高,在全国省份中排第二位(李建新等,2013)。
② 相比 2010 年,2012 年的住院费用需要扣除通货膨胀因素。根据《中国统计年鉴 2013》,若 2010 年在全国及 5 个省份购买一定的医疗保健消费品和服务的价格均为 100 元,则 2012 年在全国及五个省份购买与 2010 年相同的医疗保健消费品和服务的价格分别为 104.6 元、104.2 元、100.5 元、103.1 元、106.2 元、111.1 元。以 2010 年的医疗保健消费品和服务的价格水平为标准,2012 年全国及五省份的住院费用水平分别为:8,690 元、8,486 元、18,168 元、8,892 元、12,450 元、6,729 元。

2. 家庭医疗支出的地区差异

经济发展水平与家庭人均医疗支出有密切的关系。有研究认为某一国家或者区域的经济发展水平与医疗占GDP的比重呈正向相关关系,越发达的地区医疗卫生经济越发达;收入每增长10%,医疗消费增长16%(Fogel,2009)。在表6-1中,我们发现上海的家庭人均医疗支出特别高,是全国平均水平的2倍,而经济发展较为落后的甘肃则低于全国平均水平。下面,我们将使用CFPS 2012进一步分析各个省份的家庭人均医疗支出与经济发展水平的关系。经济发展水平以2011年各省的人均GDP为衡量标准,并对其取自然对数。图6-4和图6-5中的散点均表示各个省份的实际观测值,其中对辽宁、上海、河南、广东和甘肃5个独立抽样省份的散点加黑表示;实线是对观测值的线性拟合。

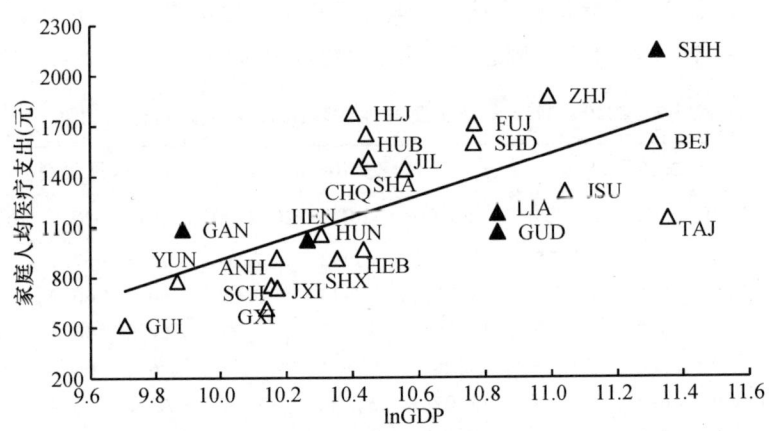

图6-4　2012年各省份的家庭人均医疗支出
注:各省拼音缩写参见附录A4-1。下同。

图6-4显示,人均GDP越高的省份,家庭人均医疗支出越高,二者总体上呈现了正向相关关系。图6-5说明,人均GDP越高的省份,家庭医疗支出比重越低,二者呈负向相关关系。上述结果表明,在经济越发达的省份,人们的医疗消费绝对量在增加,能够接受到更好的医疗服务,但医疗支付相对量(即医疗负担)并没有增加。这也印证了以往的研究结论,即居民医疗支出的不公平

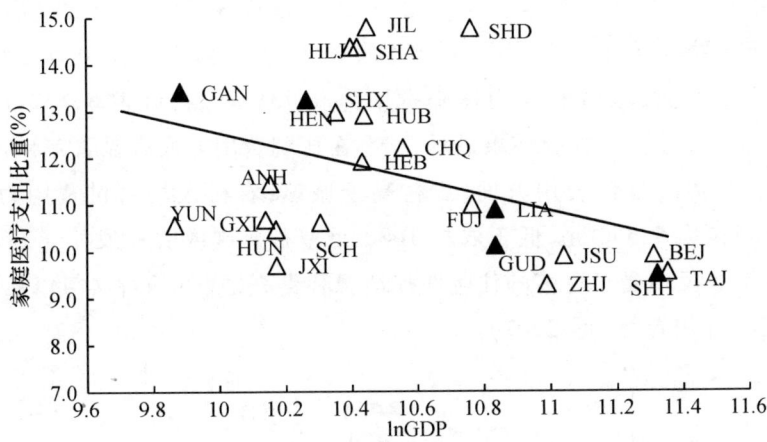

图6-5 2012年各省份的家庭医疗支出比重

性很大程度上源于地区差异(魏众、B.古斯塔夫森,2005)。

3. 城乡医疗支出差异

我国城乡家庭的医疗支出差异较大。长期以来,城乡拥有不同的医疗保险体制和卫生服务体系。在20世纪70年代末到90年代初的医疗卫生市场化改革中,医疗资源向大城市倾斜,城乡差异突出(李玲等,2008)。城镇拥有更好的医疗服务资源、更好的医疗可及性和更高的医疗服务利用率。同时,城乡间的医疗保障也存在较大差异(解垩,2009)。下面,我们将使用2012年CFPS数据分析城乡在家庭人均医疗支出、家庭医疗支出比重、灾难性医疗支出发生率[①]以及住院费用、住院负担上的差异。

图6-6比较了城乡家庭人均医疗支出、住院费用及住院自付费用方面的差异。城镇家庭人均医疗支出为1,185元,农村为1,095元,相差100元左右。

---

① 灾难性医疗支出是指在一定时期内,当一个家庭需要缩减其他方面的支出以支付医疗费用的时候,就称这个家庭发生了灾难性医疗支出。灾难性医疗支出的标准不一,本章采用世界卫生组织的界定(WHO,2005),即医疗支出占家庭消费支出的比重超过40%。相应地,灾难性医疗支出的发生率是指发生灾难性医疗支出的家庭占被调查家庭总体的比重。灾难性医疗支出是判断某一家庭是否需要医疗救济的一个标准。在2012年国家发改委等六部委共同发布的《关于开展城乡居民大病保险工作的指导意见》中提出"大病保险在于减轻人民群众大病医疗费用负担,解决因病致贫",以避免发生家庭灾难性医疗支出为目标。

然而，t 检验显示二者的差异并不显著，也就是说在家庭人均医疗支出方面城乡基本无差异。这与以往的研究结果（魏众、B. 古斯塔夫森，2005）恰好相反。在住院费用方面，城镇的人均住院费用为 9,731 元，农村为 8,532 元，相差 1200 元左右。并且，t 检验结果显示，城乡在住院费用方面有显著差异，城镇高于农村。在住院自付费用方面，农村高于城镇，农村人均自付费用为 6,536 元，而城镇仅为 5,552 元，低于农村 1000 元左右。这说明在发生了住院的情况下，城镇居民享受了更多的住院医疗消费和更高医疗补贴，这与以往研究结果相一致（林相森、舒元，2007）。

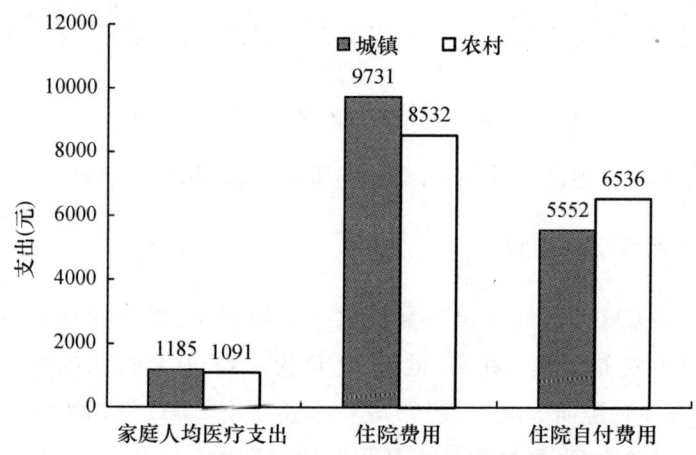

图 6-6　2012 年城乡家庭人均医疗支出、住院费用及自付费用①

图 6-7 比较了城乡在家庭医疗支出比重、灾难性医疗支出发生率及住院费用自付比重方面的差异。城镇家庭医疗支出占消费支出的比重为 9.4%，而农村的比重为 11.9%，显著高于城镇。从灾难性医疗支出的发生率来看，城镇的灾难性医疗支出发生率（5.1%）显著低于农村（7.5%）。城镇住院费用的自付比例为 61.6%，农村的这一比例为 71.9%，二者差异显著。以上结果表明，农村家庭医疗负担高于城镇。

---

① 城乡间的家庭人均医疗支出、住院费用、住院自付费用均值上无差异的 t 检验结果依次为：$t = -1.191$ ($df = 8,375$, $p = 0.234$)，$t = -3.311$ ($df = 2,901$, $p = 0.001$)，$t = 1.250$ ($df = 2,826$, $p = 0.212$)。

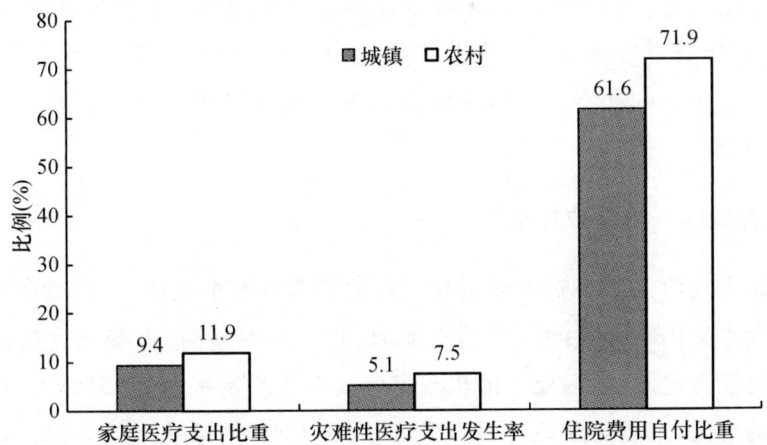

图 6-7　2012 年城乡家庭医疗支出比重、灾难性医疗支出发生率与住院费用自付比重①

三、家庭社会经济特征与医疗支出

本节主要讨论具有不同社会经济特征的家庭在医疗支出和医疗负担方面的差异。医疗支出与医疗负担指标已在第二部分详细描述。家庭社会经济特征指标包括家庭人均纯收入、家庭结构类型和家庭的社会交往情况。在本节中,我们将家庭人均纯收入按照四分位数将其划分为低收入家庭(0%—25%)、中低收入家庭(25%—50%)、中高收入家庭(50%—75%)和高收入家庭(75%—100%)。家庭结构类型分为纯老年人家庭、有老年人家庭和无老年人家庭。考虑到老年人的健康水平相对较差,对医疗服务的需求度较高,可能对家庭人均医疗支出等产生显著的影响,因此我们以家中有无老年人为标准,实际上考察的是家庭的年龄结构类型。具体来说,纯老年人家庭是指家庭中所有成员均为 60 岁及以上老年人,包括仅有老年人夫妇的空巢家庭和其他成员全是老年人的家庭;有老年人家庭是指家中至少有一位老年人的家庭;无老年人家庭是指家中无 60 岁及以上老年人的家庭。对于家庭的社会交往情况,

---

① 城乡家庭在家庭医疗支出比重、住院费用自付比重的均值上无差异的 t 检验结果分别为: $t=6.955(df=7,505,p=0.000)$, $t=9.627(df=2,795,p=0.000)$;城乡在是否发生灾难性医疗支出上无差异的卡方检验结果为: Pearson $\chi^2=17.908(df=7,507,p=0.000)$。

我们主要用家庭在调查年份有无接受过来自亲戚、朋友、邻居等的经济资助来测量，如有接受过经济资助，则视为"有社会支持"，反之则为"无社会支持"。以上三个关于家庭社会经济特征的指标分别反映了家庭的经济能力、年龄结构和社会交往。

1. 家庭收入与医疗支出

家庭人均收入水平对家庭医疗支出的影响有两个效应：一是财富效应，即家庭收入水平影响家庭的医疗消费能力，收入水平越高，消费能力越强，医疗费用支付能力也越强，因此可能出现家庭人均收入水平越高，家庭人均医疗支出越高的情况；二是健康效应，即收入较低的人群，健康状况较差，更容易受到疾病的困扰，往往需要更多的医疗服务和医疗开支，从而表现出家庭人均收入水平越低，家庭医疗支出较高的情况。已有研究证明两种效应均具有一定的解释力，然而财富效应的解释力更强（徐伟、陈慧美，2013）。

图 6-8 比较了 2012 年不同收入水平的家庭在家庭人均医疗支出、家庭医疗支出占消费支出的比重、灾难性医疗支出发生率上的差异。结果显示，家庭人均医疗支出在不同收入水平的家庭间呈现出 U 型趋势，低收入家庭的人均医疗支出为 1,161 元，高于中低收入家庭（1,061 元）和中高收入家庭（1,144 元），高收入家庭的人均医疗支出最高，为 1,443 元。从家庭医疗支出占消费支出的比重来看，高收入家庭的医疗支出比重最小，为 9.0%，比低收入家庭（14.5%）低了约 6 个百分点。同时，高收入家庭陷入灾难性医疗支出的发生率也最低，仅为 4.7%，而低收入家庭则高达 11.2%。可见，财富效应和健康效应并存，低收入家庭和高收入家庭的人均医疗支出均较高，但财富效应更明显一些。同时，低收入家庭有更高的家庭医疗支出比重和灾难性医疗支出发生率，即更重的医疗负担。

图 6-9 描述了 2012 年来自不同收入水平家庭的个人在住院费用、住院自付费用和自付比例方面的差异。在住院费用方面，高收入群体的住院费用最高，达到 11,990 元；收入水平越高，住院费用越多。然而，在自付的住院费用方面，不同收入群体间却无显著差异，均维持在 6,000 元左右。同时，住院费用的自付比例呈现出收入水平越高、自付比例越低的特征，其中高收入群体的自付比例最低，为 59.4%，低收入群体自付比例最高，是 71.3%。这一结果表

明,较高收入群体在住院时享受了更好的住院治疗和医疗服务,住院费用较高,同时自付费用与其他群体持平。这一结果也印证了以往研究的结论"医疗补贴不成比例地补贴给了富裕人群而不是穷人"(魏众、B.古斯塔夫森,2005)。

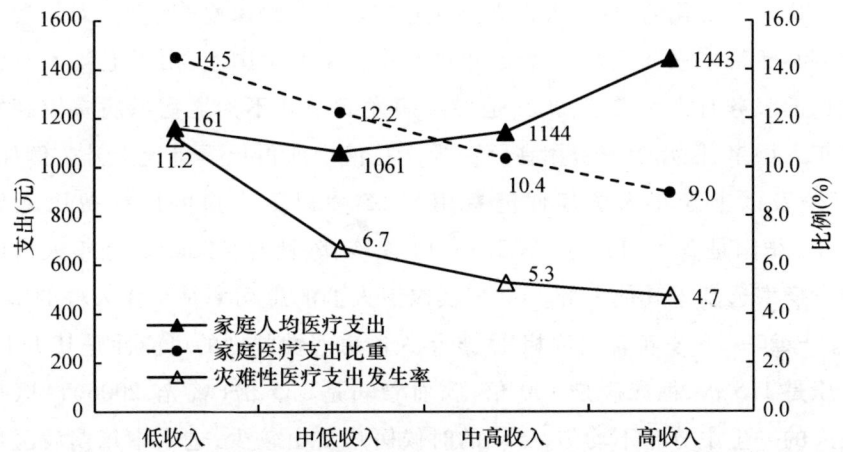

图 6-8　2012 年不同收入水平家庭的人均医疗支出和比重、灾难性医疗支出发生率①

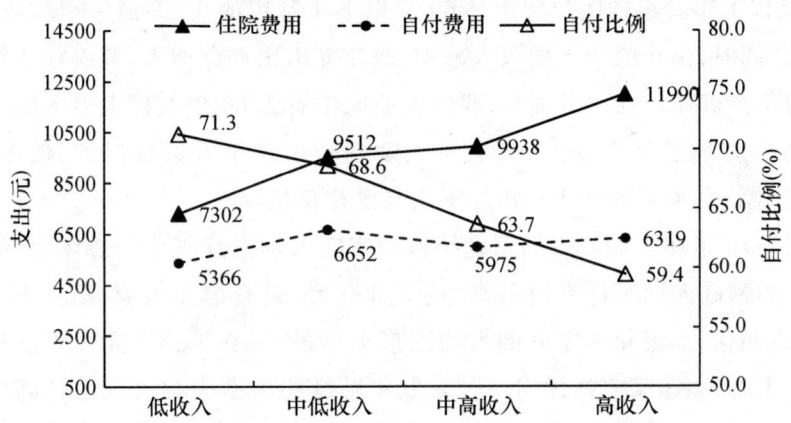

图 6-9　2012 年不同收入水平家庭的住院费用、自付费用及自付比重②

---

① 不同收入水平家庭在家庭人均医疗支出、家庭医疗支出比重的均值上无差异的方差分析结果依次为:$F = 3.51, p = 0.015 ; F = 32.51, p = 0.000$;不同收入水平家庭在灾难性医疗支出发生率上无差异的卡方检验结果为 Pearson $\chi^2 = 56.08 \ (df = 6,925, \ p = 0.000)$。

② 不同收入水平家庭在住院费用、自付费用和自付比例的均值上无差异的方差分析结果依次为:$F = 7.03, p = 0.000 ; F = 1.36, p = 0.245 ; F = 18.11, p = 0.000$。

2. 家庭结构与医疗支出

不同年龄结构的家庭,其医疗支出和医疗负担也不同。当前,我国已进入了人口快速老龄化的阶段,人口老龄化意味着老年型家庭[①]增多。老年型家庭的增多必然带来家庭人均医疗支出的上升。在发达国家,由于老年人对医疗卫生保健服务有很大需求,尤其是慢性病发病率和不治之症患病率较高的高龄老年人增多,医疗保健费用在国民生产总值中所占比重迅速上升。例如,美国65岁及以上老年人医疗保健费用与65岁以下人口的医疗费用之比是3.9∶1;德国是2.7∶1;芬兰是3.8∶1(李玲、陈秋霖,2006)。老年人口的慢性病发病率远高于其他人群。60岁及以上人群的患病率是全体人群的2.5—3倍。与20—29岁年轻人群相比,老年人群患恶性肿瘤的可能性是其131倍,高血压是115倍,糖尿病是100倍,脑血管病是135倍(曾光,2006)。医疗支出在人的一生中分布不均匀,年轻的时候医疗支出较少,进入中年期后医疗支出逐步增多,年老的时候医疗支出最大(牟俊霖、许素友,2009)。一般情况下,60岁及以上年龄组的医疗费用是60岁以下年龄组的3—5倍(李玲、陈秋霖,2006)。同时,由于老年人的收入减少,医疗支出比重会增大,其医疗负担将大于其他年龄群体。在这一部分,我们按照家中有无60岁及以上老人的标准将家庭划分为纯老年人家庭、有老年人家庭和无老年人家庭三类,使用CFPS 2012比较这三类家庭的人均医疗支出与医疗负担。

图6-10描述了城乡不同家庭结构的家庭人均医疗支出。总体上,纯老年人家庭的家庭人均医疗支出最高,约2,000元,是有老年人家庭(1,100元左右)的近两倍;无老年人家庭的人均医疗支出最低,在1,000元以下。从城乡的对比来看,城镇家庭在任何一种家庭年龄结构类型中都表现出较高的家庭人均医疗支出水平,说明他们享受的医疗服务更多。

图6-11比较了城乡不同年龄结构的家庭医疗支出占消费支出的比重。纯老年人家庭的医疗支出比重显著高于其他两类家庭。其中,农村纯老年人家庭的医疗支出比重最高,达到20.6%。同时,城镇家庭在任何一种家庭年龄结

---

① 老年型家庭是指家庭中有60岁及以上老年人的家庭。

构类型中都表现出了较低的医疗支出比重。这一结果表明,老年人家庭面临的医疗负担更重,农村老年人家庭面临着更大的医疗负担。

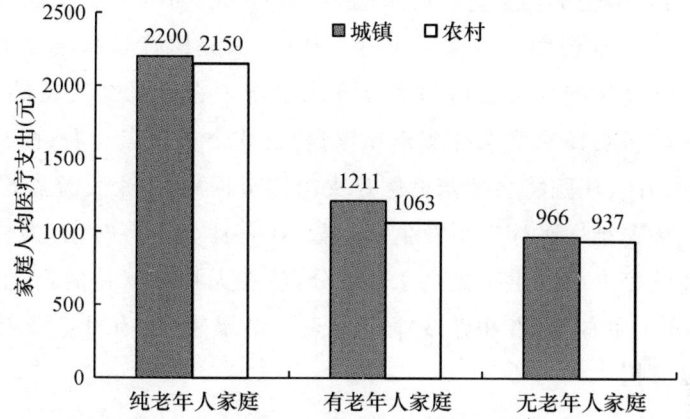

图 6-10　2012 年城乡不同类型家庭的家庭人均医疗支出①

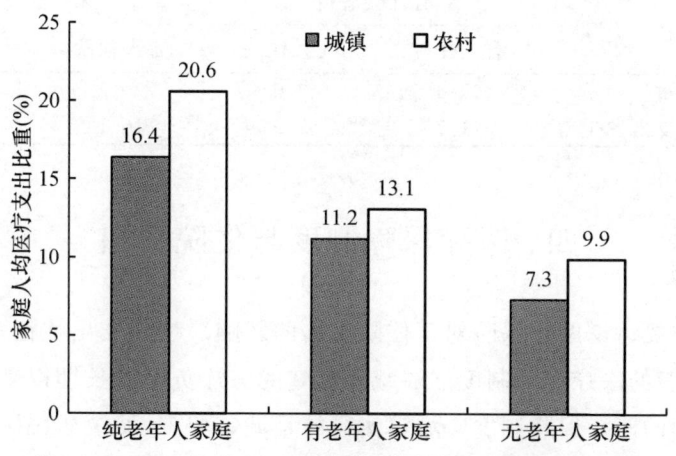

图 6-11　2012 年城乡不同类型家庭的家庭医疗支出比重②

3. 社会支持与医疗支出

人们在面临大病、婚礼、丧葬等大额开支时,往往会获得来自亲戚、朋友和

---

① 不同年龄结构的家庭人均医疗支出均值的方差分析结果为:$F=45.07, Pr=0.000$。
② 不同年龄结构的家庭医疗支出比重均值的方差分析结果为:$F=164.93, p=0.000$。

邻里的经济资助。这一部分我们讨论在家庭中有人住院的情况下，社会支持对于住院负担是否有减缓作用，以及这种非制度性的社会支持在城乡有无差异。上文提到，全国平均自付住院费用为6,096元，占当年全国家庭人均纯收入的50%左右。这说明一旦家庭中有人住院，家庭医疗负担会迅速加重。表6-3反映了2012年的社会支持与医疗支出情况。在有社会支持的情况下，家庭中有人住院将会使家庭医疗支出比重提高10个百分点左右；而在无社会支持的情况下，有人住院将会使家庭医疗支出比重提高11个百分点，二者相差1个百分点。从灾难性医疗支出发生率上看，在有社会支持时，有人住院将会使家庭灾难性医疗支出发生率提高9个百分点；在无社会支持的情况下，将会提高12个百分点左右，二者相差3个百分点。结果表明，有社会支持将部分减轻住院支出负担。

表6-3 社会支持与医疗支出比重、灾难性医疗支出发生率① (单位:%)

	有社会支持		无社会支持	
	有人住院	无人住院	有人住院	无人住院
医疗支出比重	17.4	7.0	20.2	8.9
灾难性医疗支出发生率	11.7	2.5	16.1	4.7

四、医疗保障制度与住院支出

本节主要讨论医疗保险对于住院支出的影响。住院支出往往是家庭的大笔开销，完善的医疗保障制度能够减轻家庭的医疗负担。长期以来，我国在城乡实行不同的医疗保险制度。城镇实行的是城镇职工、城镇居民医疗保险；在农村，自2003年开始试行新农村合作医疗保险（以下简称"新农合"），而在此之前，农村基本处于无医疗保障的状态。不同的医疗保险对应着不同的社会群体，具有不同的保障力度。在本节中，我们将比较无医疗保险、有公费医疗、城镇职工医疗保险、城镇居民医疗保险和新农合对住院支出的影响。其中，公

---

① 在有人住院的情况下，有无社会支持的家庭在医疗支出比重、灾难性医疗支出发生率上的t检验和卡方检验结果分别为：$t = 2.392 (df = 1,568, p = 0.017)$；Pearson $\chi^2 = 4.636 (df = 1,569, p = 0.031)$。

费医疗是指对各级国家机关、党群组织、人民团体以及科教文卫等事业单位工作人员、革命残废军人、高等院校在校学生等实施的医疗保险,其经费来源于国家及各级政府的财政预算拨款;城镇职工医疗保险的覆盖范围为城镇所有用人单位的职工,由用人单位和个人共同缴纳;城镇居民医疗保险是对城镇非职工居民提供的医疗保障,覆盖对象包括无其他医疗保障的各类城镇居民,其经费来源于个人和财政补助;新农合是2003年以后开始试行,以大病统筹为主的农民医疗互助制度,采取个人缴费、集体和政府资助的方式筹集资金。接下来我们将具体分析不同医疗保险对住院支出与负担的影响。

1. 基本医疗保险与住院支出

图6-12反映了2012年拥有不同医疗保险的人在住院费用、自付费用及自付比例上的差异。在2012年CFPS数据中,无医疗保险的群体占13.2%,公费医疗的比例为2.8%,城镇职工医疗保险为6.1%,城镇居民医疗保险为22.5%,新农合为66.6%,补充医疗保险的比例为0.4%,此外有1.6%的人拥有两项及以上的医疗保险。补充医疗保险是指超过基本医疗保险范围的医疗需求可用其他形式的医疗保险予以补充。在这一部分,我们仅讨论基本医疗保险对住院支出与负担的影响。①

从住院费用上来看,享有公费医疗、城镇职工医疗保险、城镇居民医疗保险的群体较高,均为12,000元左右,高于全国平均水平(9,092元);无保险群体和有新农合的人较低,其中新农合群体仅为7,896元。从自付费用上来看,公费医疗的住院自付费用最低,仅为3,913元;无保险群体和新农合的住院自付费用较高,均为6,000元左右;城镇居民医疗保险群体住院费用较大,自付费用最高,为7,767元。从住院支出的自付比例上看,公费医疗最低,仅为26.9%;其次是城镇职工医疗保险(35.0%);城镇居民医疗保险和新农合最高,分别为41.7%和50.6%。以上结果表明,不同基本医疗保险的保障力度不同,公费医疗最高,在出现住院的情况下,住院负担更轻;其次是城镇职工医疗保险;而拥有城镇居民医疗保险、新农合以及无保险的群体住院负担较重。因

---

① 由于拥有两项及以上医疗保险且其中一项为基本医疗保险的群体非常少,仅为1.6%;且无法区分某一项基本医疗保险与其他医疗保险的作用,因此未纳入到分析中。

此,进一步统筹城乡居民不同类型医疗保险的保障水平是十分必要的。

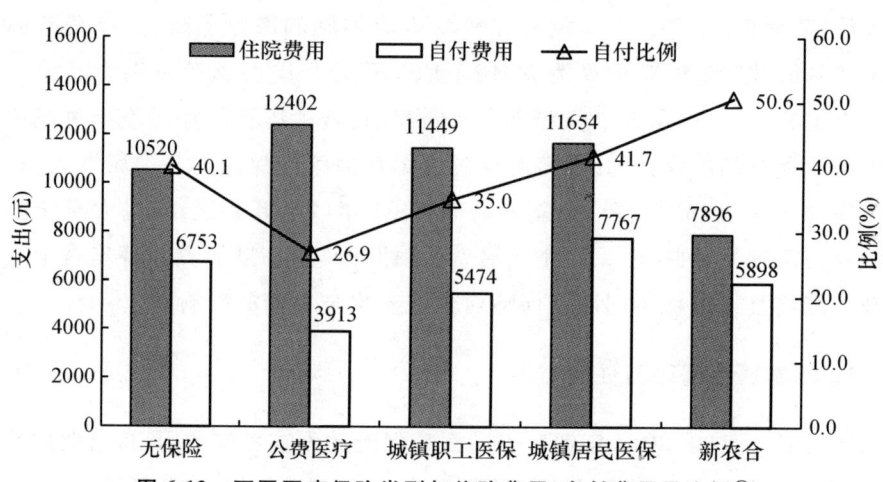

图6-12 不同医疗保险类型与住院费用、自付费用及比例①

2. 新农合与农村人口医疗支出

自2003年开始,国家在农村试行新农村合作医疗保险制度,特别是2006年卫生部等七部委局下发了《关于加快推进新型农村合作医疗试点工作的通知》,改变了农村长期以来医疗保险缺位的状态。截至2008年,全国新型农村合作医疗制度已基本覆盖了所有的农业县,农民参合率达到90%以上。有研究指出,新农合提高了农村医疗服务利用率,增加了参合农民患病就诊的可能性,改变了农民"有病不医"的状况(程令国、张晔,2012;封进、刘芳,2012)。然而,新农合没有降低农村家庭的医疗支出,反而提高了非住院医疗服务的支出(Wagstaff et al. ,2009)。新农合对大病保障的作用有限,在实现"广覆盖"的目标后,有待于进一步实现"深度保障"的目标(易红梅等,2013;Lei & Lin,2009)。下面,我们使用CFPS 2012来分析新农合医疗保险对农民医疗支出与负担的影响。

图6-13描述了2012年农村样本中新农合参合群体和不参合群体在住院

---

① 不同医疗保险类型人群在住院费用、自付费用和自付比例的方差分析结果分别为:$F = 4.06, p = 0.000$; $F = 1.67, p = 0.124$; $F = 18.00, p = 0.000$。

支出与负担上的差异。① 有新农合是指农村样本中仅有新农合保险,并无其他医疗保险的群体;无新农合是指农村样本中不参合,也没有其他医疗保险的群体。从住院费用上来看,有新农合保险的人住院费用(8,146元)高于无新农合者(6,558元)。从自付费用上来看,有新农合的人自付的住院支出更高,为6,241元,高于不参合人员的5,386元。从自付比例上看,参合人员的住院自付比例显著低于不参合者,前者住院支出中有71.2%由自己支付,而后者的住院支出有81.5%由自己支付。结果表明,新农合并没有降低参合者的住院自付费用,农村人口的住院自付费用仍在6,000元左右,相当于农村家庭人均年纯收入②的60%左右。此外,新农合显著降低了参合者的住院支出自付比例,参合者的自付比例比未参合者降低了10%左右。

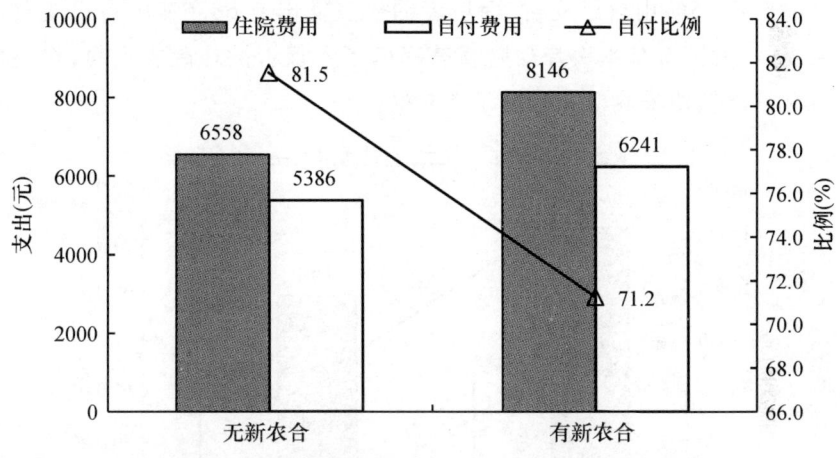

图 6-13 新农合与住院费用、自付费用及自付比例③

3. 城镇基本医疗保险与居民医疗支出

自农村实行新农村合作医疗制度以来,农村居民医疗保险覆盖率高于城镇,当前无医疗保险的群体主要集中于城镇地区。在 CFPS 2012 中,农村无医

---

① 2012 年 CFPS 样本中,住过院的新农合参合者共 845 人,住过院的未参合者有 56 人。
② 2012 年农村家庭人均纯收入为 10,050 元(谢宇等,2013)。
③ 有无新农合的农村人在住院费用、自付费用和自付比例的 t 检验分别为:$t = -0.768$ ($df = 896$, $p = 0.443$),$t = -0.485$ ($df = 865$, $p = 0.628$),$t = 2.396$ ($df = 853$, $p = 0.017$)。

疗保险的群体仅占9.5%,而在城镇,无医疗保险的群体占17.8%。在这一小节中,我们将讨论城镇居民有无基本医疗保险对住院支出的影响。图6-14描述了在城镇有无基本医疗保险的群体在住院费用及自付比例上的差异。①

有基本医疗保险是指城镇受访者中有公费医疗、城镇职工医疗保险、城镇居民医疗保险及新农合的群体;无基本医疗保险是指城镇受访者中没有基本医疗保险,也没有其他形式的补充医疗保险的群体。从住院费用上来看,有基本医疗保险的人总费用为9,781元,无医疗保险者为12,439元。从自付费用上来看,有医保的人自付的住院支出为5,741元,低于无医保人员的7,279元。从自付比例上看,有医保人员的住院自付比例显著低于无医保者,前者住院支出中有61.5%由自己支付,而后者的住院支出有68.6%由自己支付。这一结果表明,城镇有基本医疗保险显著降低了参保者的住院支出自付比例,参保者的自付比例比未参保者降低了7%左右。

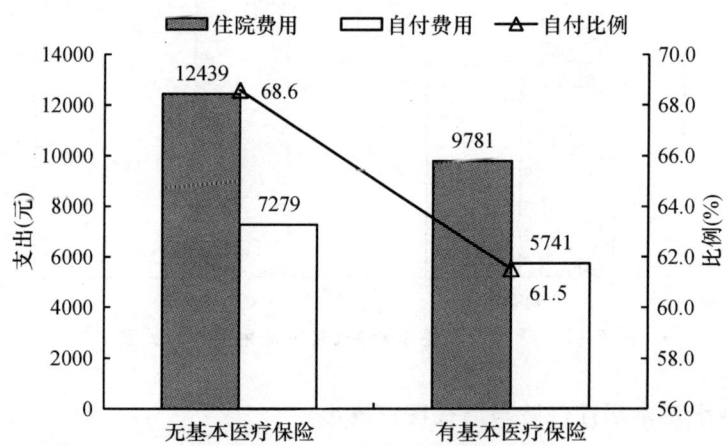

图6-14 城镇基本医疗保险与住院费用、自付费用及自付比例②

---

① 2012年CFPS样本中,住过院的城镇有基本医疗保险者共851人,住过院的无基本医疗保险者有112人。

② 有无基本医疗保险的城镇人在住院费用、自付费用和自付比例的t检验分别为:$t=1.448$($df=961, p=0.148$),$t=1.262$($df=937, p=0.207$),$t=2.056$($df=931, p=0.040$)。

五、医疗负担与贫困

医疗负担是导致贫困和生活水平下降的重要原因之一。以往研究发现，23%的农村家庭因为医疗支出过高而负债（Liu et al.，2003）。在本节中我们将讨论医疗负担对于贫困以及家庭其他消费的影响。在此，我们依然用家庭医疗支出占消费性支出的比重来衡量医疗负担。对于贫困的测量，农村以2,300元为基准，城镇以最低生活保障标准为基准（张晓波等，2013）。通过讨论医疗负担对于家庭其他消费性支出的影响，我们试图回答过高的医疗负担是否会影响到家庭的生活水平这一问题。

1. 医疗负担与贫困

图6-15描述了2010年的贫困家庭和非贫困家庭在2012年的医疗支出负担和家庭陷入贫困的概率之间的关系。[①] 从图6-15中可见，随着家庭医疗支出比重的提高，2010年的贫困家庭和非贫困家庭在2012年陷入贫困的概率均呈现上升趋势。也就是说，对于这两类家庭而言，医疗负担的加重，都会提高家庭陷入贫困的概率。整体上，2010年贫困家庭比非贫困家庭有更高的概率在2012年陷入贫困。然而，对于2010年的非贫困家庭来说，随着医疗支出占消费性支出比重的提高，其陷入贫困的概率增长速度更快。医疗支出占家庭消费性支出的比重每提高10个百分点，家庭陷入贫困的发生比提高6.8%。[②]

我们进一步考察住院对家庭医疗负担以及进而可能导致家庭陷入贫困的作用。在此，我们使用2012年数据来看住院与否与医疗支出对不同收入水平家庭的影响。图6-16显示，在家中有人住院的情况下，低收入家庭的医疗支出比重最高，达到25.2%；其次是中低收入和中高收入家庭；即使是高收入家庭，家中有人住院时医疗支出比重也达到17.4%。住院将会使得低收入家庭和中低收入家庭的医疗支出比重提高13个百分点，使得中高收入和高收入家

[①] 图6-15是根据logit回归估计所做的预测。logit模型的因变量为2012年家庭是否贫困（贫困=1；非贫困=0），自变量为家庭医疗支出占家庭消费支出的比重，控制变量为城乡和家庭纯收入。图6-15对所有控制变量限定在均值上，看家庭医疗支出比重与贫困的关系。

[②] logit模型的估计系数为0.684(S.E. = 0.017, $p = 0.000$)。

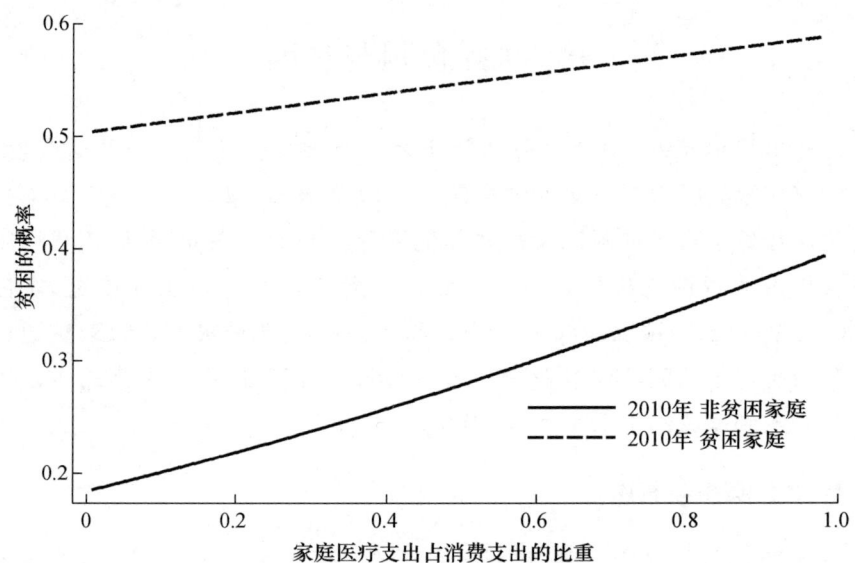

图 6-15 医疗负担与贫困发生率

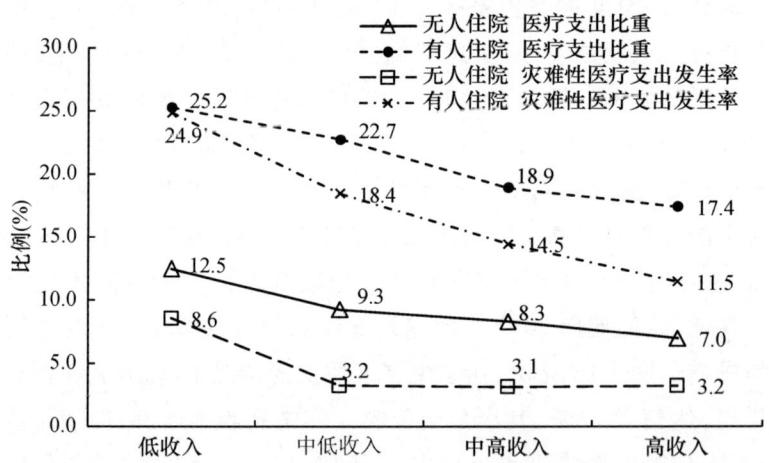

图 6-16 不同收入水平家庭的医疗支出比重、灾难性医疗支出发生率

庭提高 10 个百分点左右。对灾难性医疗支出发生率的比较发现,在家中有人住院的情况下,低收入家庭的灾难性医疗支出发生率最高,为 24.9%;其次是中低收入和中高收入家庭;高收入家庭最低,但其灾难性医疗支出的发生率也在 11.5%。与家中无人住院相比,家中有人住院将使得低收入家庭的灾难性

医疗支出发生率提高16个百分点,而对高收入家庭来说,这会提高8个百分点左右。上述结果表明,无论家庭收入水平如何,住院开支都会大大提高家庭的医疗支出比重和医疗负担;但是,住院对于低收入家庭的冲击会更大,最有可能使低收入的家庭"因病致贫"。

2. 医疗负担与家庭消费

在这一小节中,我们将讨论在家庭发生了灾难性医疗支出的情况下家庭消费结构的特征。图6-17比较了2012年灾难性医疗支出家庭和非灾难性医疗支出家庭在其他七大类家庭消费支出上的特征。在家庭发生了灾难性医疗支出的情况下,食品、衣着、居住、日用品、交通通讯、教育等其他家庭日常消费的比重均会下降。其中,食品支出将会比非灾难性医疗支出家庭减少55%,衣着支出减少56%,居住支出减少29%,交通通讯支出减少46%,家庭日用品及服务的支出减少67%,其他消费性支出减少68%,文教娱乐支出减少的幅度最大,比非灾难性医疗支出家庭减少75%。在其他各类支出的绝对数值上,灾难性医疗支出家庭均小于非灾难性医疗支出家庭。以上结果表明,出现灾难性医疗支出,家庭其他消费将会受到影响。家庭需要缩减食品、文教娱乐、日常用品及服务等方面的支出来满足医疗需求,其中对文教娱乐方面的影响最大。可见,家庭医疗负担会极大地影响家庭正常消费和生活水平。

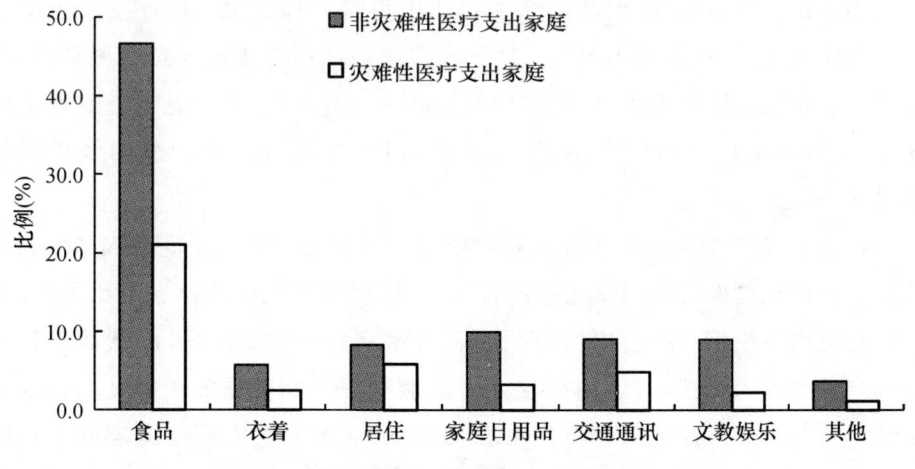

图6-17 医疗负担对于家庭其他消费支出的影响

六、本章小结

本章的要点总结如下：

1. 2012年全国家庭人均医疗保健支出为1,187元，中位数为333元。家庭医疗保健支出占家庭消费支出的比重为11.0%，高于世界主要发达国家的医疗保健支出比重。家庭人均医疗保健支出的地区差异明显：上海的家庭人均医疗保健支出较高，是全国水平的2倍左右，而医疗保健支出比重较低，医疗负担较轻；甘肃和河南两地的医疗保健支出较低，医疗保健支出比重却高于全国平均水平。相比2010年，2012年的家庭医疗支出增多，但医疗负担减轻。

2. 2012年全国全年有9.0%的人住院，住院费用均值为9,092元，相当于2012年全国家庭人均纯收入的50%左右。住院费用的自付比例为67.1%。住院费用的地区差异明显：上海和广东的住院费用最高，分别是全国平均水平的2倍和1.5倍，甘肃的住院费用最低，明显低于全国平均水平。上海的自付比例最低，甘肃和河南较高。2012年住院费用比2010年提高6%，住院费用的自付比例比2010年降低了7%。

3. 经济发展水平与医疗支出有密切关系。经济发展水平越高的省份，家庭人均医疗支出越高，人们的医疗消费能力更强；同时，家庭医疗支出占消费性支出比重更低，医疗负担更轻。中国城乡家庭的医疗支出与负担差异较大。城镇家庭在人均医疗支出、住院费用上均高于农村家庭，然而在家庭医疗支出比重、灾难性医疗支出发生率、住院自付费用、住院自付比例上均低于农村家庭。

4. 家庭人均收入水平对家庭医疗支出与负担影响较大。高收入和低收入家庭的家庭人均医疗支出费用较高；高收入家庭有更低的医疗支出比重、灾难性医疗支出发生率、住院自付比例；高收入家庭的住院费用最高，然而自付费用却与其他收入组持平，说明高收入家庭能够享受到更高的医疗补贴。家庭年龄结构与家庭医疗支出和负担有密切的联系，纯老年人家庭的家庭人均医疗支出最高，是无老年人家庭的2倍。纯老年人家庭面临着更大的医疗负担，医疗支出占消费性支出的比重最高。此外，社会支持可以减轻由住院支出带来的家庭医疗负担。

5. 拥有不同类型基本医疗保险的群体，其医疗支出与负担存在差异。公费医疗、城镇职工医疗保险群体的住院费用最高，住院自付费用较少，自付部分的比例较低；无保险群体和有新农合保险的人住院费用最低，住院自付费用较高，自付比例也较高。对农村居民而言，新农合并没有降低参合者的住院自付费用，但却显著降低了参合者的住院费用自付比例。对城镇居民而言，有基本医疗保险降低了参保者住院费用的自付比例。

6. 医疗负担影响家庭的生活水平，并可能导致贫困。家庭医疗支出占消费支出的比重每提高10个百分点，家庭陷入贫困的发生比提高6.8%。住院会大大提高家庭医疗负担。家里有人住院将会使得低收入家庭和中低收入家庭的医疗支出比重提高13个百分点，使中高收入和高收入家庭提高10个百分点。与家中无人住院相比，家中有人住院会使低收入家庭的灾难性医疗支出发生率提高16个百分点，大大增加了因病致贫的可能性。医疗负担过重的家庭，其食品、文教娱乐、日常用品及服务等方面的支出将会大大缩减。

我国社会经济发展正处于在新一轮的全面深化改革阶段，处在一个各种社会矛盾并存、贫富分化严重的时期。我们的分析表明我国目前的医疗卫生资源也处于一个有差异和不平等的时期，但正在朝着地区、城乡医疗差距减少，不同人群医疗差异缩小的方向迈进。

参 考 文 献

Fogel, Robert W. 2009. "Forecasting the Cost of US Health Care in 2040." *Journal of Policy Modeling* 31(4): 482—488.

Liu, Yuanli, Keqin Rao, and William C. Hsiao. 2003. "Medical Expenditure and Rural Impoverishment in China." *Journal of Health, Population and Nutrition* 21(3): 216—222.

Lei, Xiaoyan and Wanchuan Lin. 2009. "The New Cooperative Medical Scheme in Rural China: Does More Coverage Mean More Service and Better

Health?" *Health Economics* 18(S2): S25—S46.

Wagstaff, Adam, Magnus Lindelow, Gao Jun, Xu Ling, and Qian Juncheng. 2009. "Extending Health Insurance to the Rural Population: An Impact Evaluation of China's New Cooperative Medical Scheme." *Journal of Health Economics* 28(1): 1—19.

World Health Organization. 2005. "Designing Financing Systems to Reduce Catastrophic Health Expenditure." WHO Reference Number WHO/EIP/HSF/PB/05.02, World Health Organization, Geneva, Switzerland.

程令国、张晔,2012,《"新农合":经济绩效还是健康绩效?》,《经济研究》第1期。

封进、刘芳,2012,《新农合对改善医疗服务利用不平等的影响——基于2004年和2006年的调查数据》,《中国卫生政策研究》第3期。

国家统计局,2013,《中国统计年鉴2013》,北京:中国统计出版社。

国家统计局,2013,《国际统计年鉴2013》,北京:中国统计出版社。

李建新、夏翠翠,2013,"医疗与健康",《中国民生发展报告2013》第6章(谢宇、张晓波、李建新、于学军、任强著),北京:北京大学出版社。

李玲、陈秋霖,2006,《人口变化对医疗卫生体系的影响》,《21世纪中国人口与经济发展》(曾毅、林毅夫编),北京:社会科学文献出版社。

李玲、陈秋霖,2012,《理性评估中国医改三年成效》,《卫生经济研究》第5期。

李玲、江宇、陈秋霖,2008,《改革开放背景下的我国医改30年》,《中国卫生经济》第2期。

林相森、舒元,2007,《我国居民医疗支出影响因素的实证分析》,《南方经济》第6期。

林光汶(Vivian Lin)、郭岩、David Legge、吴群红,2010,《中国卫生政策》,北京:北京大学医学出版社。

罗楚亮,2008,《城镇居民健康差异与医疗支出行为》,《财经研究》第10期。

牟俊霖、许素友,2009,《生命周期、年龄结构与家庭医疗支出三者关系研究》,《中国卫生政策研究》第 3 期。

魏众、B. 古斯塔夫森,2005,《中国居民医疗支出不公平性分析》,《经济研究》第 12 期。

谢宇、张晓波、许琪、张春泥,2013,"收入分配",《中国民生发展报告2013》第 2 章(谢宇、张晓波、李建新、于学军、任强著),北京:北京大学出版社。

解垩,2009,《与收入相关的健康及医疗服务利用不平等研究》,《经济研究》第 2 期。

徐伟、陈慧美,2013,《我国居民收入对医疗消费支出的影响研究》,《中国卫生政策研究》第 6 期。

易红梅、姚晔舟、张林秀,2013,《新农合对农民医疗服务利用和医疗支出的影响——基于 5 省份的面板数据》,《中国卫生政策研究》第 2 期。

曾光,2006,《中国公共卫生与健康新思维》,北京:人民出版社。

张晓波、张春泥、谢宇,"贫困与失业",《中国民生发展报告2013》第 3 章(谢宇、张晓波、李建新、于学军、任强著),北京:北京大学出版社。

文字编辑:骆为祥
校对:靳永爱、李汪洋、张春泥、李兰

第7章 经济地位与主观幸福感

吴 琼[*] 谢 宇[**]

本章将从实证研究角度来分析一个争议性话题:金钱是否与主观幸福感(subjective well-being)有关？学界对幸福感的关注是因为越来越多的人意识到生活质量不仅由客观的物质条件来衡量,主观的个人感受同样不可忽视,而主观感受和客观条件并不总是高度一致的(Cummins,2000)。有的经济学家认为,发展经济的最终目的不是为了积累财富,而是为了追求幸福(Krugman,1998)。在心理学界,近几十年来积极心理学(positive psychology)的兴起使学者们对消极心理状态的关注一部分地转移到对幸福感这类积极心理状态上来(Diener et al.,1999;崔丽娟、张高产,2005)。一项基于多国大学生的调查表明,来自不同文化背景的大学生们都认为幸福感非常重要,其中近70%的受访大学生给幸福感的重要性打了最高分,只有6%将金钱放在了比幸福感更高的位置(Suh et al.,1998)。

既然幸福感如此重要,那物质财富是否能影响幸福感呢？关于物质财富和主观幸福感的关系,学术界有两种主要观点。一部分学者认为主观幸福感主要由遗传和个人性格这些内在因素决定,而与包括收入在内的众多外在因素关系不大(Campbell et al.,1976)。例如,一项基于双胞胎的研究发现,长期的幸福感中80%与遗传相关,要想恒久改变个人的主观幸福感很困难(Lykken

---

[*] 吴琼:北京大学中国社会科学调查中心助理研究员,CFPS项目办公室主任。
[**] 谢宇:北京大学社会研究中心千人计划讲座教授、美国密西根大学社会学系教授。

& Tellegen,1996)。而另一种观点则认为,收入是幸福感的重要影响因素,它为人们提供了选择提升幸福感的各种机会(Schwartz,2004),收入不足时人们会产生满足基本需求的压力,从而导致幸福感降低(Johnson & Krueger,2006)。譬如,贫困会造成个体长期营养不良及医疗条件落后,导致人们生活质量较低,而且贫困还意味着个体内在和外在资源不足,难以应对困境(Cummins,2013)。除了个人层面的收入之外,还有学者发现宏观层面的收入不平等也会对个体的幸福感产生负面影响(Wu & Li,2013)。

在个人经济地位和主观幸福感的关系上有一个著名的假设,即 Easterlin 悖论:一方面,在同一个国家内部,收入与幸福感正向相关;但另一方面,跨国比较发现国民人均收入与幸福感关系并不显著,对于经济发展水平已经满足其居民基本需求的国家来说更是如此(Easterlin,1973;Easterlin et al.,2010)。基于中国的调查数据,Easterlin 与其合作者指出,中国在过去三十年间经济的快速增长并没有带来中国居民生活满意度的相应提高(Easterlin et al.,2012)。这与发达国家二战后幸福感的相关研究结果一致:这些国家经济水平大幅度上升,但其居民主观幸福感并没有出现相应幅度的提升(Helliwell,2003)。

然而,Easterlin 悖论在学界也有一定的争论。譬如,有学者发现,在同一个国家内,个人收入与幸福感的相关度很低(Diener et al.,1999),而在跨国比较研究中,国民的总体幸福感却与国家的经济发展水平强相关,经济发达国家居民的总体幸福感高于经济欠发达国家的居民(Stevenson & Wolfers,2013)。基于纵贯数据的研究还进一步指出,经济的增长有可能带来居民幸福感的提升(Frijters et al.,2004;Zhou & Xie,Forthcoming)。

针对中国社会主观幸福感的实证研究大多基于小区域调查且更多关注城镇人口(Easterlin et al.,2012),有全国代表性样本的研究并不多见。一项在中国六大省会城市开展的研究指出,城市居民个人收入与总体幸福感之间存在微弱的正相关,但在一定时间段内,居民幸福感并未随着国民收入的增长而同步提高(邢占军,2011)。再如,一项关于某西部城市的研究发现,个人收入只有在低于某一特定水平时才与幸福感相关(张明军等,2010)。最近一项研究利用多层模型分析中国 60 个区县的数据发现,地区的经济水平并不影响居民在某个特定时间点的幸福感,但地区经济的变化与居民幸福感的增长有关

(Zhou & Xie, Forthcoming)。

此外,以往的研究对客观收入的关注较多,对收入水平的个人感受(即主观收入)的作用却相对忽略。但这两个变量非常不同,有学者认为是主观收入在决定着人们的幸福感而非客观收入(Diener & Oishi,2000)。这是因为收入本身并不构成感观的安全感和满意度,而一个人的主观收入富足水平却可以导致满意或不满意(Grable et al.,2013)。对于生活满意度有重要意义的经济活动也许是通过人们对于经济情况的心理感知而发挥作用的,并非实际的经济情况本身就可以做到(Johnson & Krueger,2006)。

在本章中,我们将利用中国家庭追踪调查(China Family Panel Studies, CFPS)2012年有全国代表性的中国城乡居民样本,探索如下几个问题:(1)中国16岁及以上居民的主观幸福感如何?(2)客观个人收入与家庭收入是否与主观幸福感有关?(3)客观收入与主观幸福感的关系是否独立于家庭资产?(4)客观收入与主观幸福感的相关性在男女两性中是否一致?(5)客观收入与主观幸福感的相关性在考虑了主观收入后会如何变化?

一、主观幸福感分布

主观幸福感是指人们从认知和情感角度对自己生活的评价,可以涵盖总体生活满意度、某一领域的满意度(如工作满意度、婚姻满意度等)、积极情感、消极情感以及短期的情绪和心情等(Diener,2000)。主观幸福感的测量方法也多种多样,比较常见的是通过一道单独的综合性问题(如总体生活满意度),也可以分项提问,甚至可以采用在一段时间内多节点提问的方式。在本章中,我们将主要关注CFPS 2012中与主观幸福感有关的两个变量:自我生活满意度、主观社会地位。

CFPS 2012各用一道题来测量16岁及以上受访者的自我生活满意度("您对自己生活的满意程度?")和主观社会地位("您在本地的社会地位?"),选项是1到5分,分别代表生活满意程度从"很不满意"到"非常满意",以及本地主观社会地位从"很低"到"很高"。由于样本中的学生群体基本上无个人收入,本章的分析样本不包括正在上学的学生。

图 7-1 是 16 岁及以上人口中自我生活满意度得分的分布。总体平均自我满意度呈中等偏上水平,其均值为 3.31,中位数为 3,标准方差为 1.06。由图 7-1 可知,认为自己生活满意度在中等偏上(>3)的居民占总体的 39.6%,有 42.2% 的人对生活持中等满意度(=3),另有 18.3% 对自身生活满意度的评价较低(<3)。

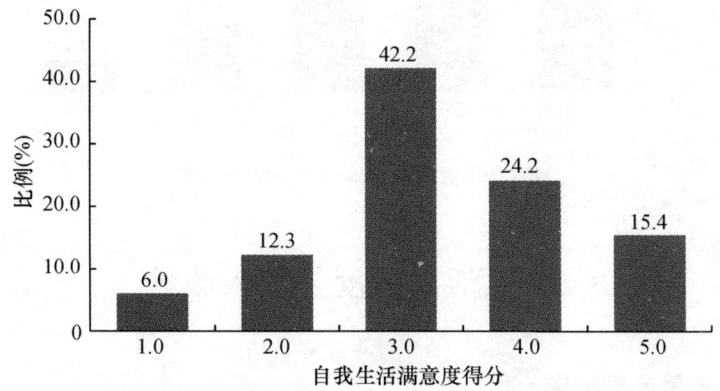

图 7-1　自我生活满意度得分的分布①

图 7-2 是 16 岁及以上人口中本地主观社会地位得分的分布。与自我生活满意度相比,人们对自己社会地位的评价相对较低,其均值为 2.68,中位数为 3,标准方差为 1.03。从分布来看,有 37.4% 的人认为自己的社会地位在中等以下(<3),46.7% 的人认为自己的社会地位处在中等水平(=3),自评社会地位在中等以上的人只有 15.9%(>3)。

由以上分析可知,16 岁及以上人口的自我生活满意度评价呈正面,这与很多其他国家居民的生活满意度的总体分布一致(Cummins,2013)。但是,基于同一受访者群体的主观社会地位评价偏负向,只有不到 20% 的人认为自己在当地的社会地位处于中等偏上水平。无论是自我生活满意度还是主观社会地位,选择中间选项的比例最大,均超过 40%。这一方面可能与社会倾向性有关,即人们倾向选择大家可能都会选择的答案;但另一方面,中国人的中庸性格有可能导致这一特征更加突出(Harzing,2006)。

---

① 数据来自 CFPS 2012 中 16 岁及以上非学生样本(N = 20,428),其中有 663 人(3.2%)自我生活满意度是缺失值。

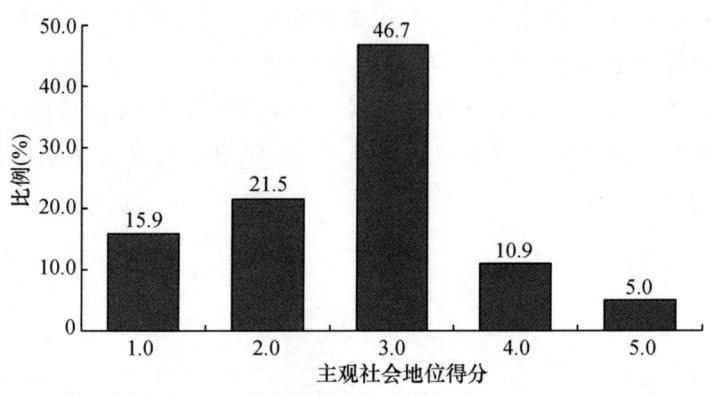

图 7-2 主观社会地位得分的分布①

二、生活满意度与个人收入

1. 双变量分析结果

CFPS 2012 在个人问卷中采集了个人的客观收入,包括个人工资、实物福利、养老金、农业打工收入、奖学金、助学金和勤工俭学所得。除此之外,CFPS 2012 还询问了个人的主观收入("您的个人收入在本地属于?"),选项 1 到 5 分别代表"很低"到"很高"。在进行数据分析时,我们将 CFPS 2012 所采集到的个人客观收入处理为一个分类变量。具体步骤是:首先,由于受访者中有相当一部分人没有个人收入,②我们将客观收入分类变量的第一类设为无收入者;其次,对于有个人收入的受访者,我们根据其收入在所在区县的所有样本个人收入的四分位数分布,生成一个分类变量。最终生成的个人客观收入分类变量有 1—5 的取值,分别对应的是"无收入""收入在当地区县处于最低 25%""收入在当地区县处于 25%—50%""收入在当地区县处于 50%—75%""收入在当地区县处于最高 25%"。

---

① 数据来自 CFPS 2012 中 16 岁及以上非学生样本(N = 20,428),其中有 824 人(4.0%)主观社会地位是缺失值。
② 在 CFPS 2012 中,为自家农业生产和个体经营的收入只计算在家庭收入当中,并未在个人层面采集。这部分上造成了 2012 年超过一半(53.3%)的受访者无个人收入。

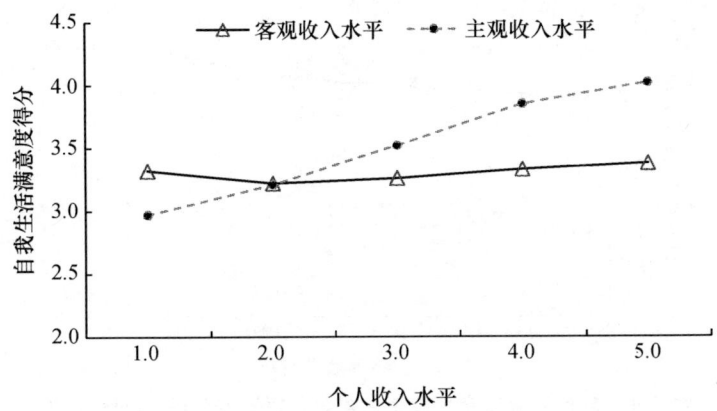

图 7-3 个人收入水平与自我生活满意度

图 7-3 展示的是个人客观及主观收入水平与自我生活满意度的关系。由上图可见,自我生活满意度随主观收入的增高而稳步上升;在有客观收入的人群中,自我生活满意度随客观收入的增加也呈上升趋势,但并不明显,而无收入人群的自我生活满意度要稍高于收入最低的人群。总体来说,自我生活满意度与个人主观收入水平的相关性要高于客观收入水平。基于 Spearman 相关系数的分析与以上观测一致:在有收入的人群中,自我生活满意度与个人收入分类变量的相关系数非常小,为 $0.06(p<0.0001)$,而其与主观个人收入的相关系数则为 $0.26(p<0.0001)$。

由于个人客观收入分类变量的生成是基于 CFPS 2012 区县内成人样本个人收入的分布,对于样本量较小的区县可能有所偏颇,因此我们在有个人收入的人群中,另将其绝对收入的对数与自我生活满意度进行非参数型回归分析,来对比上述的观测结果。图 7-4 反映了自我生活满意度随个人客观收入变化的 Loess 曲线。① 该图基本上与图 7-3 中客观收入部分的结果相一致:在有收入的人群中,自我生活满意度随个人年收入的增长缓慢提升。而且,个人年收入对数与自我生活满意度的 Spearman 相关系数仍然非常小,为 $0.08(p<0.0001)$。

---

① 本节中 Loess 曲线的结果全部基于 SAS 中 Proc Loess 模块的默认设置分析得出。

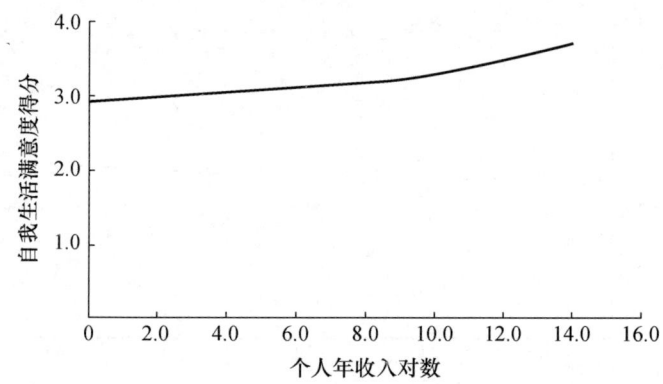

图 7-4　自我生活满意度随个人年收入对数变化的 Loess 曲线①

2. 多变量回归分析结果

　　由前文的分析我们得知,个人客观收入与自我生活满意度呈现微弱的正相关关系,那这种相关关系是否与其他因素有关呢？以往的研究发现,个人的就业状态、年龄、婚姻状态、健康状态等都可能与幸福感相关（Bjørnskov et al., 2008；鲁元平、王韬,2010）。那在考虑了这些因素之后,前文所观测到的相关性是否还存在呢？我们将利用一系列回归模型来探索个人客观收入与生活满意度之间的关系,其结果展示在如下的表 7-1 中。

　　模型 1 是基准模型,即在不考虑任何其他因素的情况下,自我生活满意度与个人客观收入之间的关系。我们将有收入但收入处于最低分位数的人群作为参照组。这个模型实质上等同于图 7-3 中实线的部分,二者反映了一致的信息：有个人收入但收入水平较低的人群自我生活满意度最低,收入最高的人群自我生活满意度最高,而无收入人群的生活满意度也高于有收入但收入低的人群。

　　模型 2 在模型 1 的基础上增加了除个人客观收入之外的其他家庭成员的年收入（以下简称家庭收入）。家庭收入的计算方法是先将家庭总的年收入减去受访者自身的年收入,然后将所得数目生成一个分类变量,其生成方法与个人客观收入分类变量一致,基准是该样本所在区县的家庭收入分布。同样的,

---

① 该模型的分析样本只包括个人年收入为正数,即有个人收入的受访者（N = 9,001）。

我们仍然将有家庭收入但家庭收入在最低分位数段上的人群设为参照组。可以看到,在模型中增加了家庭收入之后,个人客观收入对生活满意度的影响几乎没有发生变化,而家庭收入也展现出与生活满意度的正相关关系。其中,无家庭收入人群与家庭收入处于最低分位数段上的人群自我生活满意度最低,其次为家庭收入处在25%—75%之间的人群,而家庭收入在最高25%的人群生活满意度最高。

模型3加入了两个代表家庭资产的变量,即受访者所在家庭是否拥有住房和汽车。由表7-1我们可以看出:首先,家庭资产对生活满意度有显著影响,家庭拥有住房和拥有汽车的人群分别比不拥有这些资产的同比人群平均生活满意度要高0.16和0.12。其次,虽然个人客观收入和家庭收入对生活满意度的影响在考虑到家庭资产后略有下降,但从总体来看,收入和家庭资产对生活满意度的影响相对独立。

在第4个模型中,我们考虑了性别、年龄、教育水平、居住地城乡性质、就业状况、婚姻状态以及自评健康水平对自我生活满意度的影响。由结果可知,个人客观收入及家庭资产对自我生活满意度的影响并没有在加入这些变量后显著减弱。而在加入的这些变量中,除教育水平和城乡性质外,其他变量都与自我生活满意度相关:总体来说,女性、50岁及以上、在业、结婚且有配偶以及自评健康状况更佳的人群拥有更高的自我生活满意度。

最后,我们在模型5中加入了个人主观收入变量。结果中最突出的变化是个人客观收入的影响大幅度降低,并且在统计上不显著,其中只有收入最高25%的p值接近统计显著水平($p=0.06$)。除此之外,家庭收入和家庭资产的影响也有小幅降低,但依然保持统计上的显著水平。与个人客观收入的无统计显著效应相对应的是,个人主观收入对自我生活满意度的影响基本呈线性上升的趋势,个人主观收入每增加1分,自我生活满意度约增加0.25。而且,个人主观收入的影响大于家庭资产与家庭收入对自我生活满意度的影响。

表 7-1　自我生活满意度的多层线性回归模型①

自变量	模型 1	模型 2	模型 3	模型 4	模型 5
个人客观收入					
无收入	0.09***	0.08***	0.08**	0.05*	0.02
0%—25%(参照组)					
25%—50%	0.05	0.05	0.05	0.04	0.01
50%—75%	0.12***	0.12***	0.11***	0.12***	0.04
75%—100%	0.16***	0.16***	0.15***	0.19***	0.06
家庭收入					
无收入		0.05	0.06	0.06	0.04
0%—25%(参照组)					
25%—50%		0.13***	0.12***	0.13***	0.12***
50%—75%		0.14***	0.13***	0.13***	0.10***
75%—100%		0.22***	0.19***	0.18***	0.14***
家庭有住房			0.16***	0.13***	0.11***
家庭有汽车			0.12***	0.14***	0.11***
性别:女				0.13***	0.14***
年龄组					
16—29(参照组)					
30—39				-0.04	-0.05
40—49				0.03	0.03
50—59				0.22***	0.20***
60+				0.45***	0.41***
教育水平					
小学及以下(参照组)					
初中				0.01	0.01
高中				-0.03	-0.04
高中以上				0.03	-0.02
居住地:农村				-0.01	-0.02
就业状态					
非经济活动人口				0.03	0.07***
失业				-0.23***	-0.16**
在业(参照组)					

---

① 鉴于 CFPS 采用多阶段多层次的抽样方法,为了解决由这种抽样方法所产生的样本间的相关性可能带来的分析偏差,我们采用多层回归模型,其中第一层为个人,第二层为村居。具体分析工具为 SAS Proc Mixed。

（续表）

自变量	模型1	模型2	模型3	模型4	模型5
婚姻状态					
离婚				-0.14	-0.12
丧偶				0.02	0.02
同居				-0.19	0.18
未婚（参照组）					
在婚/有配偶				0.15***	0.12***
自评健康					
不健康				-0.19***	-0.16***
一般（参照组）					
比较健康				0.11***	0.09***
很健康				0.34***	0.29***
非常健康				0.45***	0.40***
个人主观收入得分					
1（参照组）					
2					0.23***
3					0.48***
4					0.70***
5					0.90***

注：* 表示 $p<0.05$，** 表示 $p<0.01$，*** 表示 $p<0.001$。

本节的前部分提到幸福感与期望有关，而以往研究发现，男性与女性对于未来收入的期望呈现显著的不同：女性对未来收入的期望低于男性，而对他人的经济依赖意识要高于男性（朱海燕等，2009）。这是否意味着收入对自我生活满意度的影响模式也存在性别差异呢？

我们进一步分性别来分析客观收入与自我生活满意度的关系。由表7-2可知：首先，无论男性还是女性，个人客观收入和家庭收入都对其生活满意度有影响；而且，个人客观收入对男性和女性自我生活满意度的影响是一致的。①男性与女性的不同主要体现在家庭收入对自我生活满意度的影响上。在男性群体中，家庭收入对男性的影响存在阈值的现象，家庭收入在25%及以上的对

---

① 我们在表7-1中模型4和5的基础上还分别加入个人客观收入、家庭收入与性别的交互作用，其中个人客观收入与性别的交互作用无统计显著性（$p=0.38$），家庭收入与性别的交互作用呈统计显著性（$p=0.04$）。

男性生活满意度的正面影响类似;而在女性中,对于其家庭收入在25%及以上的个人,更高的收入伴随着更高的自我生活满意度。因此,高水平的家庭收入对自我生活满意度的正面影响在女性群体中要高于男性群体。

表7-2 分性别的生活满意度多层线性回归模型①

自变量	男性				
	模型1	模型2	模型3	模型4	模型5
个人客观收入					
无收入	0.10**	0.09*	0.09*	0.05	0.02
0%—25%(参照组)					
25%—50%	-0.03	0.03	0.03	0.01	-0.01
50%—75%	0.13**	0.13**	0.13**	0.11*	0.04
75%—100%	0.19***	0.18***	0.18***	0.19***	0.05
家庭收入					
无收入		0.06	0.08	0.07	0.04
0%—25%(参照组)					
25%—50%		0.15***	0.13***	0.16***	0.14***
50%—75%		0.13***	0.11***	0.13***	0.09**
75%—100%		0.16***	0.13***	0.13***	0.08**
	女性				
个人客观收入					
无收入	0.08*	0.07*	0.07*	0.04	0.01
0%—25%(参照组)					
25%—50%	0.09*	0.08	0.08	0.07	0.03
50%—75%	0.16**	0.15**	0.13**	0.13**	0.04
75%—100%	0.22***	0.20***	0.18***	0.19***	0.07
家庭收入					
无收入		0.03	0.03	0.05	0.04
0%—25%(参照组)					
25%—50%		0.10**	0.09**	0.10**	0.09**
50%—75%		0.13***	0.12***	0.12***	0.11***
75%—100%		0.25***	0.22***	0.22***	0.19***

注:* 表示 $p<0.05$,** 表示 $p<0.01$,*** 表示 $p<0.001$。

---

① 模型1至5中的自变量与表7-1一致,在此只展示了个人客观收入和家庭收入的回归系数,其他结果略去。

三、主观社会地位与个人收入

1. 双变量分析结果

我们采取与前一节相同的方法来分析主观社会地位与个人收入的关系。图 7-5 展现的是不同客观及主观收入人群的平均主观社会地位。与图 7-3 类似,个人主观社会地位与个人主观收入的正相关明显:个人主观收入越高,主观社会地位越高。与此相比,个人客观收入与主观社会地位的相关性要弱得多,中等收入群体的主观社会地位最低。Spearman 相关系数佐证了以上观测:在有收入的人群中,主观社会地位与个人客观收入的相关系数为 $0.08(p < 0.0001)$,而其与个人主观收入的相关系数为 $0.44(p < 0.0001)$。

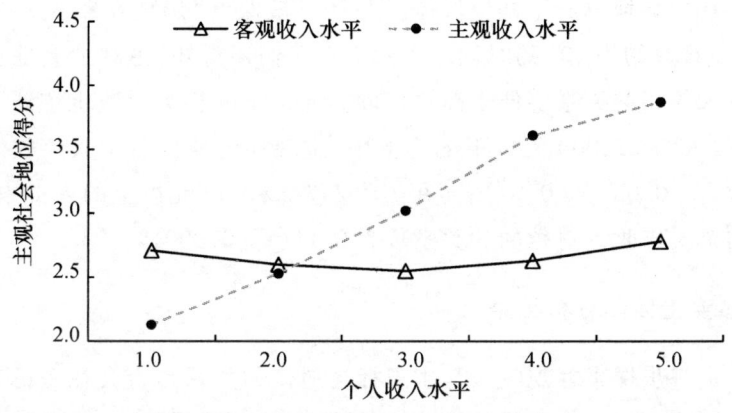

图 7-5 个人收入水平与主观社会地位

图 7-5 还反映了一个有趣的现象:个人客观收入与主观社会地位的关系呈现出类"U"型,即中等收入水平人群的平均主观社会地位得分最低。为了印证这种关系是否与我们生成个人收入水平分类变量的方法有关,我们另将个人年收入对数与主观社会地位进行非参数型回归分析(见图 7-6)。

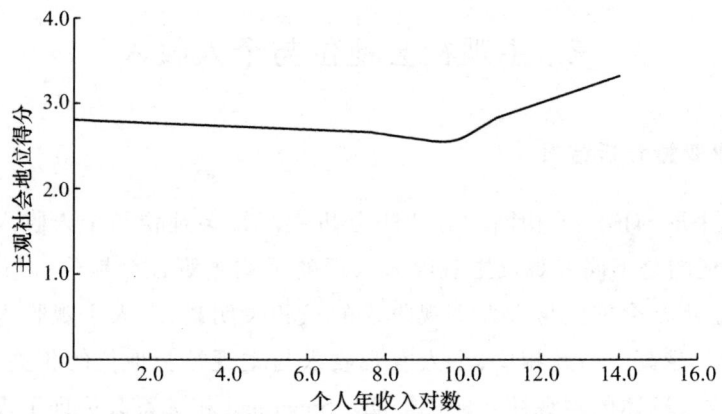

图7-6 主观社会地位随个人年收入对数变化的 Loess 曲线①

图7-6展示出的结果与图7-5一致,而且"U"型模式更加明显:中等收入群体的主观社会地位低于其他群体。并且,"最低点"出现在年收入为22,000元左右(即对数约为10)的时候。由图7-6我们还得知:主观社会地位在低收入段与收入的相关关系要低于高收入段。Spearman相关系数也佐证了这一观察:在年收入为22,000元以下的人群中,主观社会地位与个人年收入对数的相关系数为 $-0.03(p=0.04)$;而在年收入为22,000元以上的人群中,主观社会地位与个人年收入对数的相关系数为 $0.11(p<0.0001)$。

2. 多变量回归分析结果

为了进一步探索客观收入与主观社会地位的关系是否会在考虑其他一系列同样会影响主观社会地位的因素后有所改变,我们利用一系列回归模型来分析客观收入水平与主观社会地位的相关性(见表7-3)。

模型1的自变量只有个人客观收入,与图7-5中的实线所反映的结果基本一致。虽然收入处于25%—50%的人群平均主观社会地位最低(表7-3中该项回归系数为-0.02),但这部分人群与收入处在0%—25%和50%—75%人群的主观社会地位的差别并无统计显著性。与图7-5结果一致,模型1反映出个人收入最高的人群其主观社会地位最高,其次是无收入人群。

---

① 该模型的分析样本只包括个人年收入为正数,即有个人收入的受访者($N=9,001$)。

模型 2 加入了除受访者个人客观收入外的家庭收入。个人客观收入的影响几乎不变,而在家庭收入中,家庭收入越高,个人的主观社会地位越高。其中,无家庭收入群体与家庭收入最低的人群,其主观社会地位最低。

在模型 3 中,我们进一步加入家庭资产的相关变量。由表 7-3 可见,家庭拥有房产和汽车分别对个人的主观社会地位有正面的影响。拥有住房的人和拥有汽车的人分别比没有这些资产的人的平均主观社会地位要高 0.13 和 0.12。在考虑了住房和汽车后,个人客观收入的影响几乎未变,而家庭收入的影响有小幅度减弱。

模型 4 在模型 3 的基础上考虑了一系列社会及人口学变量和自评健康水平。这些变量的加入并未削弱个人客观收入和家庭收入对主观社会地位的影响,但家庭有住房的作用有所降低(回归系数由 0.13 降低为 0.10)。总的来说,女性、受过高等教育、居住地在农村、结婚且有配偶的群体主观社会地位较高;另外,年龄越长、自评健康越好,个人主观社会地位也越高。令人意外的是就业状态对主观社会地位的影响:在考虑了收入、家庭资产及其他一系列社会及人口学变量后,就业状态对主观社会地位基本没有显著的影响。

最后,当我们在模型 5 中加入了个人主观收入后,个人客观收入、家庭收入及家庭资产的影响都有了不同程度的变化。首先,变化最大的是个人客观收入:在考虑了个人主观收入后,尽管中等收入群体的主观社会地位依旧最低,但最高收入群体的正向作用在统计上变得不显著。其次,家庭收入和家庭资产对主观社会地位的影响均有明显降低。可见,主观社会地位随个人主观收入得分的上升而上升,这一影响远高于其他变量,甚至也超过了个人主观收入对生活满意度的影响:个人主观收入每增加 1 分,主观社会地位的分值约增加 0.40。

表 7-3 主观社会地位的多层线性回归模型

自变量	模型 1	模型 2	模型 3	模型 4	模型 5
个人客观收入					
无收入	0.07**	0.06*	0.06*	0.03	-0.02
0%—25%(参照组)					
25%—50%	-0.02	-0.02	-0.02	-0.01	-0.07*
50%—75%	0.05	0.06	0.05	0.06*	-0.07*
75%—100%	0.20***	0.19***	0.18***	0.20***	-0.04

(续表)

自变量	模型1	模型2	模型3	模型4	模型5
家庭收入					
无收入		0.01	0.02	0.04	-0.01
0%—25%(参照组)					
25%—50%		0.08***	0.07**	0.08***	0.06**
50%—75%		0.13***	0.12***	0.14***	0.08***
75%—100%		0.17***	0.14***	0.15***	0.08***
家庭有住房			0.13***	0.10***	0.05*
家庭有汽车			0.12***	0.13***	0.07**
性别：女				0.04**	0.06***
年龄组					
16—29(参照组)					
30—39				0.09**	0.06*
40—49				0.17***	0.15***
50—59				0.28***	0.24***
60+				0.43***	0.35***
教育水平					
小学及以下(参照组)					
初中				0.01	0.01
高中				0.04	0.03
高中以上				0.16***	0.07*
居住地：农村				0.19***	0.14***
就业状态					
非经济活动人口				0.02	0.09***
失业				-0.09	0.03
在业(参照组)					
婚姻状态					
离婚				-0.07	-0.03
丧偶				0.02	0.03
同居				-0.06	-0.03
未婚(参照组)					
在婚/有配偶				0.15***	0.11***

（续表）

自变量	模型1	模型2	模型3	模型4	模型5
自评健康					
不健康				−0.13***	−0.07**
一般（参照组）					
比较健康				0.06**	0.03
很健康				0.20***	0.12***
非常健康				0.24***	0.15***
个人主观收入得分					
1（参照组）					
2					0.40***
3					0.85***
4					1.35***
5					1.62***

注：* 表示 $p<0.05$，** 表示 $p<0.01$，*** 表示 $p<0.001$。

收入与主观社会地位的关系是否在不同性别间有差别呢？表7-4展示了分性别来分析二者相关性的模型结果。首先，无论男性还是女性，个人客观收入和家庭收入都与主观社会地位相关；其次，在不同性别中，收入与主观社会地位的相关性没有显著的差别。①

表7-4　分性别的主观社会地位多层线性回归模型②

	模型1	模型2	模型3	模型4	模型5
			男性		
个人客观收入					
无收入	0.06	0.05	0.05	0.01	−0.04
0%—25%（参照组）					
25%—50%	−0.04	−0.04	−0.04	−0.04	−0.08*
50%—75%	0.03	0.03	0.03	0.03	−0.08*
75%—100%	0.18***	0.18***	0.17***	0.18***	−0.06

---

①　我们在表7-3中模型4和5的基础上分别加入个人客观收入、家庭收入与性别的交互作用，其中个人客观收入与性别的交互作用无统计显著性（$p=0.67$），家庭收入与性别的交互作用也无统计显著性（$p=0.54$）。

②　各模型中自变量与表7-3一致，此表只展示了个人客观收入和家庭收入的回归系数，其他结果略去。

（续表）

	模型1	模型2	模型3	模型4	模型5
家庭收入					
无收入		−0.02	−0.01	−0.01	−0.06
0%—25%（参照组）					
25%—50%		0.08**	0.07*	0.09**	0.06*
50%—75%		0.13***	0.11***	0.13***	0.06*
75%—100%		0.15***	0.12***	0.13***	0.04
女性					
客观个人收入					
无收入	0.09**	0.08*	0.08*	0.05	0.01
0%—25%（参照组）					
25%—50%	0.01	−0.01	−0.01	0.01	−0.05
50%—75%	0.11*	0.09*	0.08	0.12*	−0.06
75%—100%	0.22***	0.20***	0.19***	0.23***	−0.02
家庭收入					
无收入		0.04	0.04	0.08	0.05
0%—25%（参照组）					
25%—50%		0.07*	0.06	0.06*	0.05
50%—75%		0.13***	0.12***	0.13***	0.08**
75%—100%		0.18***	0.16***	0.16***	0.10**

注：* 表示 $p<0.05$，** 表示 $p<0.01$，*** 表示 $p<0.001$。

四、主观个人收入与客观个人收入的关系

无论是自我生活满意度，还是主观社会地位，个人主观收入比个人客观收入的影响要显著得多；尤其对于自我生活满意度，在考虑个人主观收入后，个人客观收入的影响几乎可以忽略不计。但到底是什么因素影响了个人主观收入呢？它受到个人客观收入的影响吗？如果有，影响程度如何？在这一节中，我们将具体分析个人客观收入与主观收入的关系。

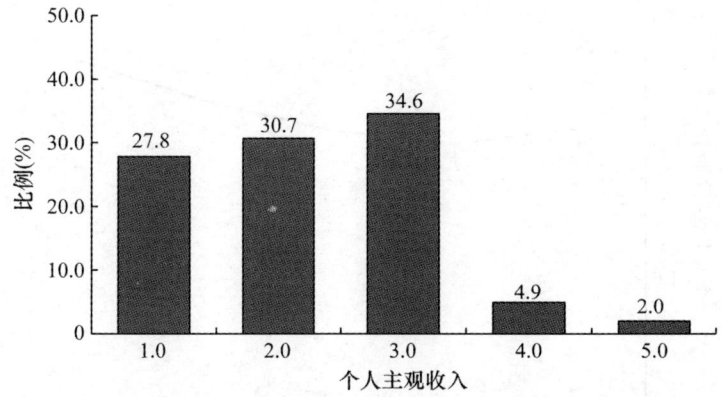

图 7-7 个人主观收入得分的分布①

图 7-7 展示了主观收入的分布。由图 7-7 可见,城乡居民对于个人收入的自我评价较低,平均水平为 2.23,中位数为 2,标准方差为 0.98。这个平均水平远低于自我生活满意度的评价(均值 = 3.31),也低于个人的主观社会地位(均值 = 2.68)。其中 58.5% 的人认为自己的收入在当地处于中等以下水平(<3),另有 34.6% 的人认为自己收入中等(=3),只有 6.9% 的人认为自己收入在中等以上(>3)。主观收入的低水平分布与来自其他国家的研究发现有一致之处:一项基于美国的研究发现,美国国民倾向于高估居民的平均年收入以及富人所占的比例(Page & Goldstein,2013)。

图 7-8 列出了不同客观收入人群的平均个人主观收入。这一结果是基于个人客观收入的分类变量。可见,在有固定收入的人群中,客观收入总体上与主观收入呈现正相关,但这个相关性不是特别强,当个人收入从 0%—25% 上升到 75%—100% 时,个人主观收入从 2.04 增加到 2.67。这与之前图 7-7 反映出的个人主观收入总体偏低一致。无收入者的个人主观收入并不低于收入水平为最低分位数段的人群,这可能是基于两个原因:一是这些无收入者很可能是短期内无收入,个人主观收入也许部分反映了受访者对自己的预期;二是如前所述,CFPS 的个人收入采集的多是固定收入,与自家的农活及经营相关的收入没有纳入其中。

---

① 数据来自 CFPS 2012 中 16 岁及以上非学生样本(N = 20,428),其中有 1,969(9.6%)的主观收入水平是缺失值。

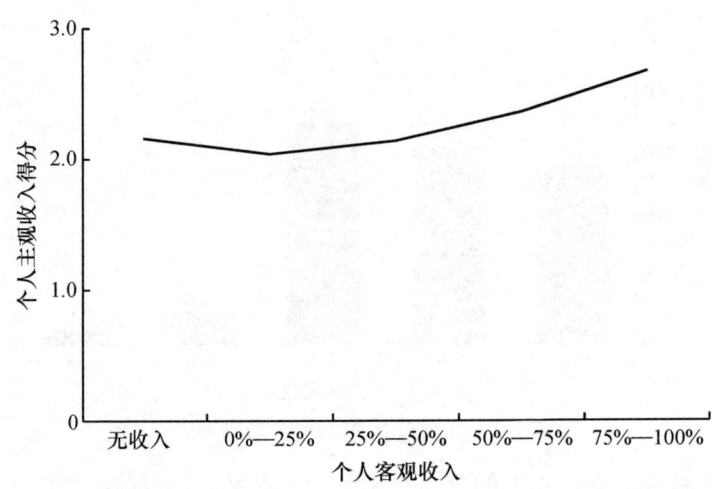

图 7-8　不同客观收入人群的平均个人主观收入

图 7-9 进一步展示了个人主观收入随个人客观收入对数变化的曲线。与图 7-8 相比，图 7-9 呈现出更多细节。如果我们将图 7-9 与图 7-4、图 7-6 对比发现，个人客观收入与个人主观收入的关系相对个人客观收入与生活满意度及主观社会地位的关系更加复杂。在图 7-9 中，客观收入与主观收入的关系存在多个拐点，其中比较突出的是个人年收入对数为 9.3 左右，以及个人年收入对数为 11.4 左右时。当个人年收入为 10,900 元（即对数为 9.3）以下时，主观收入与客观收入呈微弱的负相关，其 Spearman 相关系数为 -0.03（$p = 0.08$）。年收入在 10,900 到 89,000 元（即对数为 11.4）之间，Spearman 相关系数为 0.29（$p < 0.0001$）。在年收入高于 89,000 元的人群中，二者的 Spearman 相关系数为 -0.01（$p = 0.98$），但统计上不显著。

总体来说，不同客观收入群体的平均个人主观收入在一个很小的范围内波动。这种现象一方面可能是因为不同人群采取了不同的参照群体。参照群体理论认为，人们在评价自身情况时倾向于与自己同质性较高的群体进行对比，如亲人、朋友和邻居。低收入群体更可能与周围同样低收入的人群进行比较，发觉自己的情况并不是最差的，而高收入群体选择与自己具有类似情况的人群对比，可能认为还有比自己情况更好的人存在。这总体上呈现出一种"趋中"的评价趋势（Evans & Kelley, 2004）。不同的参照群体意味着不同人群可

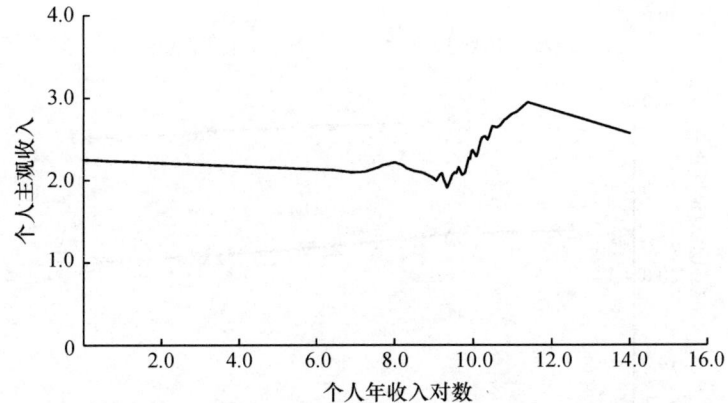

图 7-9 个人主观收入随个人年收入对数变化的 Loess 曲线①

能使用不同的评价标准:收入较低的群体可能采用相对较低的标准,而收入较高的群体可能采用相对较高的标准,从而造成客观收入与主观收入的相关性较低。

CFPS 2012 的情景题数据部分印证了不同群体持不同评价标准的这一可能性。CFPS 2012 给出了两个情景人物"陈先生/女士"以及"周先生/女士",让受访者分别对其进行主观社会地位的评价。这两个人物的描述如下:

情景题 1

陈先生/女士小学毕业,靠摆地摊生活,月收入 1,000 元。在您看来,这位陈先生/女士在本地的社会地位?

情景题 2

周先生/女士医科大学毕业后在本地行医,月收入 5,000 元。在您看来,这位周先生/女士在本地的社会地位?

图 7-10 清晰展现了不同客观收入群体对两个情景人物的评价的区别。对于同样的情景人物,低收入人群的评价高于高收入人群,且随着收入的提高,评价也更高一些。

---

① 此分析样本只包括个人年收入为正数,即有收入的群体(N=9,001)。

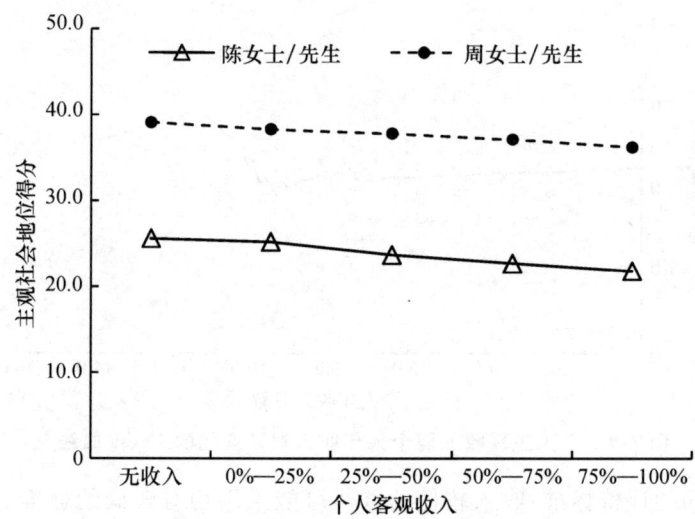

图7-10 不同收入群体对情景人物社会地位的评价

五、本章小结

本章的要点总结如下:

1. 中国居民总体生活满意度呈中等偏上,主观本地社会地位呈中等偏下,在5分制的基础上二者的平均水平分别是3.31和2.68,但中位数都是3。

2. 个人主观收入与生活满意度的相关性高于个人客观收入与生活满意度的相关性,且个人客观收入对生活满意度的影响在考虑到个人主观收入后可以忽略不计。以5分制测量个人主观收入,中国居民总体主观收入偏低,平均水平为2.23。主观收入每增加1分,生活满意度约增加0.25,主观社会地位约增加0.40。

3. 生活满意度与个人客观收入呈微弱的正相关,其中有收入但收入低的人群自我生活满意度最低。不仅收入处于50%以上的人群的平均生活满意度高于收入处于50%以下的人群,无收入人群的平均自我生活满意度也高于有收入但收入处于50%以下的人群。

4. 除受访者外的其他家庭成员收入(即本章中分析的家庭收入)也同样

影响受访者的自我生活满意度。无家庭收入或家庭收入处于最低25%的人群,其生活满意度低于家庭成员收入在25%以上的人群。

5. 家庭拥有住房及汽车的自我生活满意度高于同比的其他人群,且家庭资产对自我生活满意度的影响与个人收入及家庭收入相对独立。

6. 男女两性在自我生活满意度上的差别主要体现在两点:首先,女性的自我满意度比男性稍高,两个群体的平均个人满意度相差0.13左右。其次,客观家庭收入对男性的正面影响存在阈值现象,当客观家庭收入高于25%以上时,更高的家庭收入无明显影响;对于女性来说,家庭收入越高,女性的自我生活满意度越高。

7. 个人主观收入与主观社会地位的相关性也高于个人客观收入与主观社会地位的相关性。不考虑主观收入时,个人客观收入最高的群体,其主观社会地位最高;当考虑到主观收入后,客观收入处于中等水平的人主观社会地位最低。

8. 家庭收入对个人主观社会地位有正面影响,家庭收入在25%以上的人群的平均主观社会地位高于无其他家庭成员收入或家庭收入在25%以下的人群。

9. 家庭资产(如拥有住房、汽车)对主观社会地位有正面影响,且这种影响与个人及家庭收入对主观社会地位的影响相互独立。

10. 女性的主观社会地位在考虑到其他因素后,稍高于男性。但无论是个人客观收入,还是家庭收入对主观社会地位的影响,在不同性别群体中都类似。

11. 基于情景题的分析提示我们不同客观收入人群的评价标准可能有所不同,随着客观收入的增高,人们的评价标准递增。这可能部分导致了个人主观收入与客观收入间较弱的相关性。

本节最突出的一个结果就是在考虑了个人主观收入后,个人客观收入与幸福感的相关性大幅度下降甚至消失。这个发现与最近基于其他国家小样本的研究结果一致(Grable et al.,2013)。但要注意的是,我们不能将其直接理解为客观收入对幸福感无关紧要;更有可能的解释是,客观收入通过主观收入而间接对幸福感产生作用。

我们从三个方面测量了客观的经济地位：个人收入、家庭收入、以住房和资产为代表的家庭资产，这三个方面均对自我生活满意度及主观社会地位有影响，且这三者的影响相对独立。这表明个体经济状况对个人幸福感的重要作用：即使考虑到家庭收入以及家庭拥有的房产等，个人收入的多少仍能在一定程度上影响个人对幸福感的体验。而且，这个发现无论对于男性还是女性，同样适用。

本章的一个不足之处在于个人收入中无收入者比例过高。如前文所述，这是由于在2012年CFPS调查中，为自家农业生产和个体经营的收入只计算在了家庭收入当中，并未在个人层面采集。这一设计也是考虑到上述收入通常无法准确地估计到个人层面，特别是当家庭内部有多个人参与生产与经营活动时。但是，这一做法在客观上导致了部分人群的个人收入估计可能偏低，无收入比例过高。我们在分析中将无收入人群单独列为一类，以尽量降低对总体分析结果的影响。

参 考 文 献

Bjørnskov, Christian, Axcl Dreher, and Justina A. V. Fischer. 2008. "Cross-Country Determinants of Life Satisfaction: Exploring Different Determinants Across Groups in Society." *Social Choice and Welfare* 30(1): 119—73.

Campbell, Angus, Philip E. Converse, and Willard L. Rodgers. 1976. *The Quality of American life: Perceptions, Evaluations, and Satisfactions*. New York: Russell Sage Foundation.

Cummins, Robert A. 2000. "Objective and Subjective Quality of Life: An Interactive Model." *Social Indicators Research* 52(1): 55—72.

Cummins, Robert A. 2013. "Subjective Well-Being, Homeostatically Protected Mood and Depression: A Synthesis." pp. 77—95 in *The Exploration of Happiness*, edited by Antonella Delle Fave. Springer Netherlands.

Diener, Ed. 2000. "Subjective Well-Being: The Science of Happiness and a Proposal for a National Index." *American Psychologist* 55(1): 34—43.

Diener, Ed, Eunkook M. Suh, Richard E. Lucas, and Heidi L. Smith. 1999. "Subjective Well-Being: Three Decades of Progress." *Psychological Bulletin* 125(2): 276—302.

Diener, Ed and Shigehiro Oishi. 2000. "Money and Happiness: Income and Subjective Well-Being across Nations." pp. 185—218 in *Culture and Subjective Well-being*, edited by Ed Diener and Eunkook M. Suh. Cambridge, MA: The MIT Press.

Easterlin, Richard. A. 1973. "Does Money Buy Happiness?" *The Public Interest* 30: 3—10.

Easterlin, Richard A., Laura Angelescu McVey, Malgorzata Switek, Onnicha Sawangfa, and Jacqueline Smith Zweig. 2010. "The Happiness-Income Paradox Revisited." *Proceedings of the National Academy of Sciences of the United States of America* 107(52): 22463—22468.

Easterlin, Richard A., Robson Morgan, Malgorzata Switek, and Fei Wang. 2012. "China's Life Satisfaction, 1990—2010." *Proceedings of the National Academy of Sciences of the United States of America* 109(25): 9775—9780.

Evans, M. D. R. and Jonathan Kelley. 2004. "Subjective Social Location: Data From 21 Nations." *International Journal of Public Opinion Research* 16(1): 3—38.

Frijters, Paul, John P. Haisken-DeNew, and Michael A. Shields. 2004. "Money Does Matter! Evidence from Increasing Real Income and Life Satisfaction in East Germany Following Reunification." *American Economic Review* 94(3): 730—740.

Harzing, Anne-Wil. 2006. "Response Styles in Cross-National Survey Research: A 26-country Study." *International Journal of Cross Cultural Management* 6(2): 243—266.

Helliwell, John F. 2003. "How's Life? Combining Individual and National Variables to Explain Subjective Well-Being." *Economic Modelling* 20(2): 331—360.

Johnson, Wendy and Robert F. Krueger. 2006. "How Money Buys Happiness: Genetic and Environmental Processes Linking Finances and Life Satisfaction." *Journal of Personality and Social Psychology* 90(4): 680—691.

Krugman, Paul. 1998. "Viagra and the Wealth of Nations." *New York Times Magazine*. August 23(http://www.nytimes.com/1998/08/23/magazine/the-capitalist-viagra-and-the-wealth-of-nations.html).

Lykken, David and Auke Tellegen. 1996. "Happiness is A Stochastic Phenomenon." *Psychological Science* 7(3): 186—189.

Grable, John E, Sam Cupples, Fred Fernatt, and NaRita Anderson. 2013. "Evaluating the Link Between Perceived Income Adequacy and Financial Satisfaction: A Resource Deficit Hypothesis Approach." *Social Indicators Research* 114 (3): 1109—1124.

Page, Lionel and Daniel G. Goldstein. 2013. "Subjective Beliefs about the Income Distribution and Political Position." (http://www.asb.unsw.edu.au/schools/economics/Documents/LPage%20-%20Subjective%20Beliefs%20about%20the%20Income%20Distribution%20and%20Political%20Position.pdf).

Schwartz, Barry. 2004. *The Paradox of Choice: Why More is Less.* New York: Harper Perennial.

Stevenson, Betsey and Justin Wolfers. 2013. "Subjective Well-Being and Income: Is There Any Evidence of Satiation?" *American Economic Review* 103(3): 598—604.

Suh, M. Eunkook, Ed Diener, Shigehiro Oishi, and Harry C. Triandis. 1998. "The Shifting Basis of Life Satisfaction Judgments Across Cultures: Emotions Versus Norms." *Journal of Personality and Social Psychology* 74(2): 482—493.

Wu, Xiaogang and Jun Li. 2013. "Economic Growth, Income Inequality and Subjective Well-being: Evidence from China." *Population Studies Center Research Report* No. 13—796. University of Michigan (http://www.psc.isr.umich.edu/pubs/pdf/rr13-796.pdf).

Zhou, Jie and Yu Xie. Forthcoming. "Does Economic Development Affect

Happiness? A Spatial-Temporal Contextual Analysis in China." *Journal of Happiness Studies.*

崔丽娟、张高产,2005,《积极心理学研究综述——心理学研究的一个新思潮》,《心理科学》第 2 期。

鲁元平、王韬,2010,《主观幸福感影响因素研究评述》,《经济学动态》第 5 期。

邢占军,2011,《我国居民收入与幸福感关系的研究》,《社会学研究》第 1 期。

张明军、孙美平、姚晓军,2010,《兰州市居民幸福感研究》,《干旱区资源与环境》第 10 期。

朱海燕、宋志一、邓云菁、向敬兰,2009,《大学生金钱社会观的性别差异》,《中国临床心理学杂志》第 5 期。

文字编辑:王佳
校对:李汪洋、张春泥

第8章 中国家庭追踪调查问卷设计

胡婧炜[*] 谢 宇[**] 孙 妍[***][①]

中国家庭追踪调查(China Family Panel Studies,CFPS)迄今为止已完成三轮访问。其中,2010年为全国样本的基线调查,2011年为18岁以下青少年样本的维护调查,[②] 2012年为全部样本的首轮追踪调查。目前,2014年的问卷设计工作已经完成,并已经开始新一轮的全国追踪访问。

个人及其所在家庭是CFPS的两个基本研究单元(谢宇等,2014)。以这两个研究单元为出发点,CFPS的主体问卷类型包括家庭成员问卷、家庭问卷[③]、成人问卷、少儿问卷与社区问卷5类。其中,家庭成员问卷与家庭问卷采集家庭层面的信息,前者关注家庭的内部结构、亲属关系网络,以及全部家庭成员的基本社会与人口信息,后者关注家庭的生活条件、经济金融状况与社会交往活动。成人问卷与少儿问卷采集个体层面的信息,包括教育、婚姻、职业、健康、养老、主观态度、认知能力等多方面内容,覆盖个体生命历程的所有重要事件。社区问卷采集家户所在村居的基础设施、经济、人口、政治、地区政策等

---

[*] 胡婧炜:北京大学社会研究中心研究助理。
[**] 谢宇:北京大学社会研究中心千人计划讲座教授、美国密西根大学社会学系教授。
[***] 孙妍:北京大学中国社会科学调查中心助理研究员。
[①] 感谢北京大学社会学系博士研究生李汪洋为本章写作提供的帮助。
[②] 由于2011年为小规模维护调查,问卷与2010年基本一致,本章将不对2011年的问卷设计做重点讨论。
[③] 由于家庭问卷主要采集家庭的经济活动、收入、支出、财产等反映家庭经济条件的内容,因此该问卷有时也被称为"家庭经济问卷"。

信息,为家庭与个人层面的研究提供社会环境资料。

本章是对CFPS问卷设计经验的一次回顾与总结。首先,我们将概述问卷设计普遍遇到的一些矛盾,以及应对这些矛盾的基本思路。然后,我们将介绍CFPS的问卷内容及演变,以及我们为权衡上述矛盾而采用的一些重要测量工具与关键技术。最后,我们将通过三个设计示例具体展示CFPS问卷设计中的独创性及其应对问题和权衡矛盾的经验。

一、问卷设计的矛盾与权衡

1. 采集数据与"制造"数据

简单来说,社会科学实证研究是一个使用经验数据来论证研究假设的过程。因此,采集客观、真实、有效地反映社会现象的数据是社会调查的首要目标。可以说,无论是研究设计阶段测量工具与调查手段的选择,还是实际调查过程中对调查质量的严格控制,抑或是调查后期对数据的反复清理,无一不在为这一目标而努力。

社会调查的数据采集最主要依赖于受访者自报的信息。虽然人们通常认为没有人比他们自己更了解自己的情况,但是一旦客观地去考量社会调查前前后后的工作,我们会发现自报的信息未必总是准确和可靠的。与其说社会调查是在采集数据,毋宁说它是在"制造"数据。为什么呢?因为对于问卷中的很多问题,大多数的受访者大脑中并没有准备好现成的答案,很多时候他们需要在接受访问的当时即时生产数据。比如当提问受访者在过去某一时间段内发生某个行为的频率时,他们需要回忆并估算频率;又比如当提问受访者对某一不常见问题的观点与看法时,他们需要立即思考并形成意见,等等。

大量研究受访者作答行为的文献明确指出,即使不考虑个人理解能力与记忆能力的异质性及主观伪报数据的可能性,我们依然不能完全控制测量误差——这种误差恰恰来自测量工具本身,如问题的措辞、表达形式、选项设置、上下文背景等(Bradburn et al.,2004;Schwarz,1999;Sudman et al.,1996;Tourangeau et al.,2000)。受访者在生产数据的过程中,其思维过程首先伴随着对问题字面意义的理解,但同时他们还会揣度问题的目的与意涵,并希望迎合问题设计者的意愿提供答案；其次是对相关事件的回忆与思考；此外，受访者还会考虑到选项的设置、前后回答的逻辑一致性，以及社会期望与价值判断等因素而调整他们的答案（Groves et al.，2004；Sudman et al.，1996）。测量工具会极大地影响这一复杂的思维过程，从而影响最后的数据产出。

举例来说，当提问受访者过去一年的个人收入时，有些受访者习惯将"过去一年"理解为上一个公历或农历的自然年，还有些受访者则会将其理解为从调查时点起往回推一年的时间。假定调查是在六、七月份进行，那么，对"过去一年"一词的不同理解会导致不同受访者回答的收入、支出、从事某些活动的频率等信息存在半年或更长时间的差异。

同样，选项/答案的设置也会对受访者的回答产生重要影响。比如，选项的数目与顺序。研究发现，当一道题存在多个选项时，受访者倾向于选择最靠前或最靠后的选项。因为受访者经常会没有耐心看完或者听完所有的选项，他们会选择排在最前面的一个还算合理的答案，而不是最佳答案；又因为受记忆能力的影响，靠后的选项往往是受访者听完题后最容易回想起的答案（Groves et al.，2004）。再如，量度（scale）的设置。Schwarz 等人（1991）在一项研究中要求受访者对自己人生的成功程度评分。他们设置了两套量表随机分配给受访者使用，其中一套量表的量度为"0"（"非常不成功"）到"10"（"非常成功"），另一套为"-5"（"非常不成功"）到"5"（"非常成功"）。结果发现，使用第一套量表的受访者中有34%的人选择"0"到"5"，而使用第二套量表的受访者中仅有13%的人选择"-5"到"0"。从量度等级来看，第一套量表中的"0"到"5"和第二套量表中的"-5"到"0"没有差别。然而，第一套量表中"0"到"5"的设置仅仅会被受访者理解为不是很成功，而第二套量表中的负数设置则会被受访者理解为比较失败，因而第二套量表中选择"-5"到"0"的比例相比第一套量表中选择"0"到"5"的比例大幅降低。

问题的情境（context）也会影响受访者的回答。Norenzayan 和 Schwarz（1999）在一项研究中提问受访者发生屠杀的原因。他们使用了两组访员，一组访员使用的问卷打印在信头上印有"社会研究所"的信纸上，另一组访员使用的问卷则打印在信头上印有"性格研究所"的信纸上。结果得到的答案是，接受前者访问的人更倾向于认为屠杀是社会因素所致，而接受后者访问的人更倾向于认为屠杀是性格因素所致。这是由于受访者把调查机构的性质考虑进了答题的因素中,他们以此揣摩题目的用意,并希望提供有用的答案。

此外,问题采用开放模式还是封闭模式、回忆期的长短、频率高低的设置、问题的敏感程度等等也均会对测量产生影响(Groves et al.,2004;Schwarz,1999;Sudman et al.,1996;Tourangeau et al.,2000)。所以,尽管很多时候受访者都是基于客观现实提供问题的答案,但在测量工具的影响下,研究者依然会采集到大相径庭的数据结果。社会调查总是在"制造"数据,而不可能像实验一般在完全可控的环境下采集数据。从这个角度来说,尽管我们永远不能放弃在问卷设计时慎之又慎的努力,但也要随时做好数据在一定程度上"失真"的心理准备,因为研究者选择的测量工具必然会影响他们将得到的答案(Schwarz,1999)。

2. 测量工具的稳定与优化

社会调查需要稳定的测量工具。一方面,测量工具应尽可能地与其他社会调查中已成熟的测量工具相一致。由于测量工具会影响受访者的回答,因此,测量工具的变换会使得不同研究采集的数据不具可比性,并导致对组间差异的错误理解,这将极大地削弱社会调查数据的研究价值。另一方面,对追踪调查来说,测量工具应尽可能地在不同的调查轮次间保持一致。追踪调查是对同一人群(同一样本)在不同时点上的重复观察,并根据该样本在不同时间的变化状况,判断其经历的事件之间的因果关系以及推断总体的变化趋势。如果在不同的调查轮次间随意更改测量工具,我们将很难确定样本的变化是由于研究假设中的原因对结果产生的真实影响,还是由于测量工具变化带来的测量内涵的改变对结果产生的影响,因而难以发挥追踪调查数据用于因果推断与趋势分析的优势。

保持测量工具的稳定性固然重要,但实际情况中测量工具要保持一成不变也并不现实。一方面,尽管中国的社会科学调查在近年来才刚刚起步,为了其自身的发展,也为了实现跨国数据比较及国际对话,其经验数据的采集确实需要大量借鉴和引进国外成熟的测量工具,但客观地说,中国社会及其变化并不是其他任何一个国家及其变化的翻版,它的特殊性使得对国外成熟工具的改进必不可少(Xie,2011)。比如,户口制度是中国特有的;再比如,中国社会的组织结构,如层级制度、单位制度、家庭制度等,也与西方社会有本质差异。因此,对测量工具的优化既要做到适应于中国的实际情况又要能够经得起科学的检验,这是问卷设计者应时刻铭记心头的任务。另一方面,在追踪调查中,设计者经过反思及数据分析发现的问卷的错误与设计缺陷,以及问卷中不能适应时代变化的内容,也确实需要在一定条件下逐步改善和更新。因此,如何在数据的历时可比性与测量工具的完善之间权衡,是追踪调查问卷设计者不可避免的一大难题。

3. 研究需求与实际操作

社会现象的复杂性与个体的异质性增加了社会科学研究的难度,也对数据收集提出了更高的要求(谢宇等,2013)。任何能收集到的信息都会有这样或那样的缺陷,不可能完全满足所有研究的需求,但尽可能丰富、真实、具体、详细的信息则可以更好地反映复杂社会现象的方方面面。在社会科学研究中没有免费的信息,研究者要么收集信息,要么假定信息(Xie,1996)。更多、更丰富的信息或数据,可以为理解社会现象及其变化机制提供更强的解释力。

然而,研究者的需求与实际操作却常有矛盾。首先,社会现象无论多么复杂,社会调查对它的考量最终需要转化为结构化或半结构化的问题,因而不可能全面、深入地捕捉该社会现象的全部内涵。比如社会调查经常使用提问或直接观察受访者家中有多少藏书的方式来测量家庭的文化资本。这其实是一个非常不精确的测量手段,比如,受访者家中可能有很多藏书但从来没人读过,藏书的内容与品味也会折射出家庭间完全不同的文化水准,等等。但是,由于这一测量方法简单易答、得到的答案易于计量与比较,因而很多调查不得不沿用它作为对家庭文化资本的标准测量工具。同样,对受访者健康状况的测量,社会调查不可能像医学评估一样实施一套完整的体检流程,而只能采集少数的关键变量来评估。自评健康状况便是其中一个关键变量,尽管它非常主观,但由于操作成本低与简单易行,它仍然是国际上社会调查通用的一个健康测量指标。

其次,社会调查在实际操作中受到时间成本、经济成本、技术条件等各方面的严格限制,因而也不可能无限地扩充问卷内容、增加问题数量或提高调查难度。

最后,样本的长期维系是追踪调查成功的关键。因而,追踪调查必须将每次调查的时间长度控制在受访者可接受的范围,并尽可能地降低问题的敏感性与繁琐程度,减少受访者"制造"数据过程中的困难,以保证受访者的长期配合,避免样本流失给调查带来的损失。

4. 问卷调查的标准化与灵活性

相比质性研究常用的访谈、观察等方法,问卷调查的一个重要特征是使用标准化的测量工具。其优点在于可以对访问过程进行控制与统一管理,降低测量误差,提高测量结果的可靠程度与数据的可比性。

但是,标准化问卷和标准化访问程序的一个弊端是太过机械,这使问卷对具体情境的适应力降低,也不利于访员积极性的发挥。比如说,低教育程度的受访者有时难以理解问卷中使用的一些词汇,但标准化的访问程序要求访员必须使用同样的提问方式,不允许自行解释。再如,访员在访问中看到受访者在吸烟、打手机,但是问卷设计与访问流程仍要求受访者原字原句提问受访者是否吸烟、是否使用手机。

标准化和灵活性是问卷设计中很难权衡的两个方面。一方面,对流程的规范性操作以及对质量的控制要求问卷与访问流程设计不能给访员和受访者太多的随意性;但另一方面,我们又希望问卷和访问能够灵活应变,以适应不同的情况与需求。

5. 问卷设计中的权衡

总的来说,问卷设计中的矛盾还远远不止于此。毫不夸张地说,问卷设计工作似乎永远是在产生矛盾与克服矛盾之间艰难徘徊。不过,我们也不必对此太过悲观——社会调查虽然在问卷设计方面有其难以解决的问题,但它依然是我们了解社会及其变迁的最佳工具,是描述社会现象的最有效手段。那么,我们该如何正确看待问卷设计工作呢?

一方面,问卷设计是一门权衡与妥协的艺术。由于社会现象的复杂性,不可能有一个完美的工具可以同时在广度与深度上满足社会研究的全部需求——哪怕是简单地描述社会现象都非常困难。问卷设计永远只能是从几套不完美的方案中选出相对完善的那一套付诸实施,这是所有研究者应该持有的心态。

另一方面,权衡与妥协并不代表敷衍了事。正因为需要权衡与妥协,问卷设计工作才需要讲求方法,在挑选方案时才需要慎之又慎。只有充分发掘各种可能的方案,并充分了解、比较每一种方案的利弊,才可能做出正确的"权衡"。问卷设计的目的不是设计出完美的问卷,而是做出最佳的权衡与妥协。

最后,无论我们"妥协"性地采取了哪一种方案,都要能够明确这种选择的得与失,能够预测可能产生的问题及其根源,能够准备好降低偏误的预案,这些是问卷设计者必须也是唯一能够做到的。

在CFPS问卷的设计过程中,我们也无时无刻不面临以上提及的各种矛盾,并无时无刻不在上述矛盾中进行权衡和妥协。本章接下来各节将具体介绍CFPS的问卷设计工作,以及我们处理各种矛盾和问题时的考虑与方法。本章不打算做方法论上的研究,而主要以介绍和描述为主,希望能够让读者对CFPS的问卷设计工作有一定的了解,也能从中吸取问卷设计的经验与教训。

二、CFPS问卷设计综述

1. 内容

作为一项综合性的社会调查,CFPS的重要优势是内容的丰富性与广泛性(表8-1)。其内容不仅全面覆盖了社区、家庭、教育、职业、婚姻、健康等社会科学研究普遍关注的主题,而且具备自身的一些特色,如完整的家庭结构与家庭成员信息的采集(见下文)、整体抽样下的城乡一体化问卷设计、对流动人口的长期追踪调查、对少儿成长与发展过程的全面关注、对事件史信息的详细收集,等等(谢宇、胡婧炜,2013;谢宇等,2014)。此外,CFPS调查中有关宗教信仰的测量、多维度的认知能力测试、丰富的心理与主观态度测量、行为习惯记录等的内容设计也可以为研究提供难得而有价值的信息。

表 8-1　CFPS 2010、2012、2014 年问卷内容模块

	2010	2012	2014			2010	2012	2014
社区问卷				家庭问卷				
设施、人口、财政、环境、医疗等	√		√	地理交通		√	√	
				生活条件		√	√	√
家庭成员问卷				社会交往		√		
家庭结构与成员关系	√	√	√	农业生产		√	√	√
家庭成员基本信息	√	√	√	非农经营		√	√	√
				个人收入		√		√
成人问卷				转移支付		√		
基本信息	√	√	√	家庭支出		√	√	√
流动迁移	√	√	√	房产		√	√	√
兄弟姐妹	√		√	土地		√	√	√
特殊经历	√	参军	参军	其他家庭资产		√	√	√
学历教育	√	√	√	金融资产		√	√	√
非学历教育		√	√	债权债务		√		√
语言	√			金融知识				√
婚姻	√	√	√	家庭议题		√		
与子女关系	√	√		少儿问卷				
工作与收入	√	√	√	家长代答	基本信息	√	√	√
退休养老	√		√		流动迁移	√	√	√
时间利用	√				家长照管	√	√	√
休闲与出行	√				少儿成长	√	√	√
手机和网络	√		√		医疗健康	√	√	√
社会关系	√				教育支出	√	√	√
宗教		√	√		父母养育观念	√	√	√
政治	√	√	√		上学	√	√	√
主观态度	√	√	√		课外辅导	√	√	√
医疗健康	√	√	√		家人互动	√	√	√
行为习惯	√	√	√					
精神测量	√	√	√	少儿自答	学历教育	√	√	√
认知测试	√	√	√		工作与收入			√
身体能力	√				时间利用	√		√
父母信息		√			语言	√	√	√
法律			√		社会交往	√	√	√
					手机网络	√	√	√
					健康	√	√	√
					主观态度	√	√	√
					行为与精神测量	√	√	√
					认知测试	√	√	√

2. 工具

由于问卷内容的丰富性与调查对象的复杂性，高效、简便、快捷地实施访问成为调查成功的关键。计算机辅助调查技术（CAI）的使用极大地满足CFPS高度复杂的问卷设计需求，在一定程度上有助于解决研究需求的多样化与操作的简单化之间、调查的灵活性与标准化之间的矛盾。

模块化设计是生产管理中的一个重要理念，它通过将产品划分为一系列的功能模块，并通过模块间的组合构成不同的产品，可以快速满足多样化的市场需求。模块化设计在航空、计算机、机械等各个方面均被普遍使用，计算机辅助调查技术的使用也使得社会调查中问卷的模块化设计成为了可能。它是一种设计思路上的转变，在模块化设计的思路下，问卷的内容被灵活分割、组合与调用。CFPS问卷的模块化设计首先体现在问卷内部。如对于家庭经济信息的采集，计算机对于从事农业活动的家庭会自动调用农业经济模块，对从事个体/私营活动的家庭会自动调用个体/私营经济模块。模块化的设计也体现在不同问卷之间。如，CFPS少儿问卷与成人问卷在学校教育、工作、手机与网络的使用、认知测试这些内容上都使用同一套共用问卷和存储相同的变量。总的来说，模块化设计通过计算机的链接（即问卷设计好的筛选条件），可以组合出针对不同受访者具体情况的个性化问卷。它不仅满足了大型调查复杂的设计需求，使问卷更具灵活性与适用性，而且能够节约编程时间，节省数据存储空间。统一的数据格式也更利于后期数据的管理。尤其对追踪调查来说，使用相同的测量工具还有利于保证数据的延续性。如，少儿问卷与成人问卷在同样主题（如学校教育）上使用共用模块，可以很方便地适应受访者从回答少儿问卷向回答成人问卷的过渡，从而快捷有效地保证测量工具的稳定性，避免因测量工具的改变而影响追踪数据的跨年比较。

事件日历记录法（Event History Calendar，EHC）的使用是解决复杂信息采集的另一个有效途径。如上文所述，受访者接受访问时需要回忆相关的信息。当回忆的周期越长时，信息的准确程度越低（Groves et al.，2004）。EHC是帮助受访者更好地回忆时间信息的一个有效工具。由于追访的频率从最初计划的一年一次改为了两年一次，为提高信息的准确程度，CFPS自2014年起对居住地变化、工作、婚姻三个模块使用了 EHC 采集信息。图 8-1 是 CFPS 问卷中 EHC 的一个简单示意图。EHC 在信息采集开始前会自动生成受访者回忆时段的一个空白日历表，图中受访者的回忆时段为 2012 年 10 月至 2014 年 6 月。[①] 通过向受访者提问，EHC 自动将采集到的信息转化为可视化的日历界面，如图中显示受访者于 2012 年 10 月至 2013 年 6 月、2014 年 1 月至 2014 年 6 月两个时间段居住在地址 A。在受访者与配偶 A 的婚姻结束后，受访者结束了工作 B，并同时搬至了地址 B 居住。借助于一些线索——如结婚、生育、搬家、变换工作等重要事件，人们可以回忆出与之相关的越来越多、越来越准确的信息。根据这一记忆原理，EHC 一方面可以清晰明了地向受访者展现出事件的时间表，帮助受访者以其中一些事件作为时间线索回忆出另一些事件的时间；另一方面，EHC 在帮助受访者对事件时间构建记忆的同时，也帮助受访者更完整、准确地回忆起各类事件的相关信息，如与当时配偶的同居情况、当时那份工作的时间投入与收入情况，等等（Belli et al.，2009）。很多研究证明了 EHC 在帮助记忆以及提高数据质量方面的功用（Engel et al.，2001；Freedman et al.，1988；Lin et al.，1997；Yoshihama et al.，2005）。我们在下文还将继续谈到 EHC 的应用。

	2012年			2013年												2014年					
	10	11	12	1	2	3	4	5	6	7	8	9	10	11	12	1	2	3	4	5	6
	居住地																				
地址A	■	■	■	■	■	■	■	■	■							■	■	■	■	■	■
地址B										■	■	■	■	■	■						
	婚姻																				
配偶A			■	■	■	■	■	■	■												
配偶B															■	■	■	■	■	■	■
	工作																				
主要工作A						■	■	■	■	■	■	■	■	■	■	■	■	■	■	■	■
一般工作B			■	■	■	■	■	■	■												

注：■ 表示该事件发生的对应时间段。

图 8-1　CFPS 事件日历记录法示意图

① 我们对追访者回忆时段的设置是从上次调查月至此次调查月，对初访者回忆时段的设置是从上次调查年的 1 月 1 日至此次调查月。

3. 方法与技巧

一些小的设计方法也可以有效地提高测量的精度。比如,CFPS 关于情境题(anchoring vignette)的设计可以有效地调整测量误差。上文提到,自评健康是社会调查中测量身体状况的一个重要指标。然而,由于受访者的个人背景不同,他们评估自身健康状况的标准存在很大的差异(Xu & Xie,2014)。如,社会经济地位高的人对健康的评价标准往往较高,社会地位低的人则较低,因此,相比前者,后者的自评健康状况可能会因为自评标准较低而变得更好(Dowd & Todd,2011;Schnittker,2005)。那么,如何使主观自评信息具有可比性呢?情境题的使用在很大程度上解决了这个难题。情境题指的是在受访者评价了自己的身体健康状况之后,假设一种或几种情境,并使用与自评题完全一致的量度,让受访者对假设情境下的人(与受访者同性别)的身体健康状况做出评估。通过对受访者自评和评估他人二者之间的比较,测算其自评的标准,从而有效地解决自评的组间差异问题(Xu & Xie,2014)。CFPS 在 2012 年和 2014 年都设计了关于健康评估(见图 8-2)和社会地位测量的情境题。

P201 您认为自己的健康状况如何?
  1. 非常健康   2. 很健康   3. 比较健康
  4. 一般【不读出】   5. 不健康

【引语】访员注意,请读出以下这段话:"现在我给您说几个有不同程度健康问题的人。我想知道您怎么评价他们的健康状况,就如您刚才怎么评价您自己的健康状况一样。请您想象这些人和您具有相同的年龄和背景。"

P2031 孙军/李梅在走路、跑步、活动四肢上毫无问题。他/她每周慢跑 2 次,每次跑 5 公里。他/她记不得最近一次感到身体疼痛是什么时候,因为最近一年里他/她都从未感到过疼痛。即使在体力劳动或者锻炼后,他/她也不曾感到任何身体疼痛。您认为,孙军/李梅的健康状况如何?
  1. 非常健康   2. 很健康   3. 比较健康
  4. 一般【不读出】   5. 不健康

P2032 赵刚/王丽走 200 米的路毫无困难。但走完一公里或爬完几层楼后,会觉得累。他/她的日常活动没有问题,比如从市场上买完菜拎回家。他/她每月都有一次头痛,吃药之后会有所缓解。头痛时,他/她能继续做日常工作。您认为,赵刚/王丽的健康状况如何?
  1. 非常健康   2. 很健康   3. 比较健康
  4. 一般【不读出】   5. 不健康

图 8-2   CFPS 健康评估的情境题设计

再如,出示卡片可以有效降低选项的顺序设置对受访者回答的不利影响。对于选项较多的题目,CFPS均设置了纸质卡片。在提问这类题目时,访员不需读出选项,而是让受访者自己阅读卡片,从而可以在一定程度上缓解受访者倾向于选择最前和最后选项的问题。而且,卡片的设置在一定程度上也解决了敏感信息采集的困难。如,少儿在接受访问的过程中,父母经常会陪伴在其身边。如果采用读题的方式,我们将很难采集到关于少儿早恋、吸烟等一些问题行为的真实信息。但是,直接出示卡片并请受访少儿回答答案的代号则可以有效减轻少儿的顾虑。

现场即时检验是提高数据质量的另一个重要方法,这也是计算机调查相比纸笔调查无可比拟的优势。计算机调查设置了强制性校验(hard check)和提示性校验(soft check)两种即时检验,前者严格限定了回答的值域,后者能够在出现异常取值时发出确认提醒。在访问过程中,当出现逻辑错误时,如上学年份早于出生年份、离婚时间早于结婚时间等,事先设计好的程序可以即时弹出错误提醒(强制性校验),访员和受访者必须纠正错误后方可继续作答。当出现逻辑上可能但不太符合现实常理的值时,如受访者未成年便结婚或参加工作、过早退休、房价过高或过低等,事先设计好的程序也会即时弹出提醒(提示性校验),要求受访者对答案再做确认。即时检验减轻了数据清理的难度和负担。很多时候,后期数据清理发现这些问题时已经太晚,由于时隔访问太久,而且访员已经离开实地,因此很难再补回正确取值——即使可以,成本也太高。而现场即时检验可以极大地减少错误信息带来的损失。

此外,代答问卷的设计、电话访问及网络访问等多种访问方式的采用,以及用以纠正错误信息的回访问卷的设计等均可以很好地提高数据的完整性与信息的准确度。①

---

① 由于篇幅有限,此处不再详细叙述。具体可参考谢宇(2013);谢宇、胡婧炜(2013);谢宇等(2014)。

三、应用示例一:家庭成员问卷

1. 背景

家庭是中国社会的最核心单元,也是 CFPS 的一个重要调查和研究单元(谢宇等,2014)。对家庭的调查在西方由来已久,如 IPS(Intergeneration Panel Study of Parents and Children)始于 1962 年,PSID(Panel Study of Income Dynamics)始于 1968 年,NSFH(National Survey of Families and Households)始于 1987 年,等等。在中国,随着近些年来社会调查的迅速兴起与社会科学定量研究的进步,越来越多的研究者希望能够采集关于中国当代家庭的经验数据以便开展相关议题的研究。确实,我们希望可以借助西方的成熟工具来研究中国,然而,由于西方与中国在家庭结构、制度上的巨大差异(Chu & Yu,2010;Thornton & Lin,1994),上文所述的一致性原则很难在对中国家庭的调查中实现。

费孝通曾谈到中西方家庭的区别:"家庭在西洋是一种界限分明的团体。如果有一位朋友给你说他将要'带了他的家庭'一起来看你,他很知道要和他一同来的是哪几个人。在中国,这句话是含糊得很……在我们中国'阖第光临'虽则常见,但是很少人能说得出这个'第'究竟应当包括些什么人。"(费孝通,1998:25)。可见,家庭的范围在西方非常明确,但在中国,对这个范围的界定却是所有家庭调查面临的第一个难题。而且,无论在西方还是中国,以往的家庭调查往往只是从家中选择一人作为核心构建家庭内的成员关系,这种做法不仅会导致家庭成员关系需要经过若干次转化方能使用,而且对于追踪调查而言,还会因为核心成员的变化而导致家庭关系结构的变化。CFPS 则希望准确定位中国家庭的复杂关系网络中家庭成员间的相互关系,因而,如何有效采集复杂的家庭成员关系信息也成为家庭调查面临的另一难题。不仅如此,CFPS 首次要对全部的家庭成员开展个人访问,而个人问卷的产生又必须以家庭调查为基础,这使得对家庭的界定尤为重要。最后,要在一个快速变化、高度流动、家庭关系又错综复杂的社会中开展长期的家庭追踪调查,怎样的信息采集方式才能适应这种快速的家庭变迁并全面准确地采集变动信息,也是家庭调查面临的重要挑战(谢宇,2013;谢宇等,2014)。

2. 基线"家庭"的界定

西方研究中经常使用"家户"(household)来表示家庭的概念,一个家户指地理上的一个居住单元,家庭结构通常是已婚夫妇与未成年子女组成的核心家庭模式。但在中国,同一地理单元上的家庭结构则存在很高的异质性。比如,子女们成年成家后可能依然与兄弟姐妹的家庭共同居住,多代人可能长期共同居住,等等。其次,居住在同一个地理单元的家庭成员间的联系的紧密程度也各有不同,有些可能会分为若干个小家庭,彼此之间经济独立;有些则是一个经济共同体,一个一起生活的大家庭。此外,在中国的农村,成年人外出打工的情况也非常普遍,他们是家庭经济的重要支柱,却长期没有居住在家中。

相比地理上的聚集,经济联系与血缘关系是中国传统文化中更为重要的家庭概念(Thornton & Lin, 1994)。CFPS 在 2010 年的基线调查中综合考虑了上述传统。"同灶吃饭"是界定家庭的第一个标准。所谓"同灶吃饭",其实是经济共同体的一个通俗形象的说法,因为在旧时中国,人们用"分灶"来表示分家。这样一种界定方法不仅符合中国的传统,而且还可以将地理上不居住在一起、但是经济上紧密联系的个体(如外出打工、上学)纳入到家庭之中,从而减小家庭界定的误差。

婚姻/血缘关系及其紧密程度是 CFPS 基线调查中界定家庭的第二个标准。在经济上有紧密联系的人员中,我们在 2010 年规定只有直系亲属(包括配偶)和连续居住时间超过 3 个月的非直系亲属算作家庭成员。这一做法将那些尽管有紧密经济联系但短期居住的非直系亲属和没有婚姻/血缘关系的人员(如保姆、司机等)排除出了家庭的范畴。[①] 从这一标准也可以看到,由于加上了居住时间超过 3 个月的限制,非直系亲属必须居住在家庭所在的地理单元上才可能成为家庭成员,而不在家的家庭成员则只可能是直系亲属。这一设计也是整合了中国家庭关系讲究血统的直出与旁出的传统。

基线调查对家庭的界定流程见图 8-3。

[①] 我们同时对有经济联系但没有血缘关系且居住时间满 6 个月的人口采集了基本信息,以作为家庭背景信息使用。这部分人属于同住人员,但不属于家庭成员。

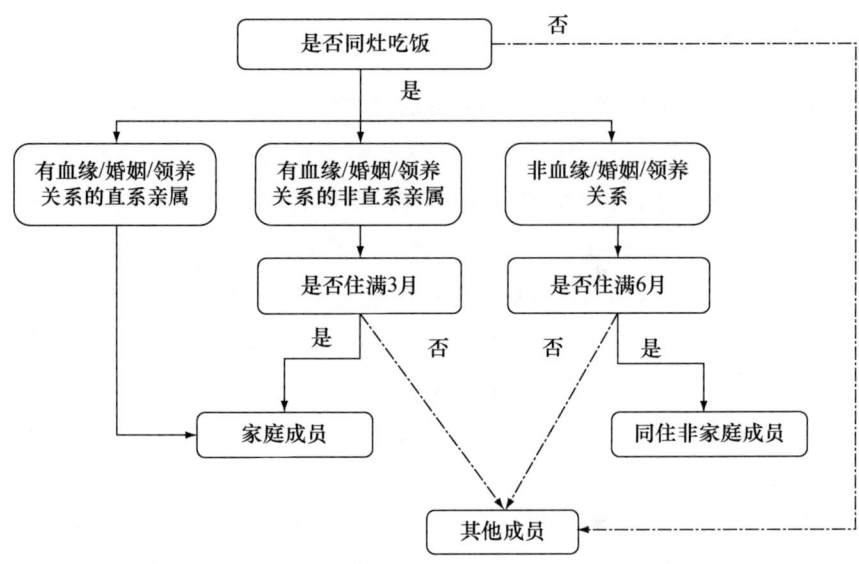

图 8-3 基线家庭的界定流程

3. 追踪的原则与家庭成员分类

在传统中国,血统的延续是家庭存在的重要目的与价值,血统的观念同时还影响到了家庭价值观念、同住与家庭规模、婚姻安排、赡养老人、家庭决策等家庭生活的方方面面(Chu & Yu,2010;Xie,2013)。由于血统延续在中国家庭中的重要性,它也成为了我们制定追踪标准的依据。不过,与传统不完全一致的是,CFPS 不仅认可男方血统,也同样认可女方血统。我们把 2010 年基线调查中界定出的全部家庭成员及其今后的血缘/领养子女界定为永久追踪调查的对象。这部分人我们称之为"基因成员",这也是借用了生物学中基因传递的概念。

家庭成员问卷是个人问卷产生的基础,也是追踪的基础。在基线调查之后的调查中产生了大量的非基因家庭成员,而且在越往后的追访中这类人员的数目会越多。考虑到访问效率与成本约束,CFPS 不可能对所有的家庭成员继续予以同样的关注力度。为此,在基线调查之后,我们对家庭成员进行了三级分类:第一类为基因成员,这是我们永久追踪并最为关注的群体。在历次调查中,他们无论是居住在上轮调查的家庭(也称"原家庭")中,还是外出,亦或是组成新的家庭,我们都要对其开展访问。第二类为核心成员,指受访家庭中基因成员的非基因父母、子女和配偶。① 此类人员因为与基因成员的关系最为紧密,因而也是我们的详细调查对象。但是,一旦他们与基因成员的关系断裂(如离婚、分家),我们将终止对他们的追踪和访问。第三类为非核心成员,即上述两类人员之外的其他家庭成员。此类人员由于与基因成员共属一个家庭,因而是家庭经济调查必须覆盖的范畴,但对其个人我们仅进行非常简单的自答或代答的调查。同样,他们一旦不属于基因成员所在的家庭,我们不会再对其进行访问。

4. 家庭的变迁

除个人外,家庭也是 CFPS 每轮调查的对象。但是,家庭是指基因成员的家庭,只有当调查当年家庭中存在基因成员时,这个家庭才是需要被调查的,否则调查终止。所以,基因成员是永久的,家庭(及其他家庭成员)则是流动和变化的。

家庭可能会发生两类变化:一是家庭中的成员会不断变化,如原有成员去世,或增加新的家庭成员等;二是整个家庭会发生变化,如瓦解,或产生新的家庭等。家庭的变化是我们关注的重要内容,也是我们联系基因成员的基础。在中国,个人嵌在家庭之中。尽管我们追踪的对象是个人,但个人的流动性很强,我们经常很难找到他们,家庭的地址却相对稳定,如果我们先找到家庭,就可以更容易地联系到个人。

所以,CFPS 每轮的调查会以上轮调查的家庭为出发点,去发现家庭的变动及人员的流向。那么,如何采集这些变化的信息呢?CFPS 采用"加减法"解决了这一问题。第一步是减法,访员去到上一轮调查的家中询问哪些成员目前还住在家中。② 对不在家成员,我们根据离家的原因将其分为去世(A)、外出不需访问(出家、服刑、参军/服役、离家出走、在养老院居住)(B)、外出需要

---

① 基因成员的父母、配偶和 2010 年基线调查前出生的子女,如果在 2010 年基线调查时没有被界定为基因成员(即在 2010 年基线调查中不满足家庭成员资格),那么,他们就是"非基因父母、子女和配偶"。

② 我们以 3 个月作为离家的标准。

追访(不住家中但与家庭有紧密经济联系)(C)、另组新家庭(分家、离婚、嫁出以及其他一些与家庭在经济上互相独立的情况)(D)四大类。① 我们以上一轮调查时家中的成员(O)为基础,经第一步减法后我们得到的家庭成员为(O - A - D)。

第二步为加法。我们继续询问该家庭在两次调查期间新增加的家庭成员(E)。判断的标准与基线调查基本相同。在家中的基因成员以及基因成员的非基因父母、子女和配偶,直接算作家庭成员;在家中的直系亲属,如果其在经济上不独立于该家庭,直接算作家庭成员;在家中的非直系亲属,如果在经济上不独立于该家庭且居住时间满3个月,也算作家庭成员。在经过第二步加法后,我们得到的家庭成员为(O - A - D + E)。

但上两步的做法有一个缺陷:由于对不在家成员的属性进行判断时,我们都是基于上一轮的家庭成员。那么,如果一个上轮调查时未进入家庭成员列表的新的基因成员(理论上只可能是新生或领养的小孩),此轮调查又不住在家中(可能外出,也可能已经另组新家庭),他/她将从此被我们的调查所遗漏。然而基因成员是CFPS非常重要的调查对象,因此,尽管这种情况出现的概率很低,我们依然为此做了第三步的调整。在这一步我们网罗了两次调查期间新生的、但在第二步未进入家庭成员列表的基因成员,并同样以经济上的独立性判断其是属于现在的家庭(F)还是已经组成新的家庭(G)。至此,我们得出的家庭成员为(O - A - D + E + F)。

最后,如果在经以上三步得出的家庭成员中没有基因成员,我们则对该家庭终止调查。对于另组新家庭,我们"加减法"的起点是分裂到该地址上的原家庭成员,在此基础上按照上述同样的流程进行加减。从上述介绍中可以看出,对家庭结构变化信息的采集需要借助于大量的加载数据和复杂的筛选跳转,这在传统的纸笔调查中是几乎不可能完成的艰巨任务,但在计算机调查中却可以准确快速地完成。

---

① 此处仅介绍基本原则与方法。具体的操作标准在2012年和2014年略有不同,详见问卷。

5. 经济联系的界定

在对家庭成员的身份进行界定时我们需要将人员分为两类进行考虑：一是新人员是否属于家庭成员；二是上轮调查时的家庭成员如果在下轮调查时离家，那么他/她是否仍属于家庭成员。无论对于哪一类人员，经济联系都是对其家庭成员属性进行判定的重要标准之一，但我们对这两类人员与家庭的经济联系的衡量标准并不完全一致。对于前者，其主观判定的是否与其他家庭成员同属一个经济共同体（"同灶吃饭"）是基线调查及之后历轮追踪调查都一以贯之的经济联系的衡量标准。对于后者，我们在经济联系的衡量标准上经历了长期的探索。具体如下：

在2011年的调查中，我们尝试以统一的客观标准来衡量不在家人员与原家庭的经济联系，即平均每年是否有1000元以上的实物或现金往来，以此判断其是属于原家庭还是新家庭。但我们发现，在高收入地区与家庭，离家人员与原家庭间1000元的经济来往可能仅仅是非常普通的一次或几次人情往来，完全不足以证明其与原家庭之间存在紧密的经济联系；而在极端贫困的地区与家庭，经济来往不足1000元也不足以证明其在经济上不是一个共同体。1000元的客观标准导致我们有时错误地划分家庭。事实上，我们选择任何一个金额标准都不可能适用于全部样本区域，这是我们从2011年的实践中得到的经验。

在2012年，我们进行了新一轮的尝试。为了区分原家庭与新家庭，我们分了两类情况：一类是明显组成了新家庭，如嫁出、离婚、分家，我们默认这一类离家人员从属于新家庭；另一类是模糊情况，如外出读书、工作，我们综合了其是否结婚、是否有配偶和孩子留在家中、是否有正式工作、是否养家、是否被家里养这几个条件来进行判断。从理论上来说，这似乎是一个综合考虑了中国实际情况的有效区分手段。但是，由于家庭的复杂性，我们的设计依然存在缺陷。这种做法是对单个成员逐一进行判断，因此它很容易把在外的家庭人为割离。比如说，我们把在外有正式工作、已经结婚、没有配偶孩子留在家中、不养家也不需要家里养的人员界定为新家庭成员。但假设外出工作的夫妻双方只有丈夫一方供养原家庭，而妻子作为原家庭的媳妇并不直接供养婆家，那么这对原本属于一个家庭的夫妇一人会被判断成原家庭成员，另一人会被判断成新家庭成员，这显然不符合常情。

2014年我们又做了新的调试。首先，我们不再在个人的基础上进行经济独立的判断，而是以外出的地址作为基本的判断单元。我们把每个地址上的人群作为一个整体，调查其与原家庭是否已经彼此经济独立，这解决了以往人为割离家庭的缺陷。其次，在以往的调查中，我们由原家庭判断离家人员是否与原家庭经济独立，以此判断离家人员是否属于该家庭，但在2014年的调查中，我们改为由离家人员自己根据其与原家庭的经济联系来判断其属于原家庭还是新家庭，因为我们认为受访者本人的判断会更加客观，而且，我们最终需要访问受访者本人，所以我们听从其本人的判断也更利于开展访问。最后，我们在界定经济是否独立的标准上听取了受访者主观的判断。家庭虽然有其客观界限，但同时也是一种心理认同。我们可以告诉受访者经济是否独立是我们的判断标准，但我们不能代替受访者来执行这一判断，不能因为太过刻板地遵循一个标准而强加给受访者一个没有心理认同的家庭，而是需要在其中找到一个平衡。

6. 家庭关系的构造

CFPS计划全面采集家庭成员信息，并构造家庭成员间准确的关系网络（如谁是谁的父亲，谁是谁的孩子，家中任意两人之间是什么关系，等等）。那么，如何在操作上实现这一设想呢？CFPS在2010年的基线调查中创造性地设计出T表家庭信息采集法来构造家庭关系网络。

T表由T1、T2、T3三张表构成，位于家庭成员问卷的起始部分（图8-4）。其中，T1表为同住家庭成员表，T3表为不同住父母子女配偶列表，分别记录全部同住家庭成员和他们不同住的父母、子女和配偶的基本社会人口特征。T2表为"关系表"，记录T1表中全部家庭成员之间以及T1表成员与T3表成员之间的对应关系。

T1 表：同住家庭成员表

个人编码	姓名	出生日期/属相年龄	性别	婚姻状况	最高学历	主要工作	行政管理职务	外出人员信息
101								
102								
…								
301								
302								
…								

T2 表：家庭成员父母、配偶、子女关系表

个人编码	姓名	父亲	母亲	配偶	孩1	孩2	…	孩10
101								
102								
…								

T3 表：家庭成员不同住父母、配偶、子女列表

个人编码	姓名	出生日期/属相年龄	性别	婚姻状况	最高学历	主要工作	行政管理职务	居住地与户口信息
301								
302								
…								

图 8-4　T 表格设计图

在调查中，T 表格的全部信息由家庭成员问卷回答人代答，不要求所涉及的家庭成员及亲属亲自作答。访员在计算机访问系统的帮助下完成对 T 表格的填写。

首先，对经界定符合家庭成员资格的人员，采用逐人逐项提问的方式，填写 T1 表的内容，生成同住家庭成员列表（T1 表）。

然后，根据 T1 表中家庭成员的信息，生成 T2 表的姓名初始列表。T2 表采用"轮流坐庄"的方式，每一个人轮流作为家庭关系的核心（或"庄主"），采集其父母、子女和配偶的姓名，生成家庭关系表（T2 表）。

最后，调查 T2 表中每一位"庄主"的父母、子女和配偶的基本信息。T2 表提到的父母、子女和配偶，如果已经出现在 T1 表中（即父母、子女和配偶为家庭成员），CAPI 系统会将已有信息自动加载，不需要重复提问；如果没有出现在 T1 表中，CAPI 系统将自动生成 T3 表的姓名初始列表，再次采用逐人逐项提

问的方式,填写 T3 表的内容,最后生成不同住直系父母子女配偶列表(T3 表)。

三张表整合起来,我们能够得到一个全面的家庭及亲属关系网络,通过这个网络,同代、上下代、隔代的关系均可以关联,同时每位成员的个人基本信息都有详细记录。在 2010 年基线调查之后,我们则仅对新进的家庭成员提问父母、子女和配偶的信息,通过后期数据匹配,我们依然可以还原得出调查当年的 T 表。①

总的来说,T 表在操作上的优势在于,第一,家庭成员在家庭中可能同时担任多个家庭身份,如一位家庭成员可能既是某位家庭成员的父亲,又是另一位家庭成员的孩子,采用传统的轮流提问法会导致信息的大量重复采集,不仅影响访问的效率,引起受访者的反感,而且会给后期数据清理带来麻烦。而 T 表的巧妙设计避免了上述问题。第二,T 表及其相应的个人编码体系可以对具体的家庭成员以及家庭成员之间的关系进行准确定位,解决了传统调查无法将受访者填写的家庭关系与具体的个人联系起来的问题。而且,唯一、准确的个人编码为后续的追踪访问奠定了基础,为追踪家庭的持续变动提供了可能。第三,T 表建立起来的家庭成员之间的匹配与关联关系(如夫妻对、父母—子女对、兄弟姐妹对等)及相关信息也为后期各个数据库的清理提供了大量依据和有效帮助。

T 表在研究上的优势在于成功克服了传统社会调查收集的家庭关系不明确、信息不完整的问题。它为研究者掌握家庭关系全貌、了解全部家庭成员信息、匹配家庭成员数据等前沿研究的需求提供了难得的资料。②

总的来说,中国的家庭不仅与西方家庭有很大差异,其本身也极为复杂。CFPS 家庭成员问卷的设计在标准化的访问流程中融合了多样的、灵活的、创新性的手段,不仅弥补了国际家庭研究领域上中国家庭数据缺乏的缺陷,而且极大地满足了对中国家庭研究的多方位需求。它采集的数据成功挖掘了中国家庭结构所蕴藏的巨大研究价值,也在问卷设计方法上开创了收集复杂家庭关系的一个成功范例。

---

① 了解 T 表的数据匹配方法可参考孙玉环等(2012)。
② 关于 T 表的研究价值与使用方法的更多资料参考谢宇(2012);谢宇、胡婧炜(2013);谢宇等,(2014)。

四、应用示例二:家庭经济信息采集

家庭经济特征(收入、支出、资产等)反映了家庭的生活水平,代表了家庭及其成员的社会经济地位,是经济学、社会学、教育学等诸多学科领域研究中的重要变量。

与家庭成员问卷不同,家庭经济相关概念的操作化已经非常明确,也不存在太多的文化适应困难,因而有大量成熟的工具可借鉴。但由于家庭经济的测量指标非常繁琐,有大量问题需要受访者靠回忆来回答,还有很多问题涉及到受访者不愿透露的敏感信息,因而对受访者的记忆能力、计算能力以及对调查的接纳程度都是极大的考验。信息采集的完整性与准确性成为家庭经济问卷设计要考虑的最重要问题。成功的问卷设计可以有效减少此类信息的缺失与错误,经验数据显示,HRS(Health and Retirement Survey)、AHEAD(Asset and Health Dynamics Among the Oldest Old Survey)调查项目对问卷的优化使家庭资产类数据的平均缺失率分别下降了75%、80%左右(Juster & Smith,1997)。而不合理的问卷设计则可能引起拒答,甚至导致受访者永久退出调查,对调查质量造成长久性危害。

在家庭经济问卷的设计上,CFPS参考了PSID、HRS等多项国际大型调查的设计经验,具体通过以下几个途径提高数据质量:

1. 汇总法

对家庭经济状况的研究中,研究者最常用的是受访家庭的收入、支出、资产的总额。然而,这些数据在调查中却很难通过直接提问总额的方式得到,因为这种方式很有可能由于受访者对概念内涵的理解不同或者记忆的偏差而导致错误。比如说,在采集家庭收入信息时,有些受访者会经常漏掉一些收入项目,如农业家庭自家生产并消费的农产品的价值、家庭成员从事受雇工作获得的福利补贴等;有些受访者还会错误地将一些不属于收入的项目计入收入总额中。

记账法和汇总法均可以很好地解决上述问题。但是,记账法需要花费大量的时间与人力成本,而且需要被访者具备读写及记账的能力,因此只有在专项的经济调查①中才被使用。CFPS 在调查中采用了成本相对较低的汇总法。即,将每个经济变量分为若干个子项目分别提问,然后通过汇总的方法得到总的数额。从人的记忆与行为习惯来讲,很少有受访者在调查时能够提供现成的汇总数额。即使我们只要求受访者汇报总额,他们依然需要自己思考其各项组成,然后回忆每一项的具体数值并加总。汇总法的使用其实是引导受访者明确概念的具体内涵,引导他们回忆与计算,因而能够提高数据的质量。

在使用汇总法时,子项目的设计应特别谨慎。首先,子项目要做到概念准确与覆盖范围完整,才能确保其加总的值等于研究者所需要的汇总值。其次,分项太细会增加受访者的记忆负担与时间成本,因此一些近似的项目需要考虑合并在一起提问,如邮电通讯费用、食品酒水费用。但项目的合并应尽量符合人的记忆习惯,否则同样会增加受访者的记忆负担。如,将衣服、鞋帽等费用合并为一个子项目提问,受访者是很容易作答的;但如果将旅游费用和日用品费用合并为一个子项目提问,则会给受访者的回忆带来很大困难。最后,为确保分项提问的准确性,最保险的做法是在分项提问结束后,以加总确认或再次提问的方式采集总额数据,这样可以提供可供相互校检的信息。② CFPS 在 2012 年由于没有设计对总额的提问而加大了后期数据清理的难度,在 2014 年我们对这一问题作了改进。

CFPS 在不同年份对收入与支出数据的分项设计如表 8-2 所示。总的来说,CFPS 在 2010 年的设计中采用了较为粗略的分项设计。为了对数据的采集更为完整,CFPS 在 2012 年采用了非常精细的分项设计。这一设计尽管可以采集到更多的信息,但却增加了访问时长与受访者回答的难度,因而在 2014 年,我们又对一些过细的分项进行了合并。

表 8-2　CFPS 收入与支出分项设计

	2010	2012	2014
年收入	Ⅰ.经营性收入	Ⅰ.经营性收入	Ⅰ.经营性收入
	1.农业收入	1.农业收入	1.农业收入
	—农林牧副渔纯收入	—家禽家畜水产品价值(出售与自家消费)	—所有农产品(农林牧副渔)出售收入

---

① 比如,国家统计局的城乡一体化住户调查。
② 对总额的单独提问实际上是增加了一个数据来源。当分项提问缺失太多,或者数额存疑时,可以用单独提问的总额来校验和补充。

（续表）

	2010	2012	2014
年收入	—农林作物净收入	—由家禽家畜水产品产出的副产品价值（出售与自家消费）	—所有自家消费农产品（农林牧副渔）价值
	—畜牧渔业净收入		
	2．每一项私营企业的净利润	2．每一项个体经营或私营企业的净利润	2．全部个体经营或私营企业的总净利润
	Ⅱ．工资性收入	Ⅱ．工资性收入	Ⅱ．工资性收入
	1．每个家庭成员的工资性收入（含工资、奖金、补贴、分到个人名下的红利等）	个人问卷采集	1．家庭全部干农活/打工收入
	2．外出打工者寄钱		2．外出打工者寄钱
	3．家庭全部工资性收入（含工资、奖金、补贴、分到个人名下的红利等）		3．家庭全部工资性收入（含工资、补贴、奖金、实物福利）
	Ⅲ．转移性收入	Ⅲ．转移性收入	Ⅲ．转移性收入
	1．家庭全部离退休金/社会保障金/低保等收入	1．退休退职人员的退休金（个人问卷采集）	1．家庭全部养老金（退休金）
	2．政府补助总收入（含现金与实物）	2．政府补助	2．政府补助总收入（含现金与实物）
		—低保	
		—退耕还林补助	
		—农业补助	
		—五保户补助	
		—特困户补助	
		—工伤人员供养直系亲属抚恤金	
		—救济金、赈灾款（含实物形式）	
		—其他政府补助	
		3．捐助或补偿	3．捐助或补偿
		—社会捐助（包括现金和实物）	—社会捐助（包括现金和实物）
		—征地补偿金	—征地补偿金
		—住房拆迁补偿金	—住房拆迁补偿金

（续表）

	2010	2012	2014
年收入	Ⅳ．财产性收入	Ⅳ．财产性收入	Ⅳ．财产性收入
	1．房屋出租总收入	1．房屋租金收入	1．房屋出租总收入
		—自家正在居住房屋每月出租收入	
		—其他房产每月出租收入	
	2．出租土地或其他生产资料的总收入	2．出租土地收入	2．出租土地收入
		—出租自家集体分配土地	—出租自家集体分配土地
		—转租已租用土地	
	3．出租其他家庭资产（如设备等）收入	3．出租家里其他东西总收入	3．出租其他家庭资产（如设备等）收入
	4．出卖财物（家里东西）的总收入		4．投资收入
	Ⅴ．其他收入	Ⅴ．其他收入	Ⅴ．其他收入
	1．收到的礼金/礼品收入及其他收入	1．私人性经济支持或赠与	1．私人性经济支持或赠与
		—不同住亲戚的经济支持和赠与	—不同住亲戚的经济帮助（现金与实物）
		—其他人的经济支持和赠与	—其他人的经济帮助（现金与实物）
			—重要事件人情礼收入
年支出	Ⅰ．生产与经营支出	Ⅰ．生产与经营支出	Ⅰ．生产与经营支出
	1．农林牧副渔经营总成本	1．种植业与林业投入	1．种植业与林业投入
		—种子化肥农药	—种苗化肥农药
		—雇工役畜	—雇工役畜
		—机器租赁与灌溉	—机器租赁
			—灌溉
		—其他	—其他
		2．畜牧水产	2．畜牧水产
		—种畜鱼苗	—种畜鱼苗
		—雇工役畜	—雇工役畜
			—机器租赁
		—饲料	—饲料
		—其他	—其他

（续表）

	2010	2012	2014
年支出	Ⅱ．食品支出（上个月）	Ⅱ．食品支出（过去1周）	Ⅱ．食品支出（过去12个月平均每月）
	—食品支出		—总伙食费（含购买自家消费的零食饮料烟酒）
		—外出就餐（含请客吃饭）	—外出就餐
		—购买自家消费的烟酒	
		—购买自家消费的其他食品	
		—消费自家产的农副产品的价值	
	Ⅲ．日常生活支出（上个月）	Ⅲ．日常生活支出（过去1个月）	Ⅲ．日常生活支出（过去12个月平均每月）
	—通信支出	—邮寄、通讯支出（含电话、手机、上网、邮寄等）	—邮寄、通讯支出（含电话、手机、上网、邮寄等）
		—水费、电费	—水费
			—电费
		—燃料费	—燃料费
	—出行支出（含养车费）	—本地交通费（含汽车油费）	—本地交通费（含公交费、汽车和摩托车油费）
	—日常用品	—日用品	—日用品
	—房租	—房租	—房租
	—雇佣保姆、小时工	—雇佣保姆、小时工、佣人	
		—文化娱乐	
		—购买彩票	
	—赡养支出		
	—住房按揭		
	—车辆按揭		
	—其它按揭		
	Ⅴ．长期性生活支出（过去一年）	Ⅴ．长期性生活支出（过去一年）	Ⅴ．长期性生活支出（过去12个月）
	—衣着	—衣着鞋帽	—衣着鞋帽
	—文化娱乐休闲		—文化娱乐
		—旅游	—旅游
	—居住支出（取暖、物业等）	—集中供暖	—集中供暖

（续表）

	2010	2012	2014
年支出		—物业费(含车位费)	—物业费(含车位费、卫生费)
	—购房建房(不含房贷)		—房贷
			—住房维修、装修
		—购买汽车	—购买、保养、维修汽车
		—购买、维修其他交通、通讯工具及配件	—购买、维修其他交通、通讯工具及配件
	—家电	—购买可办公类电器	—购买及维修家具、电器其他耐用消费品
	—家庭杂项商品、服务支出	—购买家具及其他耐用消费品	
	—教育支出	—教育支出	—教育支出
	—医疗保健	—医疗支出	—医疗支出
		—保健费用	—保健费用
		—美容支出	—理发、美容支出
	—购买商业性保险	—购买商业性医疗保险	—购买商业性保险
		—购买商业性财产保险	
		—给不同住亲戚的经济支持和赠与	—给不同住亲戚现金或实物经济帮助
		—给其他人的经济支持和赠与	—给其他人经济帮助
	—现金与实物社会捐助	—现金与实物社会捐助	—现金与实物社会捐助
		—税费与杂费	
		—租用土地	—租用土地
		—租用了其他家庭资产(如设备等)	
	—其他支出	—其他支出	—其他支出
	VI. 重要事件支出		**VI. 重要事件支出**
	—自家婚丧嫁娶支出		—自家宴请与办仪式总花费
	—亲朋好友人情礼		—亲朋好友人情礼
总计	去年家庭总支出确认		过去12个月总收入与总支出确认

2. 选择合适回答者

选择合适的回答者是经济问卷成功访问的另一个关键因素。自2012年起,对不同类型的经济问题模块,我们设计上允许更换回答人。比如,我们要求最熟悉家庭财务的受访者作为家庭经济问卷的主要回答人,要求负责采购食物的家庭成员作答家庭支出的具体问题。对于个人工资性收入,我们则认为由个人回答更为合适。尤其是,CFPS对所有核心家庭成员均会进行个人访问,这为通过个人作答采集个人收入信息提供了无可比拟的优势。为了避免个人拒访或无法联系情况造成的数据缺失,以及针对非核心家庭成员不回答个人问卷的情况,我们同时通过代答等方式采集了详细或汇总信息。

3. 区间法(unfolding bracket)

收入、支出、资产等均是家庭经济调查中非常重要却又容易被受访者拒绝回答的问题。一个比较有效的解决方案是使用区间法提问。以家中的现金与存款为例,其具体的操作方法是,当受访者对家中现金与存款的具体数值回答"不知道"或拒绝回答时,提问是否高于5万。如果受访者回答"是"(即高于5万),继续提问是否高于10万、是否高于25万;如果受访者回答"否"(即不高于5万),继续提问是否低于2.5万、是否低于1万。通过若干轮的提问,最后得到一个封闭或半封闭的区间,研究者可以通过数据转换求得其收入的均值。

对于类似的问题,受访者回答"不知道"或拒绝回答很可能并不是由于他们对相关信息一无所知,而是由于他们不知道或难以给出精确的数额,或者不愿意回答具体的数目。HRS、AHEAD等调查的经验均显示,使用区间法提问可以有效改善这些问题(Juster & Smith,1997)。我们的数据也显示了同样的结果。从表8-3中可以看到,区间法可以纠正50%以上的缺失值。不过,该表也显示,CFPS的精确值缺失比例在纠正前已经很低。

表 8-3　CFPS 2012 家庭收入与资产变量应答率　　　　　　　（单位:%）

变量名	无资产	精确值	精确值缺失	区间法调整	最终缺失
农林产品	48.4	98.8	1.2	1.1	0.1
牲畜和水产品总值	72.4	98.7	1.3	1.2	0.1
牲畜和水产品产值	72.4	98.3	1.7	1.4	0.3
副产品产值	72.4	91.2	8.8	8.0	0.6
第一项个体或企业盈利	90.6	93.0	7.0	5.4	1.6
现住房市值	12.1	91.9	8.1	5.0	3.1
存款	0.0	93.4	6.6	3.8	2.8
政府债券	99.4	91.5	8.5	1.4	7.1
股票	96.0	93.6	6.4	3.2	3.2
基金	97.1	91.9	8.1	4.6	3.5

4. 时间区间的设置

在提问收入、支出、资产等项目时,我们会使用不同的时间区间。我们一般希望了解受访家庭在过去一年的各项经济活动情况。但是,过去一年既可以理解为过去的一个自然年,也可以理解为从访问时间往前推一年。我们可以直接提问过去一年的经济情况,也可以通过汇总每月或每个季度的均值得出过去一年的经济情况。

不同调查项目在时间区间上的设置方式不一致,对于什么是最优的区间设置方法目前暂无定论。但是,不同调查项目的共同经验是,时间区间设置的合理性将直接影响收入信息的准确性。

总的来说,我们在时间区间的选择上首先借鉴了一些成熟调查的经验,这是出于数据比较的考虑。同时,我们还考虑了中国人的生活习惯以及与此相关联的记忆习惯。例如,在支出项目上,回忆的时间区间越短,在一般情况下受访者的记忆会越清晰、准确;但回忆的时间区间如果太短则会带来信息的不稳定。例如,若对水电费用按过去一周的支出进行提问,那么,碰巧在调查前一周内交过水电费的家庭,其过去一年的水电支出会明显高于那些在过去一周没有交水电费的家庭。因此,对于一些日常的、按月支出的项目我们一般以月为单位进行采集。但是,有些相对不频繁(如按年或按季度)的支出项目,比如暖气费、物业费等,或者在不同的月份支出浮动较大的项目,如旅游、医疗费用等,则以年为单位进行提问更加合适。此外,我们选择过去 12 个月作为过去一年的衡量标准,而非过去的一个自然年,是因为 CFPS 的访问季一般较长,甚至可能跨越自然年,如果使用过去一个自然年会造成不同受访者的回忆区间因调查季持续时间较长而相差过大的问题。

五、应用示例三:职业地位的测量

职业地位是家庭、婚姻、代际流动、健康、教育等诸多研究领域普遍使用的重要变量。许多社会调查项目都重视对职业地位信息的采集,CFPS 也不例外。作为当前规模最大的中国社会与家庭研究调查项目,CFPS 采集的职业地位信息尤其详细。首先,它采集受访者两次调查期间的每一份工作的信息,而不仅仅是最主要的工作或调查当时正在从事的工作;其次,它采集的工作信息包括工作起止时间、工作单位地址与名称、工作单位性质与规模、职业与行业、时间投入、工作的薪酬福利、工作满意度、工作环境、管理级别与晋升、获得工作的求职渠道与社会关系、工作技能等丰富内容;再次,它以文字描述的形式详细采集工作的具体内容,并采用严格的事后编码,其职业的细化程度符合国家标准职业编码(CSCO)和国际标准职业编码(ISCO)的要求,继而可以转化为国际职业社会经济地位指数(ISEI)、国际职业声望分数(SIOPS)和职业 EGP 分类。最后,它关注受访者整个生命历程中从进入劳动力市场、到离职和变动工作、到失业或退出劳动力市场的全部动态过程。

对职业地位的测量非常困难,因为现实中的职业情况相当复杂。比如,有些受访者的就业状态很模糊,如何确认他是否需要回答职业部分的问题?有些受访者可能有多份工作,如何快速有效地采集到所有这些工作的重要信息?不同职业有不同的收入结构,如何设计出一套灵活适用的收入问题?等等。下面我们将具体阐述职业地位测量中涉及到的一些重要问题。

1. 就业状态的界定

受访者的就业状态包括在业、失业与退出劳动力市场三种情况。它不仅是判断受访者如何回答职业问题的关键性过滤信息(screening questions),也是研究劳动力市场状况、失业的重要变量。

对受访者就业状态的测量通常有两种手段。比较简单的方法是主观测量，即直接提问受访者当前是否有工作，由受访者自行判断其就业状态。但通用的、规范的方法是客观测量，即提问一系列客观的问题以判断受访者当前的就业状态。

CFPS 在 2010 和 2011 年的调查中采用了简易的主观测量方法。但从 2012 年起 CFPS 对工作模块进行了整体调整，对就业状态的测量改用了客观测量方法。尽管研究者对失业有很直接的定义，即在一段时间内没有工作、在一段时间内在找工作（即有就业意愿）、如有工作机会可以在一段时间内开始工作（即有就业能力），但客观测量方法依然面临困难。比如，没有工作与找工作的参照期设为多长时间最合理？怎样区分失业与退出劳动市场？暂不工作、在读学生等人群该如何分类？虽然客观测量是国际通用的方法，但对这些问题的处理仍然存在很大争议。考虑到不同国家间的差异性，国际劳动组织（International Labor Organization，ILO）在为这些问题提供解决建议时给不同国家留下了很大的自由选择的余地（Giles et al.，2005）。

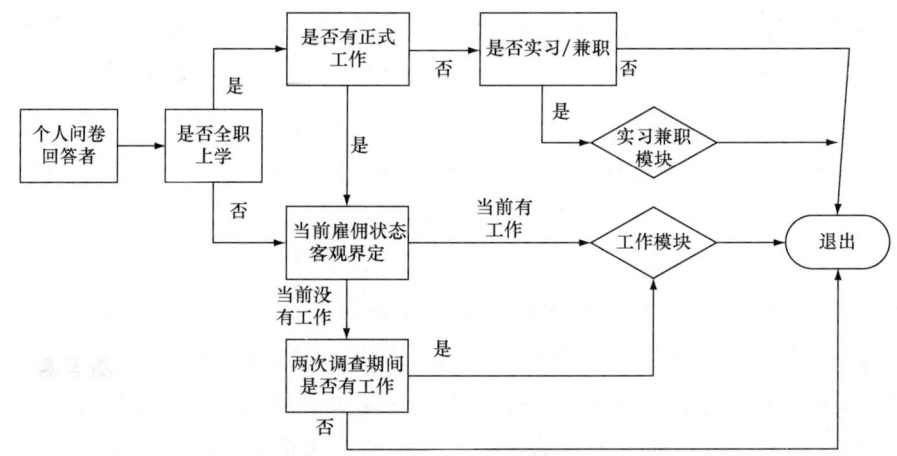

图 8-5　进入工作模块流程图

CFPS 综合参考了 CPS（Current Population Survey）、CULS（China Urban Labor Survey）、HRS、CHARLS（China Health and Retirement Longitudinal Study）等调查的设计思路，并根据 CFPS 调查人群的特点进行了相关设计。确认就业状

态是工作模块的一个关键环节,但在此之前会有若干步骤对进入工作模块的人群初步分流(见图8-5)。首先,10岁及以上受访者(即需要回答个人自答问卷者)将进入工作模块。① 其次,由于参军、服刑、出家、出境四类人群不属于CFPS的访问对象,因此他们不回答工作模块。最后,2012年的工作模块的设计排除了全日制在读学生。但鉴于全日制在读学生中可能有全职工作的人员——尽管这种可能性很低——2014年的工作模块没有将其排除在外,而是在其进入工作模块前增加了简单的主观测量来进行过滤。②

CFPS将自家农业生产经营活动、农业打工、非农受雇、个体/私营/自雇工作均算作工作,③但不包括家务劳动和义务的志愿劳动。判断受访者当前的就业状态的基本思路是:如果受访者过去一周工作了至少一个小时,或者由于临时的培训、休假(在固定期限内会回到工作岗位)、农闲季节或生意淡季等原因而暂时不工作,我们将其界定为在业状态;除此之外的状态界定为非在业状态。在非在业状态中,如果受访者过去一个月在找工作,且如有工作机会可以在两周内开始工作,我们将其界定为失业状态;否则为退出劳动力市场状态(见图8-6)。

在2012年的自答问卷中,尽管客观测量法是判断受访者就业状态的依据,我们同时也采用了主观测量法作为一个辅助参考。有趣的是,主客观测量得到的结果并不总是一致的。数据显示,40.9%的主观上认定自己没有工作的受访者其实是有工作的,这是导致主客观测量之间差异的最主要原因(表8-4)。我们在数据中也发现,这一差异主要产生在两个环节:一是认为自己没有工作的受访者中,有27.5%的人在过去一周实际上工作了至少1个小时;二是认为自己没有工作的受访者中,有9.0%的人其实是处在农闲季节。

---

① 这意味着10岁以上的未成年人也可能被提问工作问题。
② 这部分人很大可能会从事大量兼职工作,如果直接使用客观测量方法,那么均会被界定为在业人员,并占用工作模块的大量时间。考虑到这一点,尽管主观测量方法存在缺陷,我们在客观测量前依然先使用主观测量方法进行了初步过滤,从而将这部分人的兼职工作排除在外。
③ 在2012年的设计中,我们把没有报酬的家庭帮工也界定为工作。但在2014年,我们对这类工作不再做严格统一的处理,受访者可以自由裁定。其在工作中是否获得报酬反映在收入结构中,研究者可以根据受访者的收入数据自行决定是否将没有领工资的工作剔除。

198　中国民生发展报告 2014

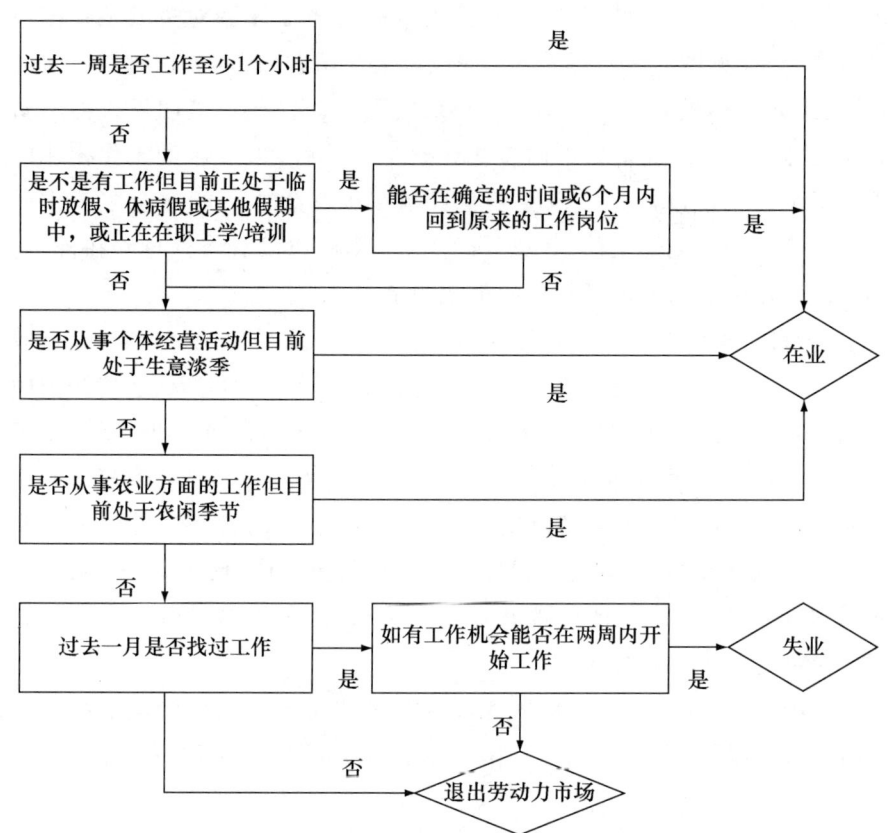

图 8-6　就业状态界定流程图

表 8-4　CFPS 2012 就业状态的主客观界定　　　　　　　　　　（单位:%）

主观提问	客观测量		合计
	在业	不在业	
有工作	98.7	1.3	100.0
	(17,269)	(219)	(17,488)
没有工作	40.9	59.1	100.0
	(5,698)	(8,220)	(13,918)
合计	73.1	26.9	100.0
	(22,967)	(8,439)	(31,406)

注:括号内为个案数。

2. 工作类型的判断

不同类型（农业、受雇、自雇）的工作由于性质的不同,其提问的方式与内容有很大差异。如,农业工作的收入结构很少涉及到保险、福利、奖金、公积金等,而且通常以家庭为生产单位计算;而对于受雇工作,保险、福利、奖金、公积金等则是收入结构的重要内容,且这些收入往往都是个人收入。因此,工作类型是决定工作信息采集的一个关键变量,工作类型的错误界定会导致提问流程的错误,以及大量不适用问题的产生,不仅影响数据质量,而且影响访问的进展。

但是,相当一部分受访者并不了解其工作的类型。对一些复杂的工作状况,即使是经验丰富的研究者也可能难以对其类型加以判断。比如,销售农产品的受访者,在什么情况下属于农业经营,什么情况下属于个体工商户？再比如,受雇于农户家庭的受访者,其工作类型应该属于受雇工作还是农业工作？等等。

CFPS 在 2010 年和 2011 年主要提问了当前最主要的一份工作的信息,将工作类型仅简单划分为农业工作与非农工作两类。由于对每类工作采集的信息均较粗略,且没有个性化的问题,这样的简单分类方式没有太大问题。

自 2012 起,CFPS 希望收集全部工作的具体情况,这对工作类型划分的精确性提出更高的要求。2012 年问卷设计的基本思路是,依次提问受访者过去一年是否从事自家农业生产经营活动、是否从事农业打工工作、是否从事非农受雇工作、是否从事个体/私营经济、是否从事帮工活动。如果受访者回答其从事了某一类型的工作,接下来就会提问两次调查期间受访者从事了几份该类工作,并对每份具体工作调用该类型的个性化问题模块展开提问;如果受访者回答没有从事某一类型的工作,则不提问该类型工作的任何问题。

2012 年的设计在实际操作中遇到了一定的困难,因为这样的设计把工作类型的判定这一复杂问题交给了受访者本人,而且将受访者的这一判断作为是否调用相关问题模块的关键过滤题。这给一些受访者提出了过高的要求。

在清理职业信息时,我们发现受访者会因为无法辨识自己某一工作的类型而在不同工作类型的模块中重复汇报该份工作的情况。除了这种我们从数据中可以观测到的错误外,还有无法观测到的风险:受访者可能因为不清楚自己某一工作的类型而漏报整份工作信息。

2014年我们做了新的设计尝试。我们在内容上保留了2012年复杂的工作类型与个性化问题设计,但不再把对工作类型的判定作为关键过滤问题,而且把工作类型的判断权收回到设计者手里。在判断工作类型时,我们挑选了几个最重要且简易的判断标准。具体分为两步,第一步由两道题构成:是为自己工作还是为别的组织、单位工作?是做农活还是非农活?两道题的交互分类形成了4种基础的工作类型(见表8-5)。

表8-5 工作类型的基本判定

为自己/自家干活还是受雇于他人/他家/组织/单位/公司	是农业工作还是非农工作	
	农业工作	非农工作
为自己/自家干活	类型1:自家农业生产经营	类型2:私营企业/个体工商户/其他自雇
受雇于他人/他家/组织/单位/公司	类型3:农业打工	类型4:非农受雇

在第二步,通过提问工作单位的性质、雇主的性质,对上述判断过程中最容易出现偏差的两类工作类型做出纠正:一是类型3,如果是受雇于组织/单位/公司而非个人/家庭,则将其纠正为类型4,即非农受雇工作;二是类型4,如果是受雇于个人/家庭,则将其纠正为一个新的类型,即类型5非农散工。至此,我们得到5种典型的工作类型,可以针对性地提问相应类型的工作内容。

尽管以上两步法不可能穷尽所有的情况,仍可能出现分类失误,但这一做法至少把握了工作分类最关键的标准,保证了重要的、大多数的情况不会出错。这种抓大放小的做法是我们在问卷设计中常用的实践原则。另外,我们从中得出的一个重要经验是:不要把困难问题交给受访者去解决。在提问之前,设计者必须先自己消化它、分解它,确保留给受访者的是最简易的回答流程。

3. 多份工作信息采集的结构

上文提到,由于职业信息的重要性,CFPS 希望采集个体生命历程中全部的职业信息。CFPS 在基线调查时采集了当时的职业情况以及初职信息,此后每轮的追访调查均采集受访者两次调查期间所有工作的情况。但由于访问时间有限,我们不可能采集受访者每一份工作的详细信息,折中的解决方法是对工作区分主次。我们在每轮调查中都会详细采集受访者从上次到当次调查期间最主要的一份工作的信息,而对两次调查间的其他一般工作则只采集几个比较关键的变量信息。主要工作与一般工作在信息采集上的差异见图 8-7。这种主次结合的信息采集方式既可以满足研究需求,又可以减轻受访者的负担,节约调查的成本。

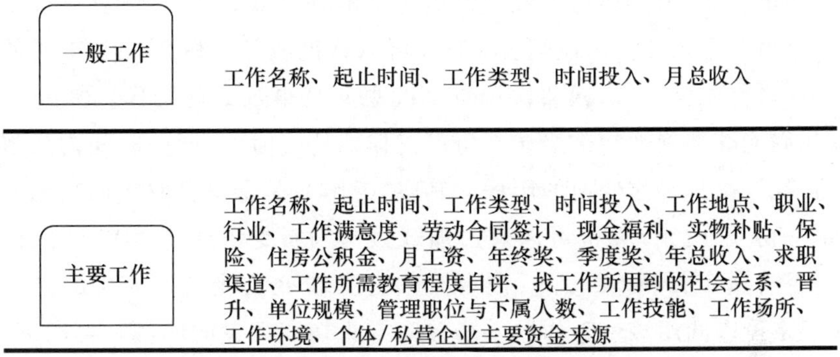

| 一般工作 | 工作名称、起止时间、工作类型、时间投入、月总收入 |

| 主要工作 | 工作名称、起止时间、工作类型、时间投入、工作地点、职业、行业、工作满意度、劳动合同签订、现金福利、实物补贴、保险、住房公积金、月工资、年终奖、季度奖、年总收入、求职渠道、工作所需教育程度自评、找工作所用到的社会关系、晋升、单位规模、管理职位与下属人数、工作技能、工作场所、工作环境、个体/私营企业主要资金来源 |

图 8-7 一般工作与主要工作的信息采集内容

对主要工作的界定是一个关键的环节。一般来说,时间投入、收入、持续时间等都可以作为判断主要工作的标准。CFPS 参考的是 PSID 对主要工作的界定方法,具体是:(1) 如果受访者调查当时只有一份工作,当时的工作即作为主要工作;如果调查当时有多份工作,由受访者主观判断其中哪一份最主要。(2) 如果受访者调查当时没有工作,选择其最近结束的一份工作作为主要工作;当受访者在同一时间段内结束的工作有多份时,由受访者主观判断其中哪一份最主要。

4. 进入工作与工作转换

个体职业生涯的发展,包括从离开学校开始第一份工作,到中途变换工作,再到最终退出劳动力市场,是教育学、社会学、经济学等学科关注的重要问题。

CFPS 在采集个人工作史及其他事件史(如婚姻、迁移)上具有明显的优势。一方面,截面调查对事件史信息的采集只能采用回顾的方式。如上文所述,由于记忆的特性,对于发生时间久远的事件,人们回忆的准确性较低。但 CFPS 作为长期的追踪调查,可以通过对个体的长期访问,逐渐积累准确的事件史信息。

另一方面,如上文所述,CFPS 对 EHC 工具的使用不仅可以帮助受访者更准确地回忆相关信息,还可以使操作更为简洁和高效。图 8-8 是 EHC 工作模块的一个简单示意图。由图可知,EHC 可以帮助我们了解到关于工作的很多重要信息。首先,该受访者两次调查期间总共从事过 3 份工作。借助于 EHC 工具,我们能够准确地知道受访者每份工作的持续时间、同一时间内从事多份工作的情况,及其工作变换的历程。其次,工作 B 是受访者两次调查期间新开始的第一份工作。计算机可以通过加载数据判断受访者在 2012 年之前的调查中是否有过工作,如果没有,便可以判定工作 B 为受访者人生的第一份工作,接下来可以调用该份工作进一步提问专为初职而设的问题。再次,受访者在 2013 年 10—12 月期间没有工作,对于这一中断,我们可以进一步确认是真实的职业中断还是回答错误。最后,我们在 EHC 中可以对受访者当前的就业状态(即是否有工作)做出快速确认,并与先前的就业状态相互校检,还能进一步提问其离开上一份工作的原因。以上信息均为职业研究重点关注但又不容易采集的信息,在没有 EHC 工具的情况下,需要通过大量复杂的标准化提问方能得到,不仅容易出错,而且会占用大量的访问时间。EHC 工具则可以借助计算机系统非常简便、快速、准确地采集到上述信息。

	2012年			2013年											2014年					
	10	11	12	1	2	3	4	5	6	7	8	9	10	11	12	1	2	3	4	5	6
主要工作A																■	■	■	■		
一般工作B		■	■	■	■	■	■	■	■	■	■	■									
一般工作C				■	■	■	■	■	■	■											

注：■ 表示该事件发生的对应时间段。

图 8-8　工作模块 EHC 示意图

5. 收入的采集

个人收入不仅是个人职业地位的衡量指标，也是家庭收入的重要组成部分。由于个人自答的收入信息相比他人代答的信息更为准确，我们尽量让受访者自答其详细的收入情况；只有对一些非核心的家庭成员，或缺乏作答能力的家庭成员，或无法访问到的家庭成员，我们才采用代答的方式采集其收入的简单汇总信息。

CFPS 在 2010 年对个人工作收入的采集相对简单，仅提问了受访者过去一年工资、奖金、补贴、实物福利四项来源的具体收入金额。而且，这四项信息仅可以用来了解受访者过去一年总的收入情况，而不能对应到具体的工作。因此，自 2012 年起，CFPS 采集每份工作相应的收入情况，实现了职业信息与收入信息的充分匹配，并且对每一份工作相应收入信息的采集也更为详细。

但是，我们发现，对每份工作均提问详细的收入情况会极大地增加受访者的时间负担与记忆负担，而收入信息的敏感性也会进一步增加信息采集的难度。而且，2012 年收入信息采集虽然提问了每份工作的详细收入，却没有提问全部工作的汇总收入。由于我们对每种工作类型最多只采集 10 份工作的信息，因此从逻辑上说，如果受访者有超过 10 份的工作，超出部分的工作将不能采集到收入信息。鉴于此，我们在 2014 年又做了两方面调整，一是对主要工作与次要工作的收入给予了不同的关注力度（上文已讨论）；二是增加了对全部工作汇总收入的信息确认，可以与分类加总的收入额互检。2014 年具体的收入信息采集内容见图 8-9。

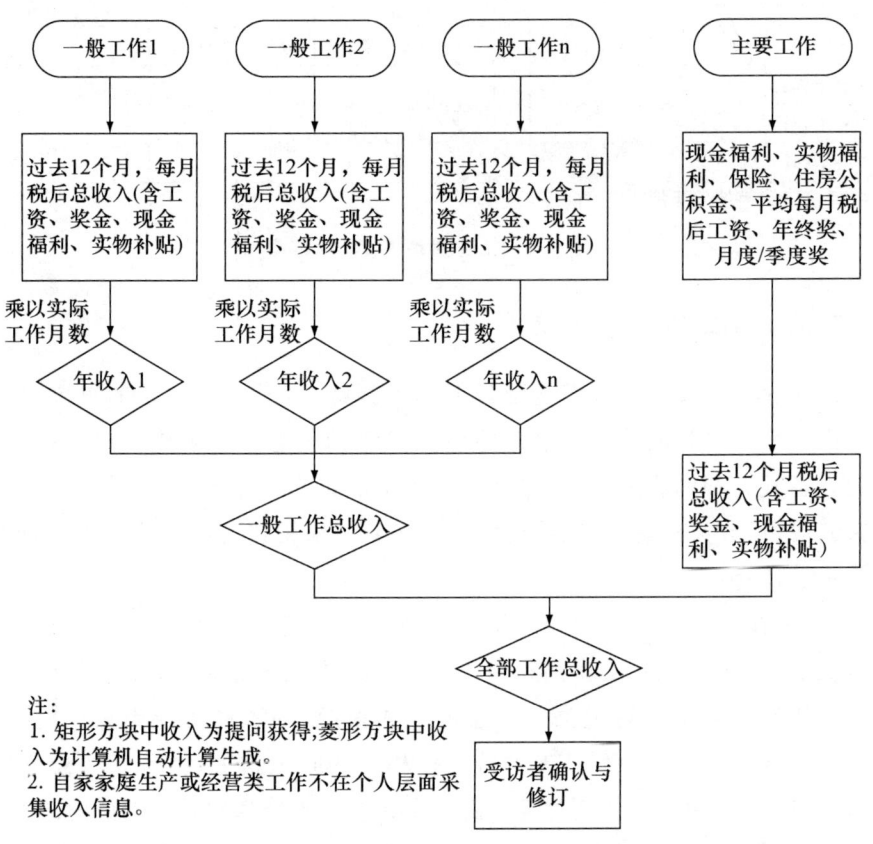

图 8-9　CFPS 2014 个人工作收入信息采集流程图

六、本章小结

总的来说,问卷设计是一门权衡的艺术。问卷设计面临的种种矛盾使得任何一种设计都不可能完美,问卷设计需要在不同的矛盾间做出最为合理的权衡,以及在一定的约束条件下从不同的设计方案中做出可行的最佳选择。

各种工具、方法与技巧的使用可以有效地解决问卷设计中的一些难题,如模块化的设计方法能够极大地提高问卷的灵活性与适用性,EHC 工具的使用能够帮助受访者回忆并提高数据的质量,情境题的使用能够解决因不同人评估标准的不同而带来的测量偏差,等等。CFPS借助这些工具、方法与技巧实现了复杂的问卷设计与大规模的信息采集。

在本章的三个示例中,家庭成员问卷的设计示例主要描述了对复杂家庭信息的处理与采集方法;家庭经济问卷的设计示例主要描述了如何提高经济信息的完整度与准确度;职业地位的测量示例主要描述了如何有效地界定问题与控制流程。可以说,CFPS在问卷设计中参考借鉴了很多成熟的测量方法,同时也根据项目自身的研究需求及目标调查群体做了独有的创新。

尽管在问卷设计时我们已经前后思量,但在实际操作中我们依然经历了不少困难,走了些弯路。不过我们也从中收获了大量宝贵的经验,这些经验帮助我们不断地完善设计方案。我们也希望这些经验能够为其他研究者在设计社会调查问卷时提供参考。

参 考 文 献

Belli, Robert, Frank Stafford, and Duane Alwin. 2009. *Calendar and Time Diary Methods in Life Course Research*. Los Angeles, CA: Sage Publications.

Bradburn, Norman M., Seymour Sudman, and Brian Wansink. 2004. *Asking Questions: The Definitive Guide to Questionnaire Design— for Market Research, Political Polls, and Social and Health Questionnaires*. San Francisco, CA: Jossey-Bass Publishers.

Chu, C. Y. Cyrus and Ruoh-Rong Yu. 2010. *Understanding Chinese Families: A Comparative Study of Taiwan and Southeast China*. New York, NY: Oxford University Press.

Dowd, Jennifer Beam and Megan Todd. 2011. "Does Self-Reported Health Bias the Measurement of Health Inequalities in U. S. Adults? Evidence Using Anchoring Vignettes From the Health and Retirement Study." *The Journals of Gerontology Series B: Psychological Sciences and Social Sciences* 66(4):478—489.

Engel, Lawrence S., Matthew C. Keifer, and Shelia H. Zahm. 2001. "Comparison of a Traditional Questionnaire with an Icon/Calendar-based Questionnaire to Assess Occupational History." *American Journal of Industrial Medicine* 40 (5):502—511.

Freedman, Deborah, Arland Thornton, Donald Camburn, Duane Alwin, and Linda Young-DeMarco. 1988. "The Life History Calendar: A Technique for Collecting Retrospective Data." *Sociological Methodology* 18:37—68.

Giles, John, Albert Park, and Junwei Zhang. 2005. "What is China's True Unemployment rate?" *China Economic Review* 16(2):149—170.

Groves, Robert M., Floyd J. Fowler, Jr., Mick P. Couper, James M. Lepkowski, Eleanor Singer, and Roger Tourangeau. 2004. *Survey Methodology*. Hoboken, NJ: John Wiley & Sons Inc.

Juster, F. Thomas and James P. Smith. 1997. "Improving the Quality of Economic Data: Lessons from the HRS and AHEAD." *Journal of the American Statistical Association* 92(440):1268—1278.

Lin, Nan, Walter Ensel, and Wan-foon Gina Lai. 1997. "Construction and Use of the Life History Calendar: Reliability and Validity of the Recall Data." pp. 249—272 in *Stress and Adversity over the Life Course: Trajectories and Turning Points*, edited by Ian H. Gotlib and Blair Wheaton. Cambridge, U.K.:Cambridge University Press.

Norenzayan, Ara and Norbert Schwarz. 1999. "Telling What They Want to Know: Participants Tailor Causal Attributions to Researchers' Interests." *European Journal of Social Psychology* 29(8):1011—1020.

Schnittker, Jason. 2005. "When Mental Health Becomes Health: Age and the Shifting Meaning of Self-Evaluations of General Health." *Milbank Quarterly* 83 (3):397—423.

Schwarz, Norbert, Bärbel Knäuper, Hans-J. Hippler, Elisabeth Noelle-Neumann, and Leslie Clark. 1991. "Rating Scales: Numeric Values may Change the Meaning of Scale Labels." *The Public Opinion Quarterly* 55(4): 570—582.

Schwarz, Norbert. 1999. "Self-Reports: How the Questions Shape the Answers". *American Psychologist* 2(54): 93—105.

Sudman, Seymour, Norman M. Bradburn, and Norbert Schwarz. 1996. *Thinking about Answers: the Application of Cognitive Processes to Survey methodology*. San Francisco, CA: Jossey-Bass Publishers.

Thornton, Arland and Hui-Sheng Lin. 1994. *Social Change and the Family in Taiwan*. Chicago, IL: The University of Chicago Press.

Tourangeau, Roger, Lance J. Rips, and Kenneth Rasinski. 2000. *The Psychology of Survey Response*. New York, NY: Cambridge University Press.

Xie, Yu. 1996. "Review of *Identification Problems in the Social Sciences* by Charles Manski." *American Journal of Sociology* 101:1131—1133.

Xie, Yu. 2011. "Evidence-Based Research on China: A Historical Imperative." *Chinese Sociological Review* 44 (1):14—25.

Xie, Yu. 2013. "Gender and Family in Contemporary China." Research Report 13—808, Population Studies Center, University of Michigan, Ann Arbor, MI.

Xu, Hongwei and Yu Xie. 2014. "Assessing the Effectiveness of Anchoring Vignettes in Bias Reduction for Socioeconomic Disparities in Self-Rated Health among Chinese Adults." Research Report 14—820, Population Studies Center, University of Michigan, Ann Arbor, MI.

Yoshihama, Mieko, Brenda Gillespie, Amy C. Hammock, Rebert F. Belli, and Richard M. Tolman. 2005. "Does the History Calendar Method Facilitate the Recall of Intimate Partner Violence? Comparison of Two Methods of Data Collection." *Social Work Research* 29(3):151—163.

费孝通,1998,《乡土中国生育制度》,北京:北京大学出版社。

孙玉环、谢宇、胡婧炜、张春泥、许琪、黄国英,2012,《中国家庭追踪调查2010年家庭关系原始数据库的分解与匹配》,《中国家庭追踪调查技术报告系列(CFPS-6)》(谢宇主编),北京大学中国社会科学调查中心。

谢宇,2013,《中国家庭追踪调查(2010)用户手册(第二版)》,北京大学中国社会科学调查中心。

谢宇、胡婧炜,2013,"导论",《中国民生发展报告2013》第1章(谢宇、张晓波、李建新、于学军、任强著)第1章,北京:北京大学出版社。

谢宇、胡婧炜、张春泥,2014,《中国家庭追踪调查:理念与实践》,《社会》第 2 期。

谢宇、张晓波、李建新、于学军、任强,2013,"结论",《中国民生发展报告 2013》第 13 章(谢宇、张晓波、李建新、于学军、任强著),北京:北京大学出版社。

文字编辑:张春泥

校对:李汪洋

第9章 2012年权数调整

吕 萍[*]

中国家庭追踪调查(China Family Panel Studies,CFPS)于2010年完成基线调查,调查对象为除港澳台、新疆、西藏、青海、内蒙古、宁夏、海南外全国25个省(直辖市、自治区)满足条件的家户和样本家户中的家庭成员。其中,样本家户是指居住在调查村/居的家庭户;家庭成员指样本家庭户中经济上联系在一起的有血缘、婚姻、领养关系的直系亲缘关系的成员以及在该家庭居住3个月或以上、与该家庭的经济不可分割的非直系亲缘关系成员(详情参见本报告第8章"问卷设计")。这25个省(直辖市、自治区)的人口占全国总人口的95%左右,所以基本上可以认为CFPS的抽样设计得到的是具有全国代表性的样本。

为了保证基线样本的代表性及提高抽样效率,CFPS采用了城乡一体的、多阶段的(multistage)、内隐分层的(implicit stratification)和与人口规模成比例(probability proportional to size,PPS)的系统概率抽样(谢宇、胡婧炜,2013;谢宇等,2014)。这一抽样方案有三大特点。首先,城乡一体的抽样设计开创性地解决了在快速城市化的当今中国城乡地理及社会经济界限持续变动的难题。对城乡的界定既可以从政府行政建制的角度出发(如区分乡政府和街道),也可以是不同户籍人口的构成(如农业户口、非农业户口的人口比例),还可以是不同经济活动人口的构成(如农业劳动力比例);但这些城乡划分维度正随着中国社会经济发展的推进而急速变化:一个曾以农业户籍人口为主的乡政府

---

[*] 吕萍:北京大学中国社会科学调查中心副研究员。

辖区内,工业与服务业的发展迅速减少当地的农业生产人口,或者城市扩张让乡政府在短期内转型为具有城镇行政性质的街道,当地原先的农业户籍人口随之集体性地"变身"为城镇户籍人口(Zhu,2000)。那么,城乡一体的抽样设计很好地避免了传统城乡分割的抽样设计所面临的"昨日的村庄将成为明日的市镇"的困境。

其次,多阶段、内隐分层和与人口规模成比例的抽样设计提高了抽样的效率。CFPS的多阶段抽样由第一阶段的区/县、第二阶段的村/居委会以及第三阶段的家庭户抽样组成。在第三个阶段,由于无官方资料提供的抽样框,我们派遣绘图人员实地考察在第二阶段被抽中的村/居委会,按照统一标准,绘制当地的住宅地图,制作成末端抽样框。在分层抽样时,CFPS对抽样单元按社会经济水平(如人均GDP、非农业人口比例等指标)进行排序,采用与人口规模成比例的系统概率抽样方法,并以省内差异大于省间地区差异为原则的内隐分层方式抽取第一、二阶段的单元,从而提高了样本的全国代表性。

其三,省级代表性和全国代表性相结合。在资源有限的情况下,为了数据同时能用于研究中国的区域差异,CFPS选取了上海、甘肃、广东、辽宁、河南这5个代表中国东、西、南、北、中不同区域社会经济发展水平、文化、地理、气候差异的省。分别将这5个省作为独立子样本框,进行过度抽样(oversampling),由此得到5个具有省级代表性的子总体(称为"大省")。同时,其余20个省(直辖市、自治区)作为一个统一的独立子样本框抽样(称为"小省"),并与5个"大省"合并,得到"完全样本"。为了方便研究者进行全国代表性的研究,我们对5个"大省"再次抽取子样本,从而与20个"小省"样本合并构成"全国再抽样样本"。有关CFPS基线调查抽样设计的更详细内容可以参见谢宇等(2012),谢宇、胡婧炜(2013)以及谢宇等(2014)。

复杂的抽样设计增加了权数计算的复杂性。除了要计算多阶段的分层抽样设计的权数之外,还要针对"完全样本"与"全国再抽样"、个人与家庭样本等分别计算权数。此外,权数的计算还要充分考虑实际调查中的拒访、无回答等情况,并且适当地根据人口普查数进行事后分层处理,从而减小调查数据的偏误,提高估计的精度(Holt & Smith,1979;Little,1993)。以往的CFPS技术报告和相关文章已经介绍了2010年基线调查的权数计算及对加权的效果做了评估(谢宇等,2012;谢宇等,2014)。

2012年,CFPS对完成基线调查的全国14,960户家庭中所有满足追访条件的家庭成员进行了追踪调查。追访样本与基线样本相比会有新的变化,包括既有样本由于死亡、迁移等原因的流失,由于新家庭成员的出生或迁入而带来新样本的加入,这些变化意味着我们需要针对2012年的样本重新计算权数。本章将结合CFPS的追访原则和数据结构介绍CFPS 2012数据的权数计算及调整。

一、CFPS 2012 的追访规则

CFPS对样本的追访原则是依据研究需求制定,同时也考虑了时间、经费和技术等客观条件的限制。该原则确定每两年进行一次全部样本的调查。在2010年基线调查之后,CFPS于2012年进行了全部样本的追踪调查。

2012年的追踪调查对象是2010年基线调查界定出来的所有家庭成员及其今后的新生血缘、领养子女。这些家庭成员被称作"基因成员",是CFPS的永久追踪对象,直至死亡。在CFPS调查时基因成员所在的家庭也是CFPS基线调查的对象,但这些家庭今后如果没有基因成员存在(如基因成员从属新的家庭或死亡),则调查终止。因此,在CFPS样本框中,随着时间的变迁,新的基因成员出生,已有基因成员死亡;新家庭因为婚姻、分家等原因而不断产生,旧家庭因为基因成员死亡或另组新的家庭而不断分化和消失。在无样本流失的情况下,CFPS样本正好可以反映中国人口与家庭的自然更替与变化,具有可持续自我更新的特性(谢宇等,2014)。

为了在保证研究需求的前提下尽可能地降低成本并提高访问效率,CFPS在2012年的调查中对家庭成员性质进行了分类:将基因成员所在家庭中的所有与基因成员有父母、子女、配偶关系的非基因成员视为调查当年该家庭的核心成员,将基因成员与核心成员以外的家庭成员视为非核心成员。其中,基因成员与核心成员需要回答完整的个人问卷(也称"长问卷"),非核心成员则只需回答简短的个人问卷(也称"短问卷"),或者仅通过他人代答的方式采集少量的关键变量信息。这一设计既可以收集到最重要的一部分家庭成员的详细资料,又可以了解到相对次要的家庭成员的基本背景,从而帮助研究者了解基

因成员所处的家庭环境及成员关系。不过,与基因成员不同,核心成员与非核心成员不是 CFPS 长期追踪的对象,他们与基因成员的家庭关系一旦断裂(即不属于基因成员所在家庭的成员),对他们的调查将终止。此外,CFPS 规定,调查时出境、出家、入狱或参军的基因成员在调查当年无需进行个人访问。

由上述追访规则可知,虽然 CFPS 2012 年的追踪调查仍旧是从家庭问卷开始,但是由于 CFPS 2012 年的追踪规则是以人为追踪的主要对象,因此 2012 年的权数计算是以 2010 年完成家庭成员的所有满足调查条件的基因成员为基础进行的调整,其 2012 年调查数据的基础权数为 2010 年家庭成员的无回答调整权数。

二、权数调整的必要性

由于 CFPS 的抽样设计、追访规则和数据结构的复杂性,利用该调查数据的分析需要基于对 CFPS 2012 年数据的权数调整。具体来说,权数调整的主要原因如下:

(1) CFPS 采用的是多阶段、不等概率(multi-stage sampling with unequal probabilities)的复杂抽样设计,应该对数据做事后加权调整以解决不等概率的问题(Kish,1965;1987)。

(2) CFPS 包含 5 个"大省"和 20 个"小省",其中对 5 个"大省"采用的是过度抽样,以获省级代表性样本。为了推断全国总体,我们需要对这 5 个省的数据进行加权调整。

(3) CFPS 2012 年的追踪调查的追访规则复杂,被调查的家户包含分裂家户,被调查的个人包含基因成员、核心成员和非核心成员,涉及的问卷包含长问卷、短问卷、代答问卷、面访和电访问卷。对上述追踪数据需要进行加权调整,才能获得有效的统计估计。

(4) CFPS 2012 年的调查涉及各个层面的无回答(non-response)情况,这导致最终样本存在结构性偏差(systematic bias)。例如,除四川甘孜藏族自治州道孚县(由于特殊原因没有调查该区县)外,2012 年个人层面的追踪率约为 71.8%,个人问卷完访率约为 72.8%。对未追踪的人群特征的分析发现,未追踪人群与成功追踪人群的特征明显不同。比如,年龄较大的女性追踪成功率较高,而年轻的男性追踪率较低。因此,需要利用加权调整来弥补调查过程中的无回答及其导致的结构性偏差(Groves et al.,2009)。

综上所述,对CFPS 2012数据的权数调整十分必要。下面我们将详细介绍2012年加权调整过程。

三、CFPS 2012 的加权调整过程

CFPS 2012 的加权调整主要包括两个部分:个人权数调整和家庭权数调整。其中,个人权数调整包含了追踪基线权数、新进基因成员权数、无回答权数、事后分层权数和极值权数的调整;家庭权数调整包含了追踪基线权数、无回答权数、极值权数和校准权数的调整。CFPS 2012 的加权调整分别适用于全国完全样本和全国再抽样样本,由于两者加权调整的主要步骤相同,此处主要介绍对全国完全样本的加权调整。

1. 个人权数

个人追踪权数(individual base weight)和无回答调整权数(non-response adjustment weight)

2012年的追踪调查对象是2010年完成家庭成员问卷且满足调查条件的个人,因此CFPS 2012的初始权数是CFPS 2010家庭成员层面的无回答权数W_{2010}。

$$W^{2010}_{\text{Individual Base}} = W^{2010}_{\text{Individual Non-response}}$$

2012年由于特殊原因没有调查四川甘孜藏族自治州道孚县,该县在本次调整中视为区县层面的无回答,在计算个人追踪权数时首先将其从2010年数据中去除,然后对CFPS 2010的家庭成员层面的无回答权数W_{2010}进行四川省内的区县层面的无回答调整,即区县层面的无回答调整权数是p_1。

在本次加权调整中,成人和少儿被视为一体进行个人追踪权数的调整。在个人层次上,由于有2010年家庭成员问卷的信息可以利用,为了提高权数的精度,权数调整采用基于logistic回归模型的倾向权数计算方法,进而得到个

人层次的无回答调整系数,即将 CFPS 2010 的个人样本分为个人追踪完成样本和个人追踪未完成样本,利用数据中的辅助信息,建立 logistic 回归模型,则个人问卷联系层次的倾向回答调整系数是:

$$\hat{p} = \frac{\exp(\beta X)}{1 + \exp(\beta X)}$$

$$p_2 = \frac{1}{\hat{p}}$$

由于 CFPS 2010 包含 5 个"大省"样本框和 1 个包括其余 20 个省的"小省"样本框,因此需要分别在这 6 个抽样框中建立 logistic 回归模型(利用 SAS 的 proc surveylogistic 模块),建模过程中的权数是 CFPS 2010 家庭成员的无回答调整权数,建模过程中使用的变量(即公式中的矩阵 X)如表 9-1 所示:

表 9-1 估计 CFPS 2012 倾向回答的 logistic 回归模型所用的变量名称、标签、类型

变量名称	标签	类型
TB1B_A_P	年龄	连续
TB2_A_P	性别	分类
num	家庭人口数	连续
ifold	是否有老人	分类
ifchild	是否有少儿	分类
cx2010	城乡	分类
gap_fam	代际码	分类
ind2010	2010 年是否完成个人问卷	分类
house	房屋所有情况	分类

个人层面的追踪权数是上述 2010 年家庭成员的无回答权数(即 2012 年初始权数)与区县无回答调整权数和倾向回答权数的乘积,进而得到 2010 年每个个人的追踪权数,具体公式如下:

$$W^{2010}_{\text{Individual np adj}} = W^{2010}_{\text{Individual Base}} * p_1 * p_2$$

CFPS 2012 新进基因成员的个人追踪权数调整

CFPS 2012 是对 CFPS 2010 的个人按照追访规则的追访数据。从 2010 年到 2012 年的两年间,样本家庭的结构发生了变化,如新进的核心成员和基因成员出现,以及死亡成员的退出等。但本次对 CFPS 2012 的权数调整中,仅对追踪调查中的基因成员(包括 2010 年基因成员和 2012 年新进基因成员)进行

加权调整。其中,对于新进的 10 岁以下的基因成员,其权数等于其父母的个人追踪权数的均值,若仅有母亲(或父亲)是基因成员,则新近的基因成员的权数为母亲(或父亲)的个人追踪权数。

个人问卷事后分层权数(individual weight post-stratification)

2012 年个人层面上完成个人访问的追踪权数即为 2010 年个人追踪权数。由于抽样设计和实地调查过程的复杂性,样本存在无回答的情况,导致 CFPS 2012 在某些关键变量上存在样本结构性偏差,影响估计量的准确性。为了调整这些结构性偏差,减小抽样误差,提高估计精度,需要对成人和少儿样本数据进行事后分层调整。

在个人问卷层面,性别、年龄、城乡是非常重要的指标,因此,在 6 个抽样框以及全国完全样本的成人和少儿数据中,用城乡(i)(分为城镇和农村)、性别(j)(分为男和女)、年龄(k)(分为 16—19 岁、20—29 岁、30—39 岁、40—49 岁、50—59 岁、60—69 岁、70—79 岁、80 岁及以上,共 8 类)变量进行事后分层调整(post-stratification)。事后分层调整依据的是第六次全国人口普查数据(以下简称"六普")。对 CFPS 个人问卷存在的极少量年龄、性别的缺失,我们采用均值和中位数插补方法对其进行插补(imputation)。各个抽样框的各层内的事后分层调整的系数为:

$$\text{Post-Stratification Adjustment Factor} = \frac{2010 \text{ Census}_{ijk}}{\text{CFPS Weighted Estimates}_{ijk}}$$

个人数据库的极值权数(individual weight trimming)

为防止个人数据库的权数过大或过小导致的方差较大、估计效率降低的问题,此处采用极值权数处理的方法,用权数分布的 5% 和 95% 的分位数作为最小值和最大值的极值点。据此,我们对上述少儿或成人数据的权数进行极值调整,得到该部分的调整极值系数是 $W_{\text{trim}}^{\text{ind}}$。

由此,上述涉及个人调整部分的权数的乘积即为最终 2012 年的个人权数。

2. 家庭权数

2012 年家庭问卷的追踪权数(family base weight)

本次追踪权数是以个人的追踪为主线,因此家庭追踪权数为家庭中 2012 年的基因成员的个人追踪权数的均值。同样,分裂家庭的家庭追踪权数为该分裂家庭中的基因成员的个人追踪权数的均值。

家庭层面的无回答权数（family non-response adjustment weight）

由于并非所有的家庭都完成了 2012 年的问卷调查，对于没有完成问卷调查的含基因成员的家庭，我们进行了权数调整。此处使用区县层面的加权组调整方法，即区县层面家庭成员问卷的无回答调整系数是 rr_{ij}，此处各个加权组中的调整系数采用 AAPOR 的①回答率 RR1。

$$rr_{ij} = \frac{I_{ij}}{I_{ij} + R_{ij} + NC_{ij} + O_{ij} + UE_{ij}}$$

$$nr_{\text{family adj}} = \frac{1}{rr_{ij}}$$

其中，rr_{ij} 为各个加权组中的回答率，I_{ij}、R_{ij}、NC_{ij}、O_{ij}、UE_{ij} 分别是各个抽样框（i）中区县层面（j）的家庭成员问卷的完成访问的样本数、拒访的样本数、无联系的样本数、其他未完访的样本数以及不确定是否符合访问资格的样本数。无回答权数 $nr_{\text{family adj}}$ 为加权组中回答率的倒数。

家庭层面的极值权数（family weight trimming）和校准权数

为防止因家庭层面的权数过大或过小导致的方差较大、估计效率降低的问题，我们采用极值权数处理的方法（trimming），用权数分布的 5% 和 95% 的分位数作为最小值和最大值的极值点，以此对上述家庭层面的权数进行极值调整，得到该部分的调整极值系数是 $W_{\text{trim}}^{\text{family}}$。

由于对调查数据的加权调整要求最终权数的和等于总体权数，而通过极值调整后的权数的和不再与总体相等，因此需要对上述权数进行再次调整。此处，采用简单的将各个总体视为均匀总体，进行校准调整，即同乘各个子抽样框的 $W_{\text{trim-rescale}}^{\text{family}}$，使调整后的权数和与总体的权数相同。

由此，将上述家庭层面的调整权数相乘，其乘积即为最终 2012 年的家庭权数。

经过上述过程，我们分别得到全国样本 5 个"大省"总体和 1 个包含 20 个其他省的"小省"总体的家庭及个人权数。全国 25 个省的权数为"大省"和"小省"的权数合并，即总体中 5 个"大省"的权数是 5 个"大省"的独立权数。

---

① AAPOR：American Association for Public Opinion Research.

全国再抽样样本的权重基数因其抽样方法的不同而有所不同,而其权数调整的过程和全国样本的权数调整过程相同。

四、权数评估

权数调整虽然能使样本分布与总体分布趋近一致,但是调整后权数间的差异会变大,导致估计量方差变大,因此在估计调整中,我们使用了极值权数的调整方法。最终我们得到家庭权数的设计效应从无回答权数调整的 2.32 到最终经过极值和事后分层调整后的 1.75。可见,对权数的调整是十分有效的。

对个人权数的一系列调整同样提高了权数的效率,以及目标变量估计效率。下面我们对 CFPS 2012 的全部数据进行分析,以"六普"数据为参照,对比加权前后 CFPS 2012 样本分城乡、性别、年龄组的分布情况。此处的对比分别针对少儿样本和成人样本。其中,少儿样本加权前后的变化如图 9-1 所示。在加权前,城镇样本不同性别和年龄未加权的子群体比例均明显低于"六普"中的比例;与之相反,在农村样本中,未加权的子群体比例均明显高于"六普"中的比例。经过加权调整后,城镇各子群体的比例均出现了不同程度的上升,从而接近"六普"的分布;而农村各子群体的比例出现了不同程度的下降,也接近了"六普"的分布。总的来说,加权后的城乡各子群体与其对应的"六普"分布差异都低于 1%。

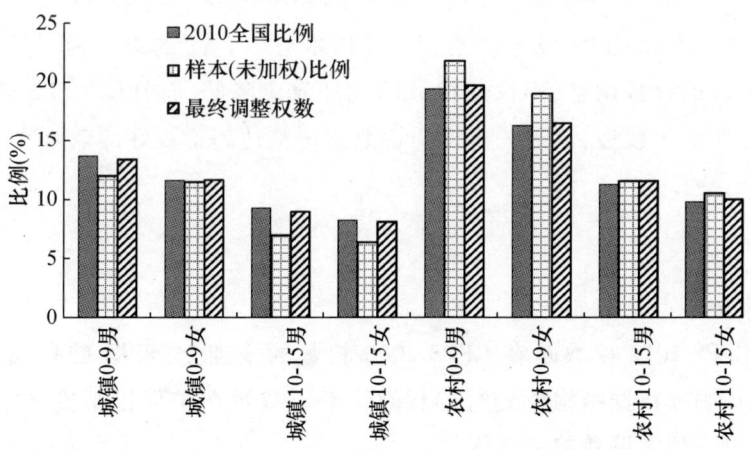

图 9-1　少儿样本分城乡、性别和年龄组的加权前后分布对比

成人样本的权数调整前后的变化如图9-2所示。加权调整的作用与其对少儿样本的作用非常相似：未加权样本中，城镇的各个性别、年龄子群体的比例明显低于"六普"的相应比例，农村的各子群体的比例明显高于"六普"的相应比例。经过加权调整后，城镇样本各个子群体的比例得到上升，农村样本各子群体的比例则有所下降，从而两者都更接近于"六普"的分布，与"六普"分布的差距不超过1%。

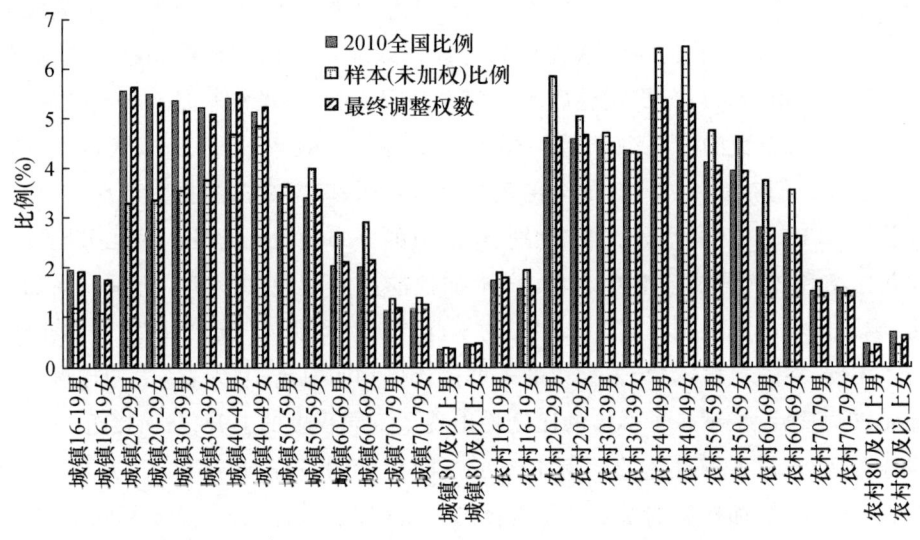

图9-2 成人样本分城乡、性别和年龄组加权前后分布对比

经过上述对CFPS成人样本和少儿样本与"六普"的对比，我们可以看出经过各阶段的权数调整，不仅使权数的设计效应降低，而且使CFPS样本分布与总体分布更为接近，这进一步说明权数的调整达到了较好的效果。

五、本章小结

本章的要点总结如下：

1. CFPS 2012权数是在CFPS 2010权数的基础上，根据CFPS的抽样设计、追访规则和数据结构所进行的权数调整。权数调整可以精确样本对总体的估计，以得到无偏差的估计值。

2. CFPS 2012针对个人层面和家庭层面分别计算了个人权数和家庭权

数。其中,个人权数包含了追踪基线权数、新进基因成员权数、无回答权数、事后分层权数和极值权数;家庭权数包含了追踪基线权数、无回答权数、极值权数和校准权数。该调整还涉及对少量无回答样本的插补。

3. 对加权前后样本与总体分布的对比显示,权数能够有效调整 CFPS 样本对总体的估计,使权数的设计效应降低,而且使样本分布更趋近于总体分布。

参 考 文 献

Groves, Robert M. , Floyd J. Fowler, Jr. , Mick P. Couper, James M. Lepkowski, Eleanor Singer, and Roger Tourangeau. 2009. *Survey Methodology*. New York, NY: John Wiley & Sons, Inc.

Holt, D. and T. M. F. Smith. 1979. "Post Stratification." *Journal of the Royal Statistical Society. Series A*, 142: 33—46.

Kish, Leslie. 1965. *Survey Sampling*. New York, NY: John Wiley & Sons, Inc.

Kish, Leslie. 1987. *Statistical Design for Research*. New York, NY: John Wiley & Sons, Inc.

Little, Roderick J. A. 1993. "Post-Stratification: A Modeler's Perspective." *Journal of the American Statistical Association* 88: 1001—1012.

Zhu, Yu. 2000. "In Situ Urbanization in Rural China: Case Studies from Fujian Province." *Development and Change*, 31(2): 413—434.

谢宇、胡婧炜,2013,"导论",《中国民生发展报告 2013》第 1 章(谢宇、张晓波、李建新、于学军、任强著),北京:北京大学出版社。

谢宇、胡婧炜、张春泥,2014,《中国家庭追踪调查:理念与实践》,《社会》第 2 期。

谢宇、邱泽奇、吕萍,2012,《中国家庭追踪调查抽样设计》,《中国家庭追踪调查技术报告系列(CFPS-1)》(谢宇主编),北京大学中国社会科学调查中心。

文字编辑:徐宏伟、程思薇、张春泥

校对:李汪洋、李兰

第10章 结　论

谢　宇* 穆　峥**

　　经济的高速发展是中国社会三十多年来发生的最瞩目的变化。经济体制的转型与物质的繁荣带动了整个中国社会的变迁,更深刻影响了生活于其中的千千万万家庭与个人的生命历程和生活体验。这场翻天覆地的大转型不仅反映为宏观经济的风云变幻,更体现为无数家庭和个人在改革浪潮中的利益得失(Xie,2011)——改革至今,谁是经济发展的受益者?谁占据了财富分配的有利位置?谁抓住了市场扩张带来的机会?谁享受到了消费社会的繁荣?谁又获得了精神上的满足?对宏观经济的衡量通常可以借助简单的宏观指标来实现,如人均GDP、失业率等。相比之下,对普通百姓的这些民生问题的了解却非常困难,它要求我们必须采集高质量的个人层面和家庭层面的微观数据,并基于这些数据开展严谨、周详的分析。

　　《中国民生发展报告》系列希望使用CFPS数据全面描述和解读与中国百姓息息相关的民生问题,并在包括经济在内的诸多领域准确地理解中国家庭与个人高度复杂和动态发展的方方面面的特质与内涵。这样的工作是极有价值的,因为它不是毫无依据的空谈或主观的意见之争,而是基于高质量数据的实证研究,可以帮助我们真正充分、准确地了解、认识和评价中国社会的经济改革和社会转型。2013年的报告基于2010年和2012年CFPS数据对收入、贫

---

* 谢宇:北京大学社会研究中心千人计划讲座教授、美国密西根大学社会学系教授。
** 穆峥:北京大学社会研究中心研究助理。

困、就业等关系到百姓经济福利的民生问题展开的研究得到了社会的极大关注。但是,报告中对百姓经济福利的探讨只是聚焦于收入分配和一般性的劳动力市场活动(如受雇性的就业),而没有覆盖财富分配、家庭消费与支出、家庭经营和自雇、经济地位主观体验等议题,这是我们在今年的报告中集中讨论财富等相关主题的出发点。

目前对这些议题开展研究的文献并不多见,其中一个重要原因是有关这些社会、经济现象的高质量数据很难采集(Deaton,2013;Keister & Moller,2000)。尤其是对财富的研究,一般的抽样调查不仅因难以访问到财富金字塔顶端的人群而损失对这部分人群的代表性,而且即便是对于可访问到的人群也常面临瞒报和误报的问题(Keister & Lee,2014)。与收入不同,财富是一个积累过程且能够代际传递,要长期追踪采集这一积累和传递过程更是难上加难(Keister,2000)。CFPS为我们的研究提供了契机,它通过严谨的问卷结构、多样化的测量工具及先进的访问手段详细采集了家庭财产、消费、家庭经营与自雇、个人主观体验等信息,为我们对这些议题的研究提供了丰富的变量。而且,作为一项具有全国代表性的追踪调查项目,CFPS也为我们持续观测中国经济不平等的变化趋势以及探讨这些趋势背后的深层次原因提供了难得的动态数据基础。

因此,今年的《中国民生发展报告》由两部分组成。在前一部分,我们选取了与经济不平等相关的六个子议题:家庭财产、消费模式、住房、家庭经营与自雇、医疗支出与负担、经济地位与主观幸福感。对这六个子议题的研究均体现出社会科学研究对社会现象变异性的重视。社会科学以各种社会现象为研究对象,由于社会单元(如个人、家庭、社区等)的个体之间存在差异,由这些个体及其行动构成的社会现象呈现出迥然各异的模式。在六个子议题中,我们运用了三个基本原理——变异性原理(variability principle)、社会分组原理(social grouping principle)和社会情境原理(social context principle)(谢宇,2012)——来认识和分析这些模式。其中,变异性是社会科学研究的本质。由于个体社会单元固有的或发展过程的差异性,其社会行为的特征及变化千姿百态,而这些变异通常能追溯至一定的社会根源。因此,社会现象的变异不是干扰普适规律的噪声,其所凝聚的社会意义恰是社会科学的生命力所在。无论对何种社会现象的研究都是试图展现该现象在群体间的变异性。对变异性的研究让社会科学拥有了区别于自然科学的独特视角和使命。尽管变异性意味着总体中的个体千差万别，但为了能够精炼而有效地把握总体的特征，我们一般会将研究对象按照一定的社会特征分组，以使得组与组之间的差异具有社会意义，这就是社会分组原理。而在各种社会分组中，构成社会情境的时空分组尤为重要。通过研究社会变异性如何随时空变化、如何被不同的宏观社会情境塑造和影响，我们才能够准确理解个人与社会之间的互动机制。可以说，本报告对六个子议题的具体研究都是对这三个原理的实践。我们在本节接下来的部分将以这三个原理为主线，总结本报告的主要内容与分析方法。

在后一部分，我们选取了问卷设计与数据加权两个主题向读者展现了 CFPS 项目为获得高质量数据所做的努力及其在相关领域所积累的经验与方法。其中，问卷设计一章向读者介绍了 CFPS 问卷设计的概况及长期累积的各种方法技巧，该章对 CFPS 问卷介绍的实例展示了社会调查的问卷设计工作如何在各种矛盾间实现权衡的艺术。此外，权数能够有效提高样本对总体的估计能力，数据加权一章重点介绍在复杂的追访规则和数据结构下如何有效调整权数。CFPS 在调查方法领域已取得大量的研究成果，我们之所以选择这两个主题，一方面是因为其对采集数据和处理数据的介绍能够帮助研究者深入理解和使用 CFPS 数据并使读者更好地理解本书内容；另一方面也是因为在篇幅有限的情况下，这两个主题所总结的调查方法与经验对中国社会调查的设计者最有帮助和参考意义。我们在接下来的内容中也将融入对这两个主题的总结。

一、以变异性为视角描述家庭经济

变异性意味着我们对社会现象的研究应着眼于个体间的差异，我们在描述平均水平或集中趋势的同时，更应该描述和分析差异程度和离散趋势。相比于收入和一般性劳动力市场活动，家庭财富、消费、主观幸福感等社会结果具有更高的变异性——这也意味着采集这些社会现象的数据难度更高，更需要严格的调查设计来保证数据质量。我们接下来将以本报告中的财富和房产、居民消费、家庭经营与自雇、影响主观幸福感的经济因素四个具体研究为例展示这些社会现象的变异性,以及 CFPS 的调查设计在采集这些变异性信息上的优势。

1. 当前的财富和房产不平等

如上文所述,由于财产内容的敏感性和隐私性,对财产的问卷调查很容易发生瞒报、拒答的情况——财富顶端的极富人群尤其如此。由于良好的问题设计与调查执行,CFPS 2012 财产项目原值缺失的比例很低,而区间法提问(unfolding bracket)更是进一步纠正了其中 50% 以上的缺失值(第 8 章)。权数计算上的无回答调整与极值调整则有效提高了样本的估计效率与精度,减少了数据缺失带来的损失(第 9 章)。CFPS 扎实的财产数据有利于我们充分发现和研究财产的变异性。我们发现相比于收入分配,中国在财产分配上体现出来的变异性更大。2012 年 CFPS 数据显示中国家庭净财产的基尼系数为 0.73,顶端 10% 的家庭的财产占全国所有家庭总财产的 62.0%(第 2 章),而基于 2012 年 CFPS 数据所计算的家庭收入的基尼系数仅为 0.49,顶端 10% 的家庭的收入仅占全国所有家庭总收入的 35.1%(谢宇等,2013)。由此可见,财产的不平等程度要远高于收入不平等。与此同时,我们发现财产分配不平等有扩大的趋势:房产作为中国家庭财产不平等的主要因素,其从 2010 年至 2012 年在总资产所占的比例和对不平等的贡献都在增加(第 2 章;第 4 章)。

2. 居民消费

随着中国步入消费社会,中国家庭的消费活动愈加丰富和复杂。受访者对消费活动的概念理解的偏差、记忆上的遗漏和计算上的失误都会影响到所采集的消费信息的准确程度。CFPS 问卷设计上对汇总法的使用可以帮助受访者明确概念的具体内涵,引导受访者回忆与计算,因而能够有效提高消费数据的质量。合理的、符合人们消费习惯的回忆区间的设置可以进一步提高受访者回忆的准确程度(第 8 章)。基于 CFPS 丰富、全面与相对准确的消费数据,我们发现中国家庭的消费分化明显,一方面是大多数家庭不消费、抑制消费或在医疗、教育、住房上支出负担沉重(即贫病型、蚂蚁型、蜗牛型家庭),另一方面是一小部分家庭已经进入了物质生活丰富的享乐型消费模式。即使是相同收入的家庭,由于教育程度、社会地位、家庭结构的不同,其消费模式也各有差异(第3章)。

3. 家庭经营和自雇

受数据限制,目前在全国城乡整体层面上探讨家庭经营和自我雇佣的研究非常缺乏。CFPS采用了城乡一体化的抽样与问卷设计,全面详细地采集了家庭农业经营与非农经营活动的信息,其个人职业模块的设计更是囊括了包括自雇在内的各种类型工作的职业、行业、时间投入、收入等全方位内容(第8章),为我们深入了解和研究中国家庭经营和自我雇佣提供了非常难得的资料。中国家庭的非农经营活动体现出较大的变异性,如,家庭个体经营/私营企业的总资产、利润和雇佣人数的均值与中位数相差较大,这说明虽然大多数家庭经营的企业规模较小、雇工人数较少,但也有少部分企业规模较大、资产雄厚(第5章)。自雇是与非农家庭经营相关的就业模式,自雇活动的变异性同样明显。2012年我国有13.3%的就业人员选择自雇,这些自雇者的行业分布广泛,覆盖了国民经济行业分类的所有大类。从自雇与受雇工作的比较我们还能看出不同工作类型间的差异:相比受雇者,自雇者工作时间更多,但也更为灵活,他们对自己生活的满意程度和对自己未来的信心程度更高(第5章)。

4. 影响主观幸福感的经济因素

CFPS问卷中对收入水平、生活满意度、社会地位主观感受的测评为我们评估主观幸福感与经济因素的关系提供了丰富的数据。借助于这些数据我们发现,人们对自己生活的满意程度和对自己社会地位的主观评价均表现出很大的差异。个人客观收入、家庭收入、家庭资产(住房和汽车)等因素皆会影响人们在这两方面的主观幸福感受。然而,个人对自己收入水平的主观评价,即个人主观收入,对其主观幸福感的影响尤其明显——不管客观上是否富有,主观上越觉得自己富有的人,其主观幸福感越高。我们还发现,人们对社会地位的主观评价标准也是有差异的,CFPS问卷中的情境题设计帮助我们了解到了这种差异(第8章):客观收入越高的群体对社会地位的主观评价标准越高,因而对自身的社会地位的评分越低(第7章)。

二、从社会分组探讨经济不平等的来源

变异性的普遍存在并不意味着放弃归纳社会现象的共性,我们可以通过描述和分析重要维度上的变异性或寻找最能体现社会结果变异性的社会分组来理解社会现象背后的社会机制。通常,造成和维持经济不平等的有两类机制,一类是集体性机制或结构性机制,例如单位组织、城乡和区域(谢宇,2010);另一类是个体性机制,如受教育程度、家庭结构等一些与个人或家庭特征相关的因素。近期对中国和美国收入不平等的比较研究发现,集体性机制(如城乡属性、地区)是造成中国收入不平等的主要原因,而个体性机制(如受教育程度、家庭结构、种族)是造成美国收入不平等的主要原因(Xie & Zhou,2014)。沿袭这一思路,本报告对财富与房产、消费、家庭经营与自雇、经济地位与主观幸福感的研究也是分别依据这两类机制进行社会分组,比较组间差别,从中揭示中国经济不平等的来源。

单位体制是与中国经济不平等相关的重要社会分组。中国在从计划经济向市场经济过渡的过程中形成了以政府、国有企业及事业单位的正式编制为基础的体制内部门和以私营、外资企业或组织为基础的体制外部门(或市场部门),两类部门在收入水平、福利待遇上存在很大差异(谢宇等,2013;Wu,2013;Wang & Xie,2014)。以中国当前的财产不平等为例,单位体制是中国家庭财产不平等的重要来源,在体制内工作的家庭财产水平明显高于在体制外工作的家庭。不仅如此,在体制内工作的家庭财产的增长幅度也明显高于在体制外工作的家庭,由此可以预见,在体制内外工作的家庭的财产差距将不断扩大(第2章)。

城乡差异是理解中国经济不平等的另一项重要社会分组。城乡户籍的二元分割是导致城乡居民在人力资本的积累、就业机会、经济实力、生活水平等诸多因素上产生差距的重要原因。以中国居民的消费模式为例,城乡家庭在消费模式上呈现出显著差别。城镇家庭中贫病型消费模式较少,享乐型、稳妥

型消费模式较多,农村家庭则刚好相反(第3章)。又以房产为例,房产占城镇家庭财产的比例很高,城镇地区快速上升的房价加速了城镇家庭财产的积累;相比之下,由于农村土地成本较低、住房市场化程度较低,农村家庭的财产中房产所占的比例较小,他们通过房产来积累财富也较难(第2章;第4章)。

虽然集体性机制是中国经济不平等的主要来源(谢宇,2010),但性别、年龄、受教育程度、职业等个体性机制同样也会对中国的经济不平等产生影响,从而呈现出性别分组、年龄分组、受教育程度分组、职业分组的差异。例如,对中国当前自雇就业的分析表明,男性自雇比例要远高于女性,自雇者的年龄往往较高(第5章)。又如对消费模式的分析发现,享乐型家庭最为年轻化,贫病型家庭最为老龄化,蜗牛型家庭中的学龄少儿和老人较多(第3章)。此外,受教育程度和职业也是财富、消费分层的重要因素。受教育程度越高的家庭的财产水平越高(第2章),消费模式越趋向于稳妥型和享乐型(第3章)。在职业分层中处于较高位置、收入较高的专业技术人员和党政机关企事业单位负责人,他们的家庭房价收入比相对较低,其住房负担相对较小(第4章)。

三、以社会情境把握时代变迁与宏观结构

社会分组中的组间差异和个体差异并不是一成不变的,而是随着社会情境的变化而变化。CFPS以其追踪调查的设计优势,能够在社会情境变迁的同时记录家庭与个人的变化。对同一批家庭和个人的长期追踪能够让研究者更确信其观察到的变化是实质性的,而非样本结构的改变带来的误差,并能够在时代、年龄、队列三者的同步变化中区分出社会情境的影响。

以中国当前的财产不平等为例。随着中国社会经济的快速发展,中国家庭的财富在急剧积累。仅从2010年到2012年来看,我国家庭平均净财产增长了16.9%。而在财富水平整体提升的同时,其分配格局也发生了重大变化。在上世纪五六十年代的"大锅饭"平均主义时代,私有财产总量不高,不平等程度较低。然而,伴随着改革开放和市场经济的发展,私有财产迅速增加,财产不平等程度急剧上升。根据CFPS数据计算的2012年我国家庭净财产的基尼系数达到0.73,顶端1%的家庭占有全国三分之一以上的财产,底端25%的家

庭拥有的财产总量仅在1%左右(第2章)。

除了时间维度外,空间也是影响中国经济不平等的重要社会情境。由于中国的地理分布特点和经济政策的历史渊源,城乡之间和不同区域之间存在显著的社会经济发展水平的差异。这些差异反映在家庭经济上即为城乡家庭、不同地区家庭在财富水平、消费水平、经济活动等方面的不同。从城乡来看,在家庭财产上,不仅我国农村家庭与城镇家庭拥有的净财产差距很大,而且农村底层家庭财产上涨幅度远远小于城镇家庭(第2章)。在消费支出上,城镇家庭年人均消费支出约在11,000—17,000元之间,而农村家庭年人均消费支出仅在5,000—7,000元之间(第3章)。在经济活动上,13.0%的城镇家庭和8.0%的农村家庭从事非农经营,城镇家庭从事非农经营的比重要明显高于农村。平均来讲,从事非农经营的家庭的人均收入要远高于未从事非农经营的家庭,而农村从事非农经营与未从事非农经营家庭的人均收入差距又要远大于城镇,这意味着非农家庭经营对农村家庭收入的改善作用更大。此外,城镇比农村有更多的自雇就业机会,因此城镇的自雇比例高于农村(第5章)。从地区来看,在房产方面,人均GDP越高的地区,房产占家庭财产比例的中位数也越高(第4章)。可以预见,房价在发达地区的持续攀升将进一步拉大地区间财产不平等的程度。在医疗支出方面,在经济较为发达的地区,家庭人均医疗支出较高,而家庭人均医疗支出比重却较低(第6章),这说明在经济发达的地区,居民的医疗投入较大,医疗负担却相对较轻。

四、结　　语

1978年以来的经济改革不仅带来了经济的快速发展和居民收入的提高,而且直接影响了收入与财富分配的格局。以往对中国经济不平等的众多研究已经从收入不平等、职业获得等主题展现了中国改革的复杂性和特殊性。而在本报告中,我们借助CFPS数据对财产、消费模式、家庭经营与自雇、医疗支出与负担、房产、经济地位与主观幸福感这些重要但却未得到足够学术重视的议题展开了新的尝试性研究,希望可以进一步了解和认识改革和变化中的中国。

总的来说,本报告展现了一个持续发展的中国:伴随着经济改革,中国家庭的财富在迅速积累。中国家庭消费的水平、结构和质量也发生着翻天覆地的变化,一个消费中国正在孕育之中(Whyte,2010)。在此背景下,家庭经营与自雇方兴未艾,这意味着市场化为百姓提供了更多的就业和提高收入的机会。

与此同时,本报告也展现了一个不平等的中国:1978年以来经济改革的飞速进程使先富的家庭和个人迅速积累起财富,并通过代际传递的方式继续影响着下一代的财富分配(Blau & Graham,1990;Wolff,1992)。而社会结构、城乡差异和区域发展不平衡等宏观因素又进一步加剧了财富不平等的程度(李实等,2005)。城镇与农村、不同区域在房产、消费模式、医疗资源投入上的差异仍非常显著。体制内与体制外在财富水平、财富的增长幅度、消费模式上也存在明显的不平等。

但是,本报告还展现了一个逐渐改善和调整的中国:在2013年的《中国民生发展报告》中我们发现,虽然农村的收入水平仍落后于城镇,但是城乡收入差距从2010年到2012年已略有缩小。在今年的报告中,我们发现了更多细微的改善。虽然中国的住房压力和医疗支出压力仍是严峻的民生问题,但2010年住房困难的家庭中有过半数家庭的住房困难程度在2012年得到了改善。尽管全国家庭人均医疗支出从2010年到2012年有所上升,家庭人均医疗支出占消费支出的比重却在下降,这意味着家庭医疗负担有所减轻。

社会科学的三个基本原理为上述研究提供了基本的思路。变异性原理让我们着眼于经济发展在不同阶层和群体间的差异性,并关注分配的结构和经济不平等的程度。社会分组原理引导我们探讨经济不平等的来源,与过往研究的发现一致,城乡、区域、单位体制等集体性机制仍然是导致中国经济不平等的重要因素。社会情境原理让我们关注变迁及时空的差异性。我们发现,中国的不平等并不是一成不变的,追踪数据为我们发现其在微观层次上的不断改善和调整提供了线索。

上述对当今中国经济不平等的实证研究离不开高质量的数据支持。CFPS追踪调查的特性及其在调查方法上的持续积累、创新与改善——不仅仅包括本书所谈到的问卷设计和数据加权,还包括抽样设计、执行、质量控制等社会调查的各个环节,为我们深入研究包括中国经济在内的诸多社会现象的变化趋势及其成因与后果提供了充分的数据条件,也为我们全面地认识和理解当代中国社会奠定了坚实的基础。本书的研究只是抛砖引玉,希望能够吸引更多的研究者利用 CFPS 数据更好地解释中国社会变迁的种种现象与问题。

参 考 文 献

Blau, Francine D. and John W. Graham. 1990. "Black-White Differences in Wealth and Asset Composition." *The Quarterly Journal of Economics* 105(2): 321—339.

Deaton, Angus. 2013. *The Great Escape: Health, Wealth, and the Origins of Inequality*. Princeton, NJ: Princeton University Press.

Keister, Lisa A. 2000. *Wealth in America: Trends in Wealth Inequality*. New York, NY: Cambridge University Press.

Keister, Lisa A. and Hang Young Lee. 2014. "The One Percent: Wealth and Income Concentration." *Social Currents* 1(1):13—24.

Keister, Lisa A. and Stephanie Moller. 2000. "Wealth Inequality in the United States." *Annual Review of Sociology* 26: 63—81.

Wang, Jia and Yu Xie. 2014. "Feeling Good about the Iron Rice Bowl: Economic Sectors and Happiness in Post-Reform Urban China." Research Reports 14—811, Population Studies Center, University of Michigan, Ann Arbor, MI.

Whyte, Martin King. 2010. *Myth of the Social Volcano: Perceptions of Inequality and Distributive Injustice in Contemporary China*. Redwood City, CA: Stanford University Press.

Wu, Xiaogang. 2013. "Redrawing the Boundaries: Work Units and Social Stratification in Urban China." *Chinese Sociological Review* 45(4):6—28.

Wolff, Edward N. 1992. "Changing Inequality of Wealth." *American Economic Review* 82(2): 552—558.

Xie, Yu. 2011. "Evidence-Based Research on China: A Historical Imperative." *Chinese Sociological Review* 44(1):14—25.

Xie, Yu and Xiang Zhou. 2014. "Income Inequality in Today's China." *Proceedings of the National Academy of Science* 111 (19):6928—6933.

李实、魏众、丁赛,2005,《中国居民财产分布不均等及其原因的经验分析》,《经济研究》第 6 期。

谢宇,2012,"社会科学研究的三个基本原理",《社会学方法与定量研究(第二版)》pp. 34—53,北京:社会科学文献出版社。

谢宇,2010,《认识中国的不平等》,《社会》第 3 期。

谢宇、张晓波、许琪、张春泥,2013,"收入分配",《中国民生发展报告 2013》第 2 章(谢宇、张晓波、李建新、于学军、任强著),北京:北京大学出版社。

文字编辑:张春泥、胡婧炜
校对:李汪洋、李兰

附　　录

A3-1[①]　CFPS 2012 的支出测量

		CFPS	CFPS 与 NBS 比较
居民消费支出			
1-食品	自家消费香烟、酒水	√	√
	自家消费食品	√	√
	消费的自家生产农产品价值	√	
2-衣着	衣着消费	√	√
3-居住	房租	√	√
	水电费	√	√
	燃料费	√	√
	集中供暖取暖费	√	√
	物业费（含车位费）	√	√
	购房建房贷款	√	√（仅农村）
4-家庭设备及用品	购买汽车	√	√
	购买及维修汽车外的其他交通工具	√	√
	购买可办公类电器	√	√
	购买家具和其他耐用消费品	√	√
	购买日用品	√	√
	雇佣保姆、小时工	√	√

---

① 本附录编号命名规则为：An—m，其中，n 代表章节，m 代表每个章节中附录的序号，如 A3-1 代表第 3 章第 1 个附录。

（续表）

		CFPS	CFPS 与 NBS 比较
5-交通通讯	邮电、通讯支出	√	√
	本地交通费（包括汽油费）	√	√
6-文教娱乐	教育支出	√	√
	文化娱乐支出	√	√
	旅游支出	√	√
7-医疗保健	直接支付的医疗费用	√	√
	保健费用	√	√
8-其他		√	√
转移性支出	上缴给政府部门的税费杂费	√	
	社会捐助（现金及实物）	√	
	给不同住亲戚的经济支持	√	
保障性支出	商业性医疗保险	√	
	商业性财产保险（含汽车险）	√	
	缴纳各类养老保险	√	

A3-2 设置不同类别数量的潜在类别模型的 AIC 和 BIC 比较

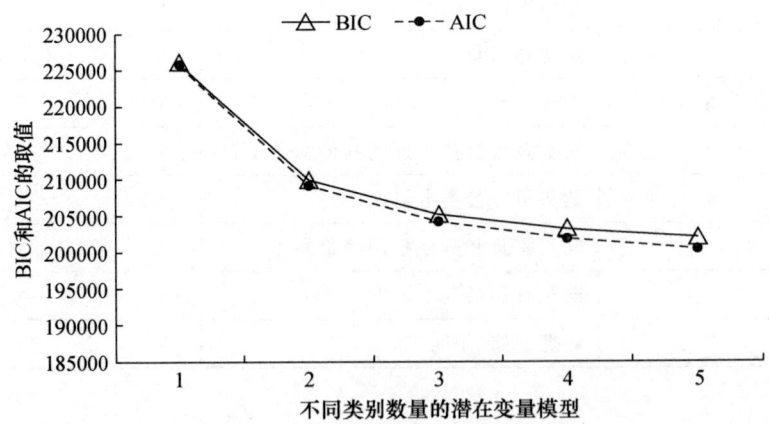

注：AIC（Akaike Information Criterion）和 BIC（Bayesian Information Criterions）均是对模型拟合效果的评价指标。其取值越小，说明模型对数据的拟合越好。

A4-1　各省拼音缩写

省份	拼音缩写	省份	拼音缩写	省份	拼音缩写
北京	BEJ	天津	TAJ	上海	SHH
重庆	CHQ	河北	HEB	陕西	SHX
辽宁	LIA	吉林	JIL	黑龙江	HLJ
江苏	JSU	浙江	ZHJ	安徽	ANH
福建	FUJ	江西	JXI	山东	SHD
河南	HEN	湖南	HUN	湖北	HUB
广东	GUD	四川	SCH	贵州	GUI
云南	YUN	陕西	SHA	甘肃	GAN
广西	GXI